ジェレミー・ハイマンズ
ヘンリー・ティムズ
神崎朗子 訳

JEREMY HEIMANS AND
HENRY TIMMS

NEW POWER

これからの世界の「新しい力」を手に入れろ

ダイヤモンド社

HOW ANYONE CAN PERSUADE, MOBILIZE, AND SUCCEED IN OUR CHAOTIC, CONNECTED AGE

NEW POWER
by
Jeremy Heimans and Henry Timms

Japanese translation rights arranged with NP/OP Kratos, LLC
c/o Elyse Cheney Literary Associates LLC, New York
through Tuttle-Mori Agency, Inc., Tokyo

ニューパワーとは?

オールドパワー	ニューパワー
貨幣《カレンシー》	潮流《カレント》
少数の人が握る	多くの人が生み出す
ダウンロード型	アップロード型
リーダー主導型	仲間《ピア》主導型
閉鎖的	開放的

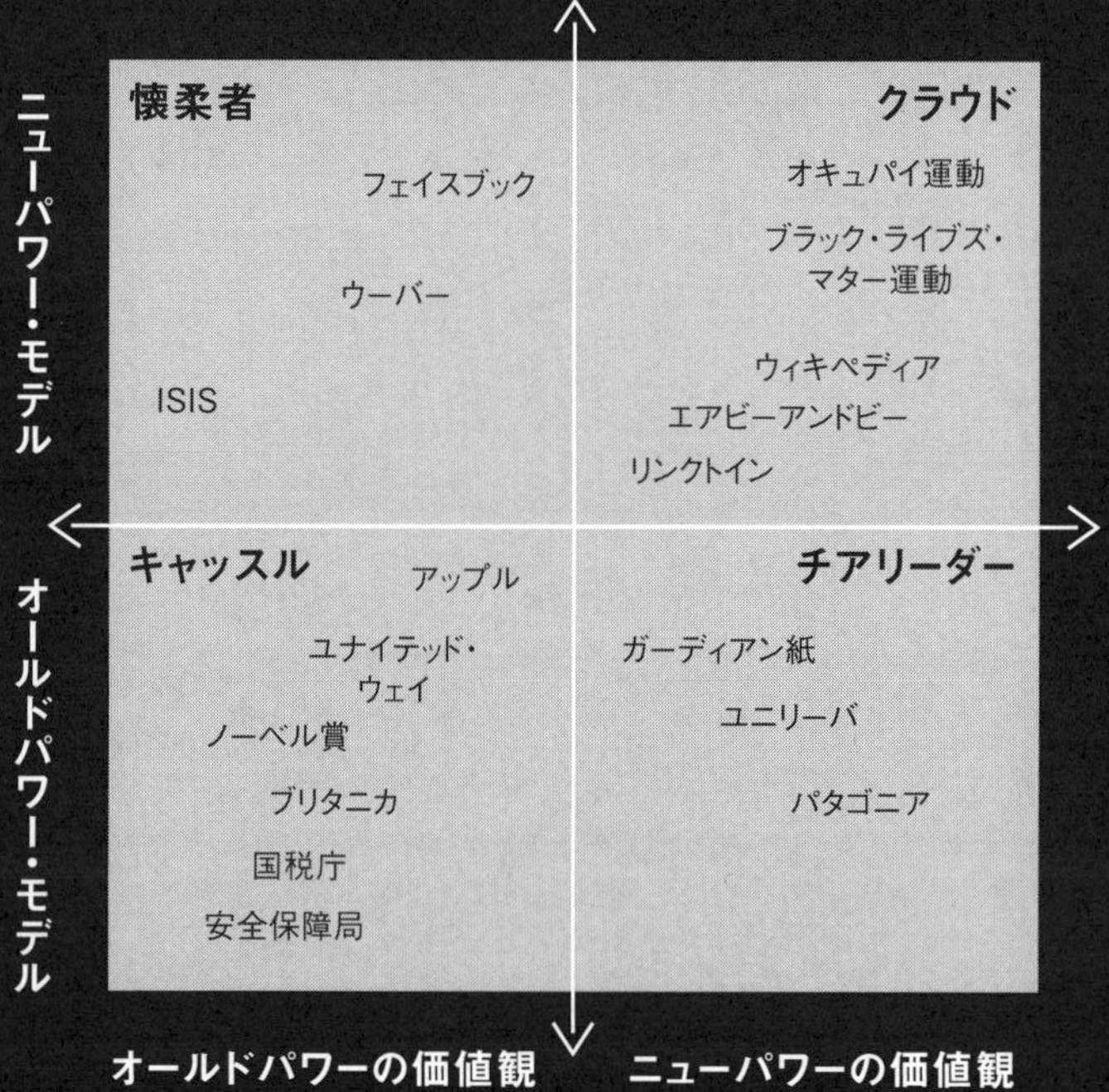
ニューパワー・モデル
オールドパワー・モデル
懐柔者
クラウド
フェイスブック
ウーバー
ISIS
オキュパイ運動
ブラック・ライブズ・マター運動
ウィキペディア
エアビーアンドビー
リンクトイン
キャッスル
アップル
ユナイテッド・ウェイ
ノーベル賞
ブリタニカ
国税庁
安全保障局
チアリーダー
ガーディアン紙
ユニリーバ
パタゴニア
オールドパワーの価値観
ニューパワーの価値観

目次

第1章 ニューパワーの世界へようこそ
——これからの時代を生き抜く力を手に入れる

第2章 オールドパワーvsニューパワー

——いったい、なにがどう変わったのか？

第4章

「群衆」をつくれ

――「史上最強の味方」の行動原則

第5章 ニューパワー・コミュニティという武器
――群衆から「驚異的な献身」を引き出す

第6章 影響範囲を「拡大」する
――いかにして、もっと広く浸透させるか？

第8章

オールドパワーから「ジャンプ」する

——新たなパワーをつかむ最速戦略

第9章 新しい「リーダー」になる
――ニューパワーで人を動かす

第10章 パワーを「ブレンド」する
——この組み合わせが劇的な効果をもたらす

第11章
「未来」の波に乗る
——ニューパワーの「最高傑作」をつくる

本文中の〔　〕は訳注を表す。原注へのアクセス方法は437ページに示す。

第1章
ニューパワーの世界へようこそ
——これからの時代を生き抜く力を手に入れる

イギリスの哲学者バートランド・ラッセルの定義によれば、パワーとは「意図した効果を生み出す能力」のことだ。その能力をいま、僕たちは存分に手にしている。

自分で映画をつくったり、友だちを増やしたり、お金をもうけたり、希望やアイデアを広めたり、コミュニティを形成したり、ムーブメントを起こしたりもできれば、偽情報を拡散したり、暴力を煽《あお》ったりもできる——そのスケールと潜在的な影響力は、ほんの数年前と比べても、はるかに大きくなっている。

もちろん、テクノロジーが変化を遂げたからだ。だが根底にある真相は、僕たちが変化しているということ。人びとの行動や期待が変わってきているのだ。そのエネルギーや欲求を操る術《すべ》を見出した者たちが、絶大な影響力をもたらす斬新な方法で、ラッセルの言う「意図した効果」を生み出している。

たとえば、ユーザー10億人超のオンラインプラットフォームに君臨する、パーカー姿の覇者たち。彼らは、僕たちの日常の習慣や感情や意見を巧みに操っている。そして、群衆を熱狂させ、魅了し、圧勝を収めた政界の新参者たち。混沌として密接につながった世界で、後《おく》れを取る者たちを尻目に、躍進を遂げる一般人や組織も存在する。

「ニューパワー」とはなにか？

本書のテーマは、2つの大きな力のせめぎ合いと均衡《きんこう》を特徴とする世界において、しっかりと歩を進め、たくましく成長するための方法を探ることだ。その2つの力を、「オールドパワー」と「ニューパワー」と呼ぼう。

オールドパワーの働きは「貨幣《カレンシー》」に似ている。

少数の人間がパワーを掌握し、油断なく守り抜こうとする。権力者は強大なパワーを蓄えており、行使できる。閉鎖的で近づきがたく、リーダー主導型。オールドパワーはダウンロードして取り込み、獲得するもの。

ニューパワーは「潮流《カレント》」のように広まる。

それは多数の人間によって生み出される。オープンで一般参加型であり、対等な仲間《ピア》によって運営される。ニューパワーはアップロードして分配するもの。水や電気のように、大量にどどっと流れるときに最大の力を発揮する。ニューパワーを手にする者たちの目的は、溜め込むことでなく提供すること。

オールドパワーとニューパワーの働きを理解するために、まずは特徴の異なる3つのストーリーを紹介しよう。

「絶対権力」が通用しない世界になった
――#ミートゥーvsハーヴェイ・ワインスタイン

来る年も来る年も、授賞式シーズンが訪れるたび、映画界の大物プロデューサー、ハーヴェイ・ワインスタインは、神のごとくハリウッドを制覇した。

実際、1966年から2016年までの50年間に、アカデミー賞授賞式のスピーチにおいて、ワインスタインがオスカー受賞者から感謝を捧げられた回数は、神様に勝るとも劣らない――その数、じつに34回。プロデュース作品は300回以上もオスカーにノミネートされ、彼は名誉大英帝国勲章（三等勲爵士）叙勲《じょくん》の栄誉にも輝いている。

ワインスタインは権力を蓄え、「貨幣」のように駆使して不動の地位を築き上げた。スターの運命も、プロジェクト案が通るかボツになるかも、彼の一存によって左右された。

ワインスタインは映画業界に巨万の富をもたらした――その見返りに、数十年間、放埒《ほうらつ》の限りを尽くし、セクシュアルハラスメントや性的暴行の容疑が無数にあろうとも、業界は彼を守った。

彼はメディアに便宜《べんぎ》を図り、馴れ合いの互恵関係を築くことで、メディアをコントロールした。2017年には、ロサンゼルス・プレスクラブの「真実の語り手《トゥルース・テラー》」賞まで受賞している。

ワインスタインは弁護団を構えて脇を固め、機密保持契約をいいことに、仕事相手に対しても横暴に振る舞い、必要とあれば告発者にはカネをつかませた。さらに民間の警備会社から元諜報員《スパイ》を雇い、自分に対してセクハラや性的暴行の申し立てを行った女性やジャーナリストたちに関する情報を調べ上げた。

もっとも、ワインスタインの餌食《えじき》となった女性たちのほとんどは、業界でやっていけなくなることを恐れ、沈黙を守っていた。助け船を出せたはずの男性たちも、面倒な争いごとに巻き込まれるのを避け、見て見ぬふりをした。

一瞬で「仲間」を見つけられる

ハーヴェイ・ワインスタインや彼をのさばらせた業界の閉鎖的な階級システムが「オールドパワー」の実態を物語っているいっぽうで、ワインスタインの失脚やそれ以降の展開を見れば「ニューパワー」の仕組みと重要性がよくわかる。

ワインスタインが女性たちに告発されたことがニュースで報道された数日後、女優のアリッサ・ミラノが、セクハラや性的暴行を受けたら「#ミートゥー」（#MeToo）というハッシュタグを使ってツイッターでシェアしよう、と女性たちに呼びかけた。

女優のテリー・コンが、これに注目した。

20代のころ、新人女優としてドラマに出演していた彼女は、映画監督のジェームズ・トバックに声をかけられ、ある役のことで話をしたいからセントラルパークで会おうと言われた。のちにCNNの取材で語ったとおり、彼女がそこへ行ったところ、トバックから性的暴行を受けた。

その記憶は何年ものあいだ封印されていた。しかし、世間の注目がハーヴェイ・ワインスタインに集まり、ミートゥー・ムーブメントが一気に沸き起こったことで、記憶がよみがえった。コンはそのことを夫に打ち明け、行動に出た。

まずはツイッターで、「#ミートゥー」と「#ジェームズ・トバック」（#JamesToback）のふたつのハッシュタグを使っているツイートを検索した。すると、自分の体験と酷似している被害を受けた女性がたくさんいることがわかった。

女性たちはともに助け合い、さらなる被害者を見つけるため、ツイッターで有志のグループを立ち上げた。そして、このグループのメンバーたちが『ロサンゼルス・タイムズ』紙の記者に自らの体験を話した。

新聞に記事が掲載されるや、わずか数日で300人以上もの女性たちが声を上げ、トバックから性的被害を受けたことを告白した。

コンのみならず大勢の人がこのキャンペーンを繰り広げた。「#ミートゥー」を使ったツイートが、48時間で約100万件も投稿されたのだ。フェイスブックではコメントや投稿やリアクションが、わずか一日で1200万件にも上った。

「自分には力がある」と感じられる

「#ミートゥー」はうねりとなって世界中を席巻し、各地のコミュニティはそれぞれのターゲットに向けてムーブメントを展開した。

フランスでは「#豚野郎を告発しよう」(#BalanceTonPorc)として、ハラスメントの加害者の実名を挙げて糾弾した。イタリアでは「#あのとき起きたこと」(#QuellaVoltaChe)として、女性たちが被害体験を告白した。

ムーブメントは各業界に次々と波紋を広げた。アメリカ連邦議会の女性議員たちが、男性議員からハラスメントを受けたことを告白。イギリスでは国防相が辞職に追い込まれた。欧州議会でもミートゥー・ムーブメントが起こった。

ビジネス界のリーダーたちもセクハラを暴露され、失脚に追い込まれた。パリやバンクーバーなど世界の各都市では、抗議に集まった人たちが街路を埋め尽くした。インドでは、著名な大学教授らによるセクハラを暴露する動きをめぐって、論争が起こった。『中華日報』は、職場のセクハラや性的暴行は欧米社会特有の問題だと指摘する記事を掲載したが、ネット上での批判の高まりを受け、数日後には公式ウェブサイトから記事を削除した。

このムーブメントには主導者が存在せず、どう展開するかは誰にも予想がつかなかった。じつは、「ミートゥー」というスローガンが誕生したのは10年以上も前で、アメリカの市民活動家タラナ・バークが、黒人女性を中心とする性暴力の被害者に対し、つらい体験を互いに打ち明け、連帯しようと呼びかけたのが発端だった。

だがいまでは、主導者がいないように感じることこそが、ミートゥー・ムーブメントの力の源になっている。ムーブメントに共感した意欲的な政治家から、「MeToo」の文字でアクセサリーを開発したやり手のデザイナーまで、さまざまな人たちが集結した。

ミートゥー・ムーブメントのもっとも顕著な特徴は、参加者たちが「自分たちには力がある」と感じられたことだった。

長年、無力な自分には加害者を止められないと思い込み、報復を恐れていた多くの人たちが、突如として、加害者らに立ち向かう勇気を得たのだ。大きなうねりに背中を押され、一人ひとりが告発に踏み切った。ひとりの勇気ある行動の陰には、多くの仲間たちの存在があった。

素人が「専門知識」を活用できる
——患者VS医師

医師はコンピュータの画面から目を上げ、怪訝《けげん》な顔をした。「いったいどこでそんな言葉を覚えたんです？　医師の使う専門用語ですよ。あなた、医学部にでも通ったんですか？　これ以上、余計なことをネットで調べるつもりなら、もうあなたのことは患者として診られません」

そう言って、医師は患者を見限った。

医師の気に障った言葉は、「強直間代《きょうちょくかんたい》」だった。その女性患者は医師に対し、自分の身に起きたのは「二次性全身性強直間代発作」だと思う、と述べたのだ（それまでは、医師も彼女も「ぼーっとする」という表現を使っていた。無意識状態になる発作がしょっちゅう起きていて、彼女にとって大きな不安材料となっていた）。

この患者が自分の症状について学べたのは、「ペイシェンツ・ライク・ミー」（私と同じような患者）というオンライン患者コミュニティのおかげだった。会員数は50万人超、疾《しっ》病《ぺい》の種類は2700以上にのぼり、各患者が登録した個人の健康データや医療経験を会員間で共有することによって、膨大な数のデータが蓄積される。巨大なサポートグループと学習コミュニティとデータセットが一体化したものと考えればいいだろう。

このコミュニティの患者たちは協力し合って、クラウドソーシング〔オンラインで不特定多数の群衆（クラウド）に仕事を依頼する方法〕による治験まで実施している。たとえば、ALS（筋萎縮性側索硬化症）の患者グループはリチウムの治験を行ったが、保健当局を通せば何倍もの時間がかかってしまう。

「横のつながり」から情報を収集する

同じくこのコミュニティの会員であるレティシア・ブラウン＝ジェイムズは、絶望しかけていたとき、たまたま「ペイシェンツ・ライク・ミー」を見つけた。彼女は幼いころからずっとてんかんを患い、頻繁な消耗性の痙攣《けいれん》発作に耐えてきたが、症状はますます悪化していた。学校でも、教会でも、演劇やダンスのレッスンのときも、発作が起きたらどうしようと思うと怖かった。大人になると、デートのときも不安がつきまとった。

将来の夫、ジョナ・ジェイムズ・ジュニアに出会ってからは、結婚式のことが心配になった。「神様に必死に祈りました。お願いですから、結婚式の日だけは発作が起きませんように。どうか無事に過ごせますように、って」

担当の神経科医からはずっと同じ薬を処方されていたが、コミュニティの会員たちに相談してみたところ、ある種の薬が効かない場合もあることがわかった。

ほかに手立てはないものかと、藁《わら》をもつかむ思いで探すうちに、てんかん患者への治療として、脳手術に有効性があることを知った。さらに、コミュニティの同病の患者たちの83パーセントが、脳手術に効果があったと報告していることもわかった。担当医からは、そんな話はいっさい聞いたこともなかった。

レティシアは医師を〝クビ〟にすることにした。最後の頼みとして、てんかん専門医を紹介してほしいと頼んだ。患者仲間からもっと適切な専門医がいることを聞いたのだ。医師はデスク上の書類をめくると、ある医師の名を告げた。彼女は呆気《あっけ》にとられた――ずっと前から、必要な情報を持っていたなんて。

レティシアは脳手術を受けた。それから5年以上経つが、発作は一度も起きていない。以来、彼女は「ペイシェンツ・ライク・ミー」の多くの患者たちのメンターとなって、健康管理の手助けを行っている。

これらの話に出てきた医師たちは、オールドパワーの作用する世界で生きている。彼らは専門知識を習得するため、厳しい訓練を積み重ねてきた。生死に関わる問題を扱うのだから、当然だろう。だがそのうち、彼らは医学知識を独占するのに慣れてしまい、難解な専門用語を操り、一般人には解読不能な処方箋を書いているうちに、患者から遠ざかってしまった。

しかし、患者たちはニューパワーを発見した。自分の病状を改善するため、大勢の仲間に励まされながら、彼らは行動に出た。さまざまなことを試し、医学論文を紹介し合い、互いの状況を確認した。患者たちは個人データを共有し、意見を交換し、励まし合った。患者たちにとって、新たな世界が開けたのだ――どんな医師であれ、もう元の世界に戻すことはできない。

「個人」が国より大きな力を使いこなせる
――女子学生vs国務省

アクサ・マフムードはスコットランドのグラスゴーで、穏健なイスラム教徒の家庭で育った。私立の名門校に通う、ハリー・ポッターが大好きな少女で、ダウンタウンへ行くにはどのバスに乗ればよいかも知らないような内気な性格だったという。

ところが、やがてインターネットで過激主義に触れた彼女は、すっかり感化され、リクルーターの罠にはまってしまう。当時19歳の彼女は、11月のある日、突然、姿を消した。

4日後、両親に電話で連絡してきたとき、彼女はシリアの国境にいた。

話はそれで終わらなかった。イスラム過激派組織ISISに勧誘された彼女は、自らリクルーターとなって、オンラインのエンゲージメント率を高める方法を習得し、積極的な勧誘活動を行った。女の子同士の密接なネットワークを築き、聖戦の戦士になるためにシリアへの渡航を企てている少女たちを励まし、役に立つアドバイスをした。

「持ち物についてアドバイスするなら、オーガニックのココナッツオイルがおすすめ（私にもひと瓶、持ってきてくれるかな、笑）。ボディ用の保湿とかヘアオイルにも使える優れものだよ」

ロンドンのベスナルグリーンから、ごくふつうの感じのよい3人の少女がシリアへの渡航を企てたとき、ツイッターでこんなふうに連絡を取っていたのが、アクサ・マフムードだったのだ。

勧誘相手を引き入れるため、アクサが親しみを感じさせるやりとりをしたのに対し、米国務省はそれを阻止するため、まったく異なる手段に出た。ISISの新兵たちが巨大な挽肉機《ひきにくき》に放り込まれていくイラストを何千枚もプリントし、F-16戦闘機でシリアのISIS拠点の上空からばらまいたのだ（100年以上前の第一次世界大戦で採用され、広く使われた手段だ）。

さらに、ISISの巧妙なネット戦略に対抗するため、ツイッターに威圧的なアカウントを設置した。プロフィールには国務省のいかついロゴを大写しに載せ、アカウント名はなんと「シンク・アゲイン、ターン・アウェイ！」（考え直せ、中止せよ！）だ。過激派への志願者たちを瀬戸際で思い止まらせるには、あまり説得力のあるメッセージとは言えなかった。

ここにもやはり、オールドパワー対ニューパワーの構図が見て取れる。国務省はオールドパワーのお墨付きの教則本どおりに、権威をかさに着て、文字通り上から指示を下した。ソーシャルメディアを使うときさえ、国務省のスタンスは、呼びかけではなく、命令だった。

いっぽう、アクサのやり方はこれとは対照的だった。彼女がつくったネットワークは、姑息《こそく》ながら浸潤力が強く、参加型かつ仲間《ピア》主導型だった。さらにトップダウン式でなく、少女たちのあいだに横のつながりを生んだ。これこそニューパワーのもっとも効果絶大な恐るべき形態と言える。

テクノロジーの変化が「新たな考え方」を生んだ

ミートゥー・ムーブメント、患者たち、そしてスコットランドの女子学生に共通しているのは、現代のツールを利用して、人びとの「参加したい」という強い欲求をうまく振り向けたことだ。

いつの時代も、人びとは世の中に参加したいと思っていた。どの時代にも運動が起こり、人びとは団結して立ち上がった。共同体は協力体制を築き、文化を創造し、交易を行った。そこにはつねに「上位下達《トップダウン》か、下位上達《ボトムアップ》か」、「縦の階層《ヒエラルキー》か、横のつながり《ネットワーク》か」といった意見の対立があった。

人びとが社会に参加したり大勢の人を動かしたりする方法は、つい最近まではかなり限られていた。だが現在では、どこにいてもつながれるおかげで、僕たちは地理的な境界線も関係なく、かつてない速度と広範さで組織を結成できるようになった。

本書でこれから見ていくとおり、そのような密接につながった状態から、僕たちの時代を形づくる新たなモデルや考え方が誕生した。それこそがニューパワーならではの特徴だ。

ソーシャルニュースサイト「レディット」の人気のスレッドに、いまとは暮らしぶりがかけ離れていた、1990年代の青春の思い出を募《つの》ったものがある。当時はまだ生まれていなかった人たちにとっては、まるで別世界の話だろう。

たとえば、卒業アルバムに載る写真ができるのをドキドキしながら待つ——なにしろ「学校で自分や友人たちの写真を撮ってもらう機会などこのときしかない」のだ。ポートレートは1枚しか撮らないし、フィルムが現像されるまで出来映えはわからない。

地元のラジオ局に電話して、好きな曲をリクエストするときの緊張感。曲がかかったらすぐに録音できるようカセットレコーダーの録音ボタンに指を載せ、いまかいまかと待ち構えていた。

帰宅途中にレンタルショップに寄って、映画のビデオを借りるときのわくわく感。

図書館へ行って、目当ての本が貸し出し中、あるいは「書架にあるはずですが、見つかりません」と言われたときのもどかしさ。

「大人になったら、ポケットに電卓を入れて持ち歩くわけにいかないんだから」と、電卓の使用を禁止され、計算をさせられたときのうんざりした気持ち。

ところがいま、我々のポケットに入っているのは、電卓どころの代物ではない。現在の世界では、我々はみな（文字通り）新しい**参加の手段**を手にしたと言える。これによって、さまざまなことが可能になっただけでなく、人びとの世の中への関わり方も変化してきている。

「テトリス思考」から「マインクラフト思考」へ

このような新しい参加の手段と、それに伴う主体的な意識の高まりは、現代社会に大きな影響をもたらすモデルの重要な要素となっている。たとえばエアビーアンドビー、ウーバー、フェイスブックといった大企業から、ブラック・ライブズ・マターのような政治運動、ギットハブのようなソフトウェア開発プラットフォーム、さらにはテロ組織のＩＳＩＳまで、さまざまな組織がニューパワーを巧みに操っている。

これらを**「ニューパワー・モデル」**と考えよう。ニューパワー・モデルは、大勢の人の活動によって成り立っている。人びとの活動がなければ、これは空っぽの容器にすぎない。いっぽう、**「オールドパワー・モデル」**は、人びとや組織が独占的に所有あるいは制御している物や知識によって成り立っている。その独占状態が崩れたとき、オールドパワー・モデルは競争力を失う。オールドパワー・モデルが我々に求めているのは、規則に従うこと（税金を納める、宿題をするなど）や、消費することだ。

それに対し、ニューパワー・モデルが我々に求めている、あるいは可能にしている活動は、もっと幅広い。アイデアの共有や新しいコンテンツの制作（ユーチューブなど）、ハンドメイド作品のオンライン販売（エッツィなど）だけでなく、コミュニティの形成（ネット上で広がっているトランプ政権への反対運動など）も可能だ。

オールドパワー・モデルとニューパワー・モデルが本質的に異なる点を理解するために、二大コンピュータゲーム、テトリスとマインクラフトの違いを考えてみよう。

１９９０年代、ゲームボーイの流行によって爆発的な人気を誇った、ブロック消去型ゲーム「テトリス」を覚えている人は多いだろう。その仕組みは単純だ。スクリーンの上部から落ちてくるブロックを、プレイヤーは直線に並べて消去していく。ブロックの落下スピードはどんどん速くなり、最後にはプレイヤーが追いつけなくなる。オールドパワー方式では、プレイヤーの役割は限定されており、システムを打ち負かすことはできない。

ニューパワー・モデルの働きは、テトリスに次ぐ史上2位の大ヒットゲーム「マインクラフト」に似ている。テトリスと同じようにブロックを用いるが、その仕組みは大きく異なる。トップダウン式の仕様ではなく、ボトムアップ式に世界中のプレイヤーたちと協力して、ブロックを組み合わせて世界をつくっていく。すべては人びとの参加意欲にかかっているのだ。

マインクラフトの世界には、家や寺やウォルマートが立ち並び、ドラゴンや洞窟や農場やジェットコースターも登場する。ゲーム内でつくられたコンピュータや、森林火災、迷宮、映画館、ニワトリ、野球場も出てくる。

プレイヤーたちはルールを決め、タスクを設定する。マニュアルは存在せず、プレイヤーたちは他者の前例から学んでいく。他のプレイヤーたちがアップした動画を参照することも多い。「モッダー」と呼ばれるプレイヤーたちは、ゲームの仕様すら自由に変更できる。プレイする人たちがいなければ、マインクラフトはただの荒れ地になってしまうのだ。

現代の世界を動かしている大きな力のひとつは、従来のテトリス式の考え方の人たちと、マインクラフト式の考え方の人たちとの軋轢《あつれき》によって生じている。

本書のミッション
――新しいパワーの使い方を伝授する

将来的には、人びとの動員をめぐって熾烈《しれつ》な争いが起こるだろう。一般人であれ、リーダーであれ、組織であれ、成功するのはよくも悪くも、人びとの参加意欲を巧みに操れる者たちだ。

僕たちがそうした考え方を『ハーバード・ビジネス・レビュー』誌で初めて発表して以来、外交官、図書館司書、医療従事者など、多岐にわたる分野の人びとが、新しい考え方に基づいて自分たちの業界を見つめ直しており、僕たちにも刺激になっている。このあとの各章では、そのような新しい原動力をよく理解している組織や個人のストーリーを紹介する。

たとえば、レゴ社は顧客のもとに立ち返ることで、どのようにしてブランドを窮地から救ったか。会員制カンファレンスだったTEDが、どのようにして著名人による講演会を開催・配信する世界最大規模の団体となったのか。ローマ教皇フランシスコが大勢の信徒に力を与えることによって、どのようにカトリック教会の体質改善を図っているかなど、さまざまな取り組みを見ていく。

さらに、あまり知られていない例としては、顧客によるデザインを可能にした自動車メーカーの取り組みや、読者が出資や運営を行っているメディア会社の成功例などを紹介する。

ポスト真実の時代に自分の知識を多くの人と共有したいと切望している歴史家であれ、親として地元の教育委員会の運営に熱心に携わっている人であれ、新商品の好調な滑り出しを望んでいるクリエイターであれ、いま、どんな業種や立場の人も知っておくべき「新たな能力」が存在する。

その能力は、フェイスブックやスナップチャットで自分を演出するスキルなどと勘違いされがちだが、ニューパワーとは、たんに新しいツールやテクノロジーを指すのではない。国務省がＩＳＩＳに対するインターネット戦略を誤ったように、多くの人びとは参加のための新しいツールを、きわめてオールドパワー的な方法で用いている。

本書はパワーの行使について、従来とは異なるアプローチや考え方を紹介する。流行っては廃れるツールやプラットフォームとは違って、長く活用できるはずだ。

・どうすれば大勢の人が飛びつき、盛り上げ、拡散してくれるアイデアを生み出せるのか？

・集団との結びつきがますますゆるく一時的になっていく時代に、どうすれば大勢の人が長く所属したがる場をつくれるのか？
・新旧のパワーをどのように使い分け、どんなときに両方を組み合わせるべきか？
・オールドパワーのほうがよい結果をもたらすのは、どんなケースか？

本書はこのような問いに答えながら、世界中のもっとも刺激的なニューパワーの成功例（および重要な教訓とすべき例）の数々を紹介していく。

「絶大な力」をもっとも効果的に利用する

ニューパワーは社会に浸透し、多くの分野で勢いを増している。治験のクラウドソーシングや、愛情や思いやりから生まれた迅速な慈善活動など、正しく用いられた場合には、すばらしい効果を発揮している。

しかし、ＩＳＩＳや人種差別主義者などに悪用された場合には、同じスキルが途轍《とてつ》もない破壊力を発揮してしまう。人を結びつけるためのツールが、人を引き離すこともできるのだ。

ニューパワーを利用した巨大なプラットフォームを構築し、取り仕切っている者たちは、時代の新しいエリートになった。そうしたリーダーたちは「シェア」「オープン」「コネクテッド」など、群衆の言葉を多用する。だが、行動が伴っているかどうかは別の話だ。

たとえばフェイスブックは、ニューパワーの代表的プラットフォームとしてよく知られている。人びとがたくさんの「いいね!」やスマイルマークを押すことで、〝共有のパワー〟が生まれると同社は言っているが、20億人のユーザーは、フェイスブックが生み出す巨額の経済的利益の恩恵をまったく受けておらず、運営方法にすら口を出せない。ユーザーの気分や自尊心、さらには選挙結果にまで影響を及ぼすことがわかっているアルゴリズムについても、まったく明らかにされていない。

僕たちは、初期のインターネット先駆者たちが思い描いた自由な楽園とはほど遠い、集団農場のような世界で暮らしている感じがしてならない。少数の巨大なプラットフォームが世界中にフェンスを張りめぐらし、数十億人の日常の活動という〝収穫〟を独占しているのだ。

民主主義も危機にさらされている。多くの人びとは、ソーシャルメディアの隆盛が独裁者たちを打倒するだろうと期待していた。ところが、民主化に役立つはずのツールを駆使して、世界各地で新しいタイプの「強者」が誕生している。

たとえばドナルド・トランプは、ソーシャルメディアを通じて彼に触発された膨大な数の支持者を手に入れた。彼は支持者らの体験談やコメントを積極的に採用し、敵を攻撃した。それはきわめて共生的な関係だった。

トランプは熱烈な支持者たちの投稿をリツイートした。集会で抗議者に暴力を振るった者たちには、自分が弁護士費用を負担すると申し出た。トランプは自らの主張を押し付けるのでなく、自分を盛り立てる人びとの言動を活性化させることで、熱狂的な支持を獲得したのだ。独裁的な目的を達成するために、ニューパワーのテクニックを習得したトランプは、まさに「プラットフォームの強者」と言えるだろう。

新しい時代に「強者」になるメカニズムとは?

本書ではこれから、集団農場やプラットフォームの強者が生まれる力学について説明していく。さらに重要なポイントとして、対抗策の実例も紹介する。もっとも力を持たない人たちを含む大勢の人にパワーを分配しようとする、新しいモデルの取り組みだ。

民主主義を脅《おびや》かすのでなく、立て直すために奮闘している先駆者たちの事例も紹介する。彼らは行政において、市民たちが敵対的な部外者から共同運営者へと転身を遂げ、活躍するまでに導いている。

さらに、社会で重要な役割を担う組織を取り上げ、オールドパワー型からニューパワー型へと変貌するまでの険しい道のりを追う。

もっとオープンな、民主的かつ多元的な社会を実現しようと奮闘している人たちが、本書によって必要なツールを手に入れ、成果をあげることを希望してやまない。

本書は、ニューパワー・モデルを創造し、より多くの人に参加の機会をもたらそうとしてきた僕たち自身の経験に基づいている。ヘンリーは国際的な慈善活動「ギビング・チューズデー」を立ち上げ、1億ドル以上の寄付金を集めた。ジェレミーは20代で母国のオーストラリアにおいて、テクノロジーを活用した政治運動を立ち上げ、国内最大の団体へと発展させた。以来、ニューヨークに拠点を置く「パーパス」を通じ、世界各地で数多くの社会運動の立ち上げに協力している。

ニューパワーに潜む可能性と危険性を間近で見てきた僕たちは、これまで学んだことをみなさんと共有したいと思っている。僕たちは協力し、各地の企業やコミュニティと一緒になって取り組むことで、いま世の中でどんな変化が起こっているのかを突き止め、その理由を探り、対策を考えてきた。

詳しくは、これから紹介することにしよう。

第2章
オールドパワーVSニューパワー
――いったい、なにがどう変わったのか?

ＮＡＳＡのジョンソン宇宙センターといえば、数々の偉大な挑戦に立ち向かってきたことで有名だ。アポロ13号の宇宙飛行士が「ヒューストン、問題が発生した」と呼びかけた交信先は、このジョンソン宇宙センターだった。

ところが２０１０年、ＮＡＳＡは予算削減の危機に直面した。有用性が暗に疑問視されたのだ。さらには創造力の欠如も指摘され、調査が行われた。ジョンソン宇宙センターの主任研究員たちは、職員たちに向かって言った。「本部は、我々には革新性《イノベーション》が足りないと言っているのだ。見返してやろうじゃないか」

そこで彼らは「オープン・イノベーション」という試みを開始した。オープン・イノベーションとは、問題解決のために一般の人たちの協力を求めること。ごく少数の専門家だけがツールやデータや機器を独占的に利用できるオールドパワー方式とは異なり、オープン・イノベーションの目的は、誰でも参加できるようにすることだ。

この開かれたNASAを目指す取り組みの詳細は、ニューヨーク大学のヒラ・リフシッツ－アサフ教授の研究および洞察から明らかになった。彼女は3年間、NASAの内部に深く関わり、緊張をはらんだ劇的な変化のプロセスをじっくりと観察した。

NASAが「すさまじい成果」をあげた

ジョンソン宇宙センターの取り組みは、宇宙生命科学部（SLSD）の医師兼航空医官、ジェフリー・デイヴィスの主導で行われた。SLSDが選び抜いた14件の戦略的研究および開発課題が、オープン・イノベーションの専用プラットフォームで一般に公開された。すると、著名な専門家から科学ファンまで、80か国の3000名もの人たちから応募が集まった。

初期成果は顕著だった。通常の研究開発サイクルでは3～5年を要するところ、一般公募ではわずか3～6か月で問題が解決した。しかも、より低コストであり、予想をはるかに上回る質の高さだった。

なかでも飛び抜けて優れた解決策は、一般公募の有望性を裏付ける象徴となった。それは太陽系物理学の難題、すなわち太陽風の予測の難しさに対処するものだった。太陽風とは、太陽のコロナから放出されるプラズマの流れのことで、地球の公転軌道に達するときの速度は、秒速約700キロにもなる。

太陽系を運行するには、この太陽風を避けることがきわめて重要だ。しかし、NASAを含め、世界中の専門家による研究では、もっとも優秀な予測モデルでも、予報を出せるのはせいぜい1～2時間前、精度は50パーセント程度だった。

ところが、ニューハンプシャー在住のセミリタイアした電気通信技師、ブルース・クラギンは、太陽系物理学者でもなく、NASAにあるような特殊なツールを利用したわけでもないのに、8時間前に精度75パーセントの予報を可能にするアルゴリズムを提案した。

この快挙に、NASAの上層部にも興奮が沸き起こり、全米のメディアが注目し、ホワイトハウスまでが興味を示した。まさにNASAの面目躍如だった。

ジェフリー・デイヴィスはさらに大規模なグループを立ち上げ、特別なワークショップを展開した。キックオフ当日は興奮に包まれ、リーダーのひとりは大胆にもこう言い切った。

「このやり方なら、世界中の人たちを巻き込むことができる。オープン・イノベーションによって解決策を見出すという目的のために」

なぜ「壁」にぶつかったのか？

さらに勢いづくかと思いきや、会議は思いがけず紛糾した。リフシッツ－アサフ教授はこう記している。

「緊張が走り、議論と力関係がぶつかり合ったあの日、事態は思いがけない展開を見せた。会議室には終日、激しい不安と反感が充満し、ただならぬ様相を呈していた」

わかりやすく言えば、みんなキレたのだ。

なにがあったのだろうか？　有望な企画が、なぜ反感と対立を招いたのだろう？　その後数か月、デイヴィスのチームは苦難にもまれながらも、決然とオープン・イノベーションを推進した。そうこうするうち、ふたつの派閥が生まれた。

反対派は、オープン・イノベーションは時間の無駄でしかなく、迷惑であり危険だと考えた。業務が増えたせいで予算にも影響が出ると文句をつけ、技術面でも粗探《あらさが》しをした。「オープン・イノベーションの課題に取り上げられるのはごめんだ」と言って、自分たちが取り組んでいる難題について、話そうとしない人もいた。仲間たちがオープン・イノベーションに参加するのを妨害し、やめるように説得する人もいた。

あるいは人前では賛同しても、一般向けには情報をほとんど提供せず、応募があっても無視する人もいた。あるチームなどは、この取り組みを完全に否定し、オープン・イノベーションに参加している事実を隠そうとした。

いっぽう推進派は、オープン・イノベーションを格好の機会と見なした。一般の人のアイデアを最大限活用すべく、新たなプロセスや方法を考案した。開かれたラボを目指し、知識を取り入れるだけでなく、提供するためのツールまで発明した。さらに、「オープンNASA」という新たなユニットを創設するため、以前の職務を離れて専任となった人たちもいた。

あるチームは、「スペース・アップス・チャレンジ」を設立した。これは世界最大規模の国際的アプリ開発イベント（ハッカソン）で、2017年には69か国187都市の会場で3日間開催され、2万5000人の参加のもと、宇宙をめぐる奇想天外なチャレンジが繰り広げられた。さらに別のチームは、世界中の宇宙専門家や民間の科学者のコミュニティのために、オープン・プラットフォームを構築した。

これが時代遅れの機関の話だったら、こうした派閥の対立は、新しい技術に対する恐怖心が原因だと思うだろう。だが当然ながら、NASAの場合はそうではなかった。なにしろ、最先端の科学者集団なのだ。原因は年齢や経験の違いでもなければ、名声の格差でもなかった。どちらの派閥にも同じくらい、著名な人材が集まっていた。

「立場を奪われたくない」意識が邪魔をする
――「ラボこそ我が世界」vs「世界こそ我がラボ」

この大きな分断の背景にあったのは、まったく異なるふたつの考え方だった。

反対派はオールドパワーの価値観の持ち主だ。「我々」と「彼ら」のあいだに、明確な境界線を引いた世界で生きている。そこではれっきとした研究員だけが、宇宙の神秘を解き明かす資格を持っている。

ある主任研究員はオープン・イノベーションへの抵抗について、次のように述べている。「我々の訓練において、科学的方法で問題を解決するとはすなわち、自分ですべての情報を取り込み、統合し、分析し、結論に達することを意味する。他人からアイデアを募《つの》って問題を解決するなど、いんちきも同然だ！」

このグループは専門知識の価値を非常に重視しており、そのアイデンティティは、天才のひらめきを崇《あが》める伝統に根差している。アルキメデスは湯船から水があふれるのを見てひらめき、ニュートンはリンゴが落ちるのを見てひらめいた。彼らは自分の研究のため、自ら貪欲に情報をかき集めたのであり、規定に則って科学的探究や議論を行うこともなく資格もなにもない一般人たちと協働などしなかった。

そんなふうに懐疑的になるのにも、理由がある。オープン・イノベーションやクラウドソーシングによる実験は、失敗することも多いのだ。彼らは、何十年間もひたすらNASAに貢献してきた。そんな立場を一般のアマチュアなどに取って代わられるわけにはいかない。職業的特権や知識は、苦労して築いた財産だ。自分で築き上げたものが、その人をつくるのだ。

いみじくも、リフシッツ－アサフ教授の記述によれば、反対派の人たちにオープン・イノベーションについて尋ねると、ほとんどの人はその話をしようとせず、「なぜ自分はNASAに入ったか、自分はどのような経歴を持ち、どんな訓練を積んできたか」を語り出した。博士課程で世話になったメンターの話をする人もいれば、自分の研究論文や、長年の汗と苦労の結晶ともいうべき、さまざまな成果物を見せる人もいた。

当然ながら、教授は面食らった。「自分のことを話してほしいと言ったわけじゃなくて、オープン・イノベーションについてどう思うかと訊いたんですけどね」

リフシッツ－アサフ教授は、群衆の知恵の勢いが彼らの研究者としてのコア・アイデンティティに対する脅威となったと考えている。彼らは「ヒューストン、問題が発生した」という呼びかけに対し、「アポロ、待機せよ。クラウドソーシングで検討し、ニューハンプシャーのセミリタイアした電気通信技師の見解を訊いてみよう」などとは、口が裂けても言えない人たちなのだ。

いっぽう、賛成派はニューパワーの価値観の持ち主だ。共同研究に対してもっと前向きで、群衆の知恵に潜んでいる可能性を信じ、自分たちの世界をオープンにして、人びとの参加をうながそうとした。課題を明確に設定し、世界中の誰もが問題解決に参加できる仕組みをつくれば、チームはさらに強くなると考えた。

そうなると、休憩時間の話題にも変化が表れた。国際宇宙ステーションで使える画期的な医療機器を探していたエンジニアがユーチューブで呼びかけたところ、答えを見つけられた、というエピソードなどが話題にのぼるようになった。彼らは「ラボこそ我が世界」と思うのをやめ、「世界こそ我がラボ」と思うようになったのだ。

オールドパワーとニューパワーの「価値観」の違い

オールドパワーとニューパワーの価値観が対立しているのは、NASAだけではない。それどころか、ふたつのまったく異なる考え方が世界中でせめぎ合っている。

20世紀はトップダウン式で構築された。社会はひとつの巨大な機械と考えられ、強力な官僚システムと大企業による複雑な仕組みで動いていた。巨大な機械を順調に稼働させるため、一般の人が担ったのは、重要だが標準化された小さな役割だった。

多くの人は大きな目的を果たすための小さな役割を担うことで、比較的、満足していた。

ところがニューパワーの高まりによって、世の中の仕組みや自分たちが果たすべき役割に関する基準や常識に変化が表れてきた。

ニューパワー方式による取り組みが増えるにつれ、こうした基準はますます変化している。実際、とくに30歳未満の人たち（現在の世界人口の半数以上）に顕著なのは、新たな感覚――つまり、自分たちは「参加する権利」を持っているという感覚だ。

膨大な数のフォロワーを持つユーチューバーは、消費者ではなくクリエイターとして世間に向き合っているはずだ。タスクラビット〔便利屋のマッチングサイト〕やリフト〔配車サービス〕などのオンデマンド・サービスで生計を立てている人は、従来型の媒介機関など当てにしないどころか、懐疑的だろう。

オンライン・コミュニティの仲間からわくわくするほどクリエイティブな刺激を受け、すぐにフィードバックをもらえる人たちは、会社の日常的なプロジェクト業務で上司がほとんどコメントをくれなかったりすると、非常につまらなく感じるはずだ。クラウドファンディングで地元のプロジェクトを支援し、運営に深く関わってきた市民は、地方自治体と関わりを持つ際には、やりとりが召喚状や書類に終始することに幻滅し、うんざりしてしまうかもしれない。

参加型の体験は我々の生活のあらゆる面において増大しており、ニューパワーのマイン

オールドパワーの価値観	ニューパワーの価値観
フォーマルな統治（代表者による運営）、管理統制主義、制度尊重主義	インフォーマルな統治（ネットワークによる運営）、自己組織化
競争、独占、リソースの統合	コラボレーション、群衆の知恵、共有、オープンソース
機密保持、慎重、公私の区別	徹底的な透明性
専門知識、プロフェッショナリズム、専門化	メイカー・カルチャー、「自分たちでやろう」の精神
長期の所属と忠誠、全面的な参加度は低い	短期間の条件付き所属、より全面的な参加

ドセット（思考様式）が確立されつつある。

重要なのは、こうしたことをすべて紋切型でとらえないことだ。これは単純に「ニューパワーの価値観＝善」「オールドパワーの価値観＝悪」ということではない。たとえば、もし歯の根管《こんかん》治療をするなら、クラウドソーシングでドリルを入手し、匿名掲示板で治療法を見つけたアマチュアの集合知よりも、れっきとした学位を持つベテランの専門医の知識のほうが、ずっと頼りになると思うはずだ。

オールドパワーとニューパワーの価値観の対立はよく見られるが、このふたつをまったく別個のものと見なすべきではない。むしろひとつの連続体（スペクトラム）としてとらえ、自分自身や所属する組織の価値観はどのあたりに位置するだろう、と考えたほうがいい。では、それぞれの価値観を詳しく見ていこう。

「非公式」に物事を前に進める
──フォーマルな統治vsインフォーマルな統治

「教師には教材やテクノロジーや授業科目を好き勝手に選ぶ権利などない、市民には価値あることとはなにかを判断する権利などない、などと言う人がいる。それについて我々には見解があり、ひとこと言っておきたい。ふざけるな。我々は教師たちの味方だ」

これは「ドナーズ・チューズ」の創設者、チャールズ・ベストの言葉だ。ドナーズ・チューズは、教育分野に特化したクラウドファンディングサービスで、教師たちが主体的に問題に対処できるよう、備品やノートパソコンをはじめ、自分の学級に必要だと思うものを募金によって入手する仕組みだ。

このサイトはクラウドファンディング・プラットフォームの草分けのひとつで、これまで200万人以上もの市民から4億ドルを超える募金を集め、全米の公立校の1800万人の生徒たちに支援を行ってきた。アメリカの公立校は運営資金が乏しく、さまざまなニーズに対処できていないのだ。寄付者には生徒たちからかわいい写真入りのお礼状が届くのも大きな魅力となっている。

しかし、誰もがこのやり方をいいと思っているわけではない。ビジネス誌『ファスト・カンパニー』では、ドナーズ・チューズを取り上げた記事において、コロンビア大学政治科学教授ジェフリー・ヘニグのオールドパワー的な見解を引用している。

「我々が教育委員会や市長室の責任者らに教育費の決定権を与えてきたのは、公の場で意思決定がなされ、価値観が対立するなかで交渉や歩み寄りが行われるからだ」とヘニグは言う。「民主的な手続きと議論が組み込まれた集団的な方法によって決定ができる」

一般大衆の気まぐれより、中央集権的でフォーマルな代表者による統治のほうが優れている、とヘニグは明言しているのだ。公益である教育への資源配分の決定においては、システム全体の最善と公正を期すべきであり、もっとも精力的かつ説得力のある教師が優遇されるべきではない、と彼は考えている。

しかし、ニューパワーの価値観を支持するベストは、権限委譲を推進するクラウドファンディングのやり方こそ、生徒たちをすみやかに支援できると考えている。

ヘニグがフォーマルな統治手順を重んじ、選ばれた代表者に権限を集中させるのが重要と考えているのに対し、ベストは直接参加と個人の主体性こそ大切だと訴えている。

ニューパワーのマインドセットを持つ人たちは、かつてオールドパワーの世界を動かしていた中央集権的・官僚的なシステムに対し、軽蔑まじりの反感を抱いている。

彼らはもっとインフォーマルなネットワークのもとで物事を処理するのを好む。常任審議委員会の古株として隔週の会議に出席し、多部門の上層部による意思決定を行うような人たちには、心底うんざりしているのだ。

インフォーマルな統治を極端に突きつめたかたちが、シリコンバレーが夢想する「アメリカの外部〔法的権限の管轄外〕にあり、テクノロジーによって運営される自由参加の社会」だろう。シリコンバレーの著名な起業家が唱導するところによると、それは口コミサイトの「イェルプ」の薬品版が米国食品医薬品局（ＦＤＡ）の代わりになり、医師の評価点や患者たちの声が、規制や保護に取って代わるような世界だ。

「協力したい」本能を活用する
――競争vs協力

ニューパワー・モデルの本領が発揮された場合には、（競い合うよりむしろ）協力したいという人間の本能が強化される。ニューパワー・モデルでは自分の所有物やアイデアを他人と共有したり、誰かのアイデアを広めたり、既存のアイデアを元にしてより優れたものを生み出したりすることで、収穫を得られるからだ。

多くのニューパワー・モデルは、コミュニティ内の評価の蓄積によって運営されている。たとえばエアビーアンドビーには評価システムがあり、態度やマナーの悪いゲストや部屋を汚すゲストは、次の宿泊先を見つけにくいようになっている。

ツイッターのフォロワー数を増やすための常套手段は、他人の意見をどんどんリツイートして広めることで、相手にも同じことをしてもらうことだ。ネットワーク社会では、相手が近所の人でも地球の裏側の人でも、手軽に協力できるし、見返りも得やすい。

もっとも成功しているオープンソースソフトウェアのエンジニアたちは、共同開発に対して非常に積極的で、自分たちに直接的な利益が見込めない場合でさえ、仲間が制作したソフトウェアの改良に協力する。いまやGEなどの巨大企業までもが、コラボレーションの促進を目指し、日常業務への取り組み方を劇的に変化させようとしている。

それに対し、オールドパワーの価値観の持ち主たちは、（冷酷なまでに）偉大な強豪として、競争に打ち勝つことを最重視する。世界を勝者と敗者に二分し、成功をゼロサム式〔一方の利益が他方の損失になる〕にとらえる考え方だ。

これは多くの企業の典型的な考え方で、ほぼあらゆる業種の営業チームのカルチャーの本質でもある。こうした価値観にどっぷり浸《つか》っているのがドナルド・トランプであり、ウーバーも、共同創業者のトラビス・カラニックのCEO在任中はその傾向が顕著だった。ウーバーはニューパワー・モデルの企業にもかかわらず、業界首位にのし上がるため、競合他社に妨害工作を行い、ジャーナリストを脅迫し、規制当局をあざむくなど、手段を選ばなかった。

漏洩《ろうえい》した文書には、同社が従業員に求める資質が記されており、「奮闘《ハッスル》」の企業文化に見合った「猛烈さ」や「やる気満々」の姿勢を重視していることがわかる。

なお、我々のビジネスや文化において、「協働」や「シェア」（共有）がますます盛んになっているが、それが必ずしもよい結果を生むわけではない点にも注目すべきだろう。医学誌『ジャーナル・オブ・アプライド・サイコロジー』で発表された最近の研究では、「協働は優秀な人たちにとっては社会的に不利にはたらくことがわかった」。周囲から浮き、疎外されてしまうからだ。

「透明性」を求める意識が高まっている
――機密保持vs徹底的な透明性

ヒラリー・クリントンが国務長官の任期を終えた後に行った講演の原稿が、大統領選の際に漏洩した。そこには、オールドパワー式の情報の流れが見事に描かれていた。

「政治というのはソーセージづくりに似ています。つくっているところはまずそうに見えますが、昔からのやり方ですし、結局はあるべきかたちにたどりつきます。しかし、舞台裏の折衝や駆け引きまで衆人の目にさらされたら、どうしたってみんな神経質になってしまう。だから、本音と建前が必要なわけです」

このように透明性や率直さを欠いた便宜的な理屈は、多くの若者にとっては、もはや受け入れがたいだろう。いまの若い人たちはソーシャルメディアで私生活をこと細かにシェアしているので、彼らが職場の上司に対しても、以前なら機密事項と見なされていた情報（たとえば全社員の給与など）の公開を求めても驚くべきことではない。

オールドパワーの世界においてはきわめて重要だった「本音と建前の区別」は、いまや消滅しつつある。それに取って代わろうとしているのが、「徹底的な透明性」という倫理観だ。

ここで激しく対立するのが、「必要最低限の情報公開」と「知る権利」というふたつの考え方だ。

前者が機密保持やセキュリティ管理のため、必要な人を除いて一般には情報を伏せるべしという考え方であるのに対し、後者は人びとが当然のこととして情報公開を要求するニューパワー式の考え方だ。前者では専門家や権威が情報をふるいにかけるが、後者ではふるい自体が存在しない。

いまや業種を問わず、オールドパワーの世界は絶え間なく暗部を攻撃され、内部の秘密が次々に暴露されている。ウィキリークスやパラダイス文書はその最たる例だ。さらに、日ごろの仕事ぶりはつねに監視され、かつては雲の上の存在だった大学教授も、いまでは初学者の学生たちにオンラインで勝手に授業の評点をつけられてしまう。

機密保持が難しく、監視の目にさらされているこの時代に、機先を制するため、あえて徹底的な透明性を重視するリーダーや組織も存在する。不意打ちで世間の注目を浴びるよりも、さきに自ら注目を集めてしまおうという戦略だ。

その例として僕たちが面白いと思っているのは、2018年アリゾナ州知事に立候補したノア・ダイアーの選挙運動ウェブサイトだ。そこに「スキャンダルおよび論争」という項目があり、こんな記述がある。

「ノアはこれまで、あらゆるタイプの女性たちと真剣な交際や偶然の情事によって性的関係を結びました。……集団セックスや不倫の経験もあります。親密なメールや写真のやりとりをし、性交時に動画を撮影したこともあります。ノアは交際相手に対し、つねに率直に付き合ってきました。関係はすべて合法であり、合意に基づいています。……ノアは自らの性的な嗜好について弁解するつもりはなく、ほかの人びとにも同様に、揺るぎない自信をもって、自分自身を表現してほしいと望んでいます」

同じような宣言がほかのどんな政治家から飛び出しても、もはや僕たちは驚かないだろう。

権威的意見より「口コミサイト」が伸びている
——専門家VSメイカー

メイカー・カルチャーは、何でも「自分たちでやろう」という考え方だ。ニューパワーのカルチャーでは、受け身な消費者ではなく〝クリエイター〟たることが賛美される。とりわけハイブリッドであること——たとえばプログラマー兼デザイナー兼エンジニア、医師兼ミュージシャン兼獣医師など——は、ニューパワー・カルチャーの大きなテーマだ。

この傾向は、アマチュアのポルノグラフィーや、3Dプリンターのオンラインテンプレートを使って自宅のガレージで靴をつくる人たちや、3Dプリントの膣鏡などを用いて自分たちの性と生殖に関する健康《リプロダクティブ・ヘルス》を管理しようとする「ガイネパンク」というケ女性グループや、「ワットパッド」のようなストーリー愛好家のコミュニティなど、ありとあらゆる分野で活発になっている。メイカーたちは組織や機関に頼らず、自分たちで直接、物事を行う方法を見つけようとするのだ。

こうした傾向にともなって、専門家に対する見方も変わってきている。これまでレストランやホテルの経営者たちや、映画製作会社や、アーティストや作家たちは、批評家の権威に脅《おびや》かされてきた。専門家の鶴の一声が、事業の成功や失敗を左右したからだ。

たしかに専門家はいまだ大きな影響力を持っているものの、我々が一般の人の意見を参考にする傾向は、ますます強まっている。たとえば、定評ある旅行情報メディア「フロマーズ」よりも、口コミサイトの「イェルプ」を参考にする人たちのほうが多い。実際、この10年、信頼度調査「エデルマン・トラストバロメーター」では、学識経験者や医師よりも「自分と同じような人たち」に対する信頼度が有意に高くなっている。

こうした対立が露骨に表れたのが、イギリスのEU離脱の是非を問う国民投票の選挙戦だった。残留派は、経済学者や文化評論家や技術官僚《テクノクラート》らが先頭に立ち、「国民のためにならない」と主張したが、大衆の支持する離脱派の勢いは圧倒的だった。その勢いに乗じ、離脱支持の閣僚マイケル・ゴーヴは「国民はもう専門家の意見にはうんざりしている」と言い放ち、EU離脱は失敗すると予想した経済学者らを国民の敵として位置付けた。

これに対し、素粒子物理学者のブライアン・コックスをはじめとする専門家らは激怒し、コックスはこう反論した。「それは衰退へ向かう道だ。専門家というのは特定の分野で既得権を持つ者のことではない。生涯をかけて、ある分野を研究してきた者のことだ。専門家の意見が必ずしも正しいとは限らない。だが、その研究に生涯を捧げてこなかった者の意見にくらべれば、正しい可能性は高い」

「気軽な参加」の傾向が高まっている
——長期的な所属vs一時的な所属

ロバート・パットナムは名著『孤独なボウリング』（柏書房）において、米国社会に迫りくる共同体の衰退を論じた。その裏付けとして、市民集会や学校行事、および地方組織の委員会活動への参加者数や、支部組織の会員数など、さまざまな指標を挙げた。

こうした指標は、オールドパワー的な価値観における所属の尺度だ。この世界観では、「参加する」とはすなわち、会合には必ず出席し、組織の憲章や党の規約を順守することを意味する。

だが、レンタルビデオ店の現在の会員数を調べたところで、メディア産業の活力を正確に測ることなどできないように、いまやただ組織の会員数を調べても市民社会の健全度を測ることはできない。ニューパワー的な価値観の人びとは、より気軽に所属する。

インターネットの登場によって、人びとのグループへの加入や所属や参加は、巨大な波のごとく急増したが、それはパットナムの指標とは無関係だ。

ニューパワーの人びとは積極的にグループに参加するが、所属は長続きしない。会員証を持つ正規会員になったり、ひとつの組織に何十年も所属したりはせず、いろいろなオフ会やソーシャルメディアを利用して、さまざまな理念を持つ団体やブランドや組織に加入し、友人をどんどん誘う。みな好きなときに参加し、好きなときに退会する。

もっとも、それをエンゲージメント（やる気）の欠如と混同すべきではない。ただ、参加の方法がオールドパワーとは違うということだ。こうした変化は、大小の組織に多大な影響を及ぼしている。

ニューパワー・マトリックス
——オールドパワーの組織、ニューパワーの組織とは？

ニューパワー・モデルの企業や組織でも、本章で見てきたようなニューパワー的な「価値観」を必ずしも大切にしているとは限らない。生き残り戦略や成功戦略の違いによって、ニューパワーとオールドパワーの「モデル」と「価値観」の組み合わせはさまざまだ。[65]

ページのニューパワー・マトリックスを見れば、現在成功している多くの組織（課題を抱えている組織もある）の性質がよくわかるだろう。

横軸は、組織の価値観がニューパワーかオールドパワーかを示している。

縦軸は、組織のビジネスモデルが、人びとの「参加」や「対等な関係」を促進する仕組みを持つニューパワー・モデルか、人びとに「規則の順守」や「消費」を求めるだけのオールドパワー・モデルかを示している。

クラウド：モデルも価値観もニューパワー

たとえば、黒人差別撤廃《てっぱい》を呼びかける「ブラック・ライブズ・マター」運動は、ニューパワー・モデルだ。きわめて分権的であり、組織のオーナーや従来型のリーダーが存在せず、「対等な関係」と「参加」のあり方について、全米の人びとの意識を高めた。さらに、ニューパワーの価値観に基づき、組織のメッセージの解釈について、サポーターたちに大幅な自由裁量を与えており、意思決定の透明性も高い。たとえば最初の綱領は、ゆるやかに結びついた人たちが集まって作成した。

こうした理由から、この組織は「クラウド」（＝群衆）のカテゴリに当てはまる。

エアビーアンドビーもこのカテゴリに入るが、ブラック・ライブズ・マターよりずっと中心寄りだ。エアビーは非常に効果的なニューパワー・モデルで、6万5000都市に300万名のホストが存在する。価値観もニューパワー寄りで、ホストの個性を尊重し、コミュニティ間の協力や自己組織化を奨励し、コミュニティの規範として透明性と信頼を促進している。

エアビーが成長を続け、規制上の課題や投資家からのプレッシャーに直面していくなかで、ニューパワーの価値観を維持できるか、あるいはオールドパワーの価値観に傾いていくのかは大きな問題となるだろう。

このカテゴリには戦略上の危険がある。たとえば、オキュパイ（占拠）運動は2011年に生まれ世界中に広まった、不平等に対する抗議活動で、価値観もモデルもニューパワーに該当する。分散型かつ分権的であり、協調的で、きわめてオープンだ。だが、意見の一致に固執し、組織化することを断固として拒んだため、意思決定が著しく困難となり、もっと具体的な変革プログラムに進化することができなかった。

チアリーダー：価値観だけがニューパワー

「クラウド」の下に位置するカテゴリは「チアリーダー」だ。このカテゴリの組織はオールドパワー・モデルでありながら、ニューパワーの価値観を持っている。

ニューパワー・マトリックス

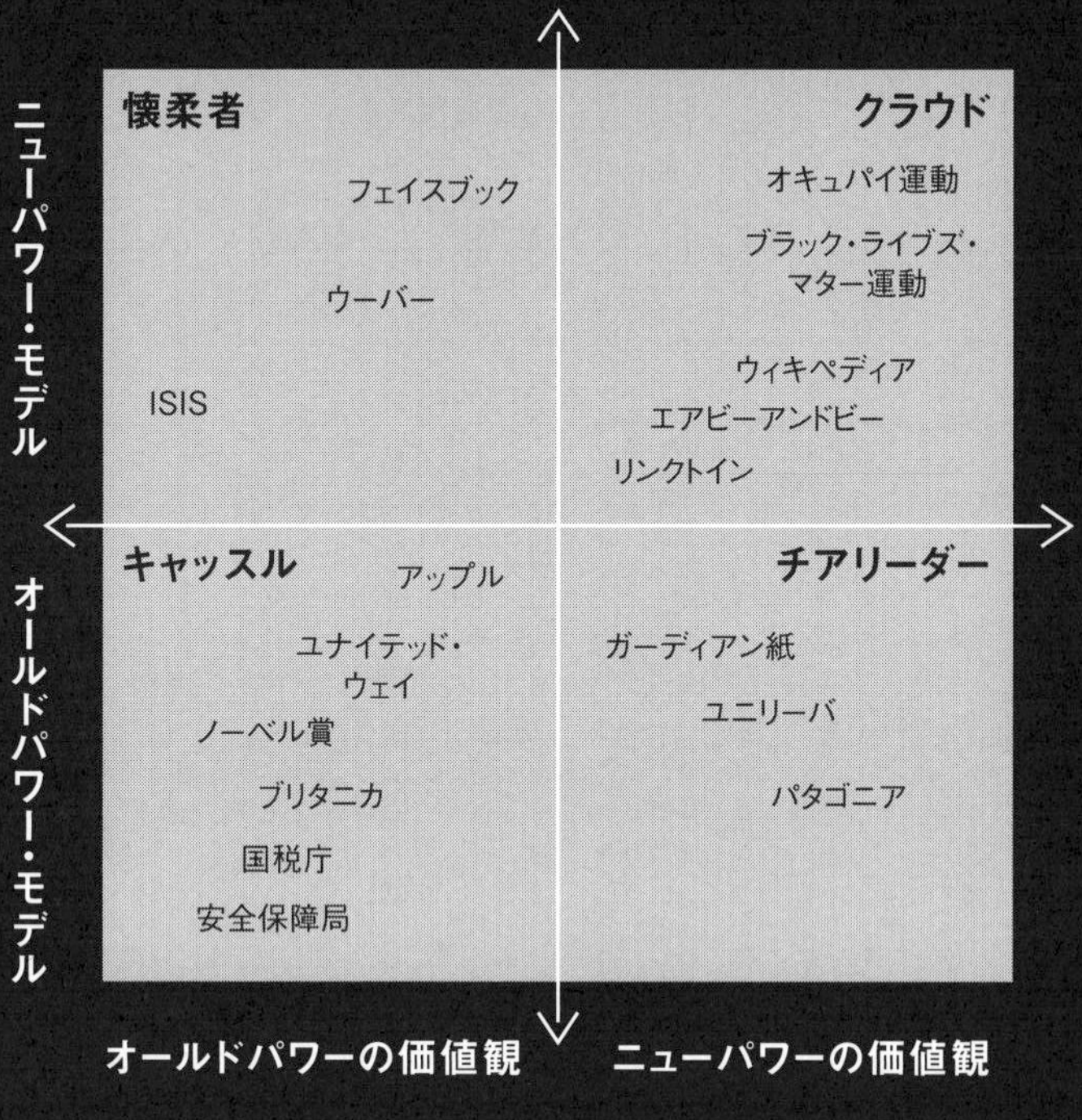

たとえば、パタゴニアは典型的なオールドパワー・モデルで、機能的なジャケットなどの製品づくりに一般の人を参加させたりはしていないが、その他の点においては、消費者ときわめて協力的な関係を築いている。たとえば、気候変動への取り組みに消費者の協力を求め、大量消費主義への反対を表明している。透明性にも強い決意を示し、サプライチェーンに関する情報や、衣料品工場の労働者の賃金、繊維生産が環境へ及ぼす影響など、大企業の多くは隠しがちな情報も公表している。

チアリーダーのもうひとつの例は、由緒ある一般紙『ガーディアン』で、財政の建て直しに取り組むいっぽう、業務の刷新を図っている。

徹底的な透明性を掲げるガーディアン紙は、国家機密を報道したことで、英国政府はもちろん、ほかのメディア各社からも厳しい批判を受けた。透明性は自社の問題にもおよび、広告費の減少を公表し、大胆にも読者らに「メンバー」となって毎月寄付をしてほしいと呼びかけた。そして驚いたことに、2017年の同社の発表では、メンバーは23万人に達し、購読者数を上回っている。いまや広告収入に匹敵する金額を、購読者とメンバーから得ているのだ。

同紙はニューパワー・モデルの試みとして、読者の直接参加を求めてきた。たとえば、脱化石燃料の取り組みを支援するよう、ビル・ゲイツに働きかけた。また、「カウンテッド」というデータベースを立ち上げて、アメリカで警察官によって殺害された人たちの情報を読者やジャーナリストがデータとして蓄積できるようにした。

それでも、同紙が「クラウド」ではなく「チアリーダー」に該当するのは、ニューパワーの価値観であっても、基本的なモデルは従来のメディアに典型的な〝ダウンロード〟型〔大衆に対して、一方的に情報やコンテンツを伝達する方式〕だからだ。

キャッスル：モデルも価値観もオールドパワー

もっともなじみ深く、該当する組織も多いのは「キャッスル」で、オールドパワーのモデルと価値観を持つ。工場の組立ラインから広告業界まで、多くの人がこれに該当する組織で働いている。典型的な例は国家安全保障局だ。通常は人目につかないように活動しており、大衆の参加に興味を持つとすれば、人びとの行動を密かに監視するときくらいだ。ノーベル賞を決めるノーベル委員会も一例で、少人数の専門家らが年に一度、非公開の会議を開催し、世界でもっとも優秀な人材を選出している。

キャッスルの特徴がやや目立ちにくいのが、世界でもっとも企業価値の高い企業のひとつ、アップルだ。アップルが卓越したテクノロジー企業であることは疑いないが、だからといってニューパワーの企業であるとは限らない。それどころか、アップルはオールドパワー・モデルを採用し、典型的なオールドパワーの価値観を持っている。

同社は熱狂的なファンである顧客たちにすばらしい製品を提供しているが、「我々がいちばんよく知っている」という態度を貫いている。クパチーノの本社では、伝説的なジョナサン・アイブの率いるデザインチームが、消費者が欲しいと思うより先に、消費者が欲しがるものを突き止め、見事に商品化して提供する。我々の役目は、ただ消費するだけだ（イヤフォンジャックはもう要らないと勝手に決めつけられても、文句すら言えない）。

アップルのビジネスモデルにも、アップストアなどオープンな側面はあるが、それさえもアップルによる面倒な制限や一元管理をまぬがれない。

アップルは社内文化も秘密主義で、他社からは一緒に働くのが難しい相手としても知られる。同社の持続的な成長は、いまだにオールドパワー・モデルに成功の余地があることを如実に物語っている。しかし、アップルの魔法を真似しようとしても、ほとんどの組織には難しいだろう。

懐柔者：モデルだけがニューパワー

最後に紹介するのは、左上の「懐柔者」だ。ここに該当する組織はニューパワー・モデルを持ちながらも、オールドパワーの価値観に基づいている。ウィキペディアがニューパワー・モデルとして開放性と民主主義の希望の光であるのに対し、ウーバーやフェイスブックは、ともに仲間《ピア》主導型のネットワークのおかげで巨大な規模に成長したが、ユーザーとの接し方や価値観や情報共有の方法はオールドパワー的だ。

懐柔者が発信するユートピア的なメッセージと権力の行使のしかたとの乖離《かいり》が、ユーザーの集合知や競合他社によって浮き彫りにされるにつれ、世間からの風当たりは強くなっている。

しかし、多くの意味で繁栄しているのも事実だ。ＩＳＩＳや白人至上主義者など、デジタル戦略に長《た》けたヘイトグループは、分権的なソーシャルメディアを駆使する軍隊ときわめて独裁主義的な価値観を、巧みに組み合わせている。

あなたはマトリックスの「どこ」に位置しているか？

これらの組織の多くは、マトリックスの上を移動しているか、移動しようとしている。たとえば、『ガーディアン』紙は読者の参加をうながすことで「クラウド」のカテゴリに近づこうとしている。ブラック・ライブズ・マターは、当初は誰にでも開かれた組織として始まったが、拡大するにつれ、活動を取りまとめ、「社会的に無視された人たちの声を運動の中心に据える」という設立時の目的を再確認するために全国に支部を立ち上げるなど、フォーマルな組織体制を整備するようになった。

ＧＥやユニリーバなどオールドパワーの多くの企業は、ビジネスの手法や社内文化にニューパワーの考え方を取り入れるため、大きな変革を行ってきた。

だが、根本的にビジネスモデルを変えるのは、はるかに困難だ。組織外から知識や技術を積極的に取り込むための「オープン・イノベーション」が、ごく部分的な企業変革に終わってしまうこともよくある。しかし本書では、それを見事に成し遂げたオールドパワーの組織の実例や取り組みの数々を紹介する。

ニューパワーで成功し、群衆の支持を獲得したムーブメントやモデルも、やはり困難な選択を迫られている——設立当初のニューパワーの価値観にこだわり続けるべきか、あるいはニューパワーのビジネスモデルから転換を図るべきか。

新旧のパワーが衝突し、拮抗《きっこう》し、歩み寄る世界では、誰もが移動している。すべての組織は、自分たちはマトリックスのどこにいるのか、数年後にはどこを目指し、どうやって移動すべきかを、しっかりと考える必要がある。

右上の「クラウド」を目指して突っ走るにせよ、じっくりと戦略的に「キャッスル」脱出を目指すにせよ、我々はみなニューパワーのスキルを理解し、習得する必要がある。

本書では、ニューパワーによって新たにどんなことができるようになるのか、さらに、それによって日常生活や、仕事や、社会にどのような影響が表れるのか、そのすべてを明らかにする。

第3章
「ミーム」を投下せよ
――自分の「影響力」を爆発させる

「ネック・アンド・ノミネート」は、パブに通うイギリス人たちがいかにも思いつきそうなゲームだ。

やり方を説明しよう。

まず、あなたが1パイントのビールを（首《ネック》をのけぞらせて）一気飲みするところを動画で撮影してもらう。飲み終わったらほかの人を指名して、そこまでの動画をオンラインにアップする。指名された人はあなたと同じように飲んで、またほかの人を指名して、その動画をアップする。みんなで酔いつぶれるまで、それを繰り返す。

ネック・アンド・ノミネートは2008年に学生のあいだで少し流行ったあと、201

2年に突然、大流行した。ウィル・グリーンという男性がひとひねりを加えたのだ。

ウィルは事情を知らない近所の家のドアをノックし、やがて女性がドアを開けると、いきなりビールを一気飲みしてみせた。きょとんとした女性が「どなたですか？」と尋ねるのも気にかけず、ウィルが勝ち誇ったように立ち去るところで動画は終わる。これが受けたのだ。

大西洋の対岸では、２０１４年3月、「24時間コールド・ウォーター・チャレンジ」に挑戦しようとして、湖のデッキでぐずぐずしていたジェシカ・ラグルが、娘にドボンと突き落とされた。動画のその前のシーンでは、チャレンジを受けるよう、ジェシカが友人たちを指名している姿が見られる。ジェシカはこの動画をユーチューブに投稿し、「マーセリーの夢」という福音派のアフリカ伝道活動への支援を人びとに訴えた。

その年の5月、「コールド・ウォーター・チャレンジ」は、ケンタッキー州レキシントンに登場した。今度は消防士たちが、散水用ホースで人びとをびしょぬれにした。これは、がんで闘病中の同僚を支援するためのチャレンジで、地元で流行した。6月には、正式にルールが定められた。ケンタッキー州のウェブメディア「Ｋｙフォワード」にこう記されている。

1．コールド・ウォーター・チャレンジで指名された者は、24時間以内に挑戦すること。

2．挑戦者はジョー・ヴィッシング医療基金に10ドルを寄付すること。
3．挑戦者は3名を指名すること。
4．挑戦しない者には、罰金として100ドルの寄付金の支払いを推奨する。

学生や消防士や母親たちの次は、ゴルファーたちの出番だった。夏の暑さもあり、熱心なゴルフ仲間のあいだで広まっていった。ゴルファー版は「アイス・バケツ・チャレンジ」と呼ばれ、ビールジョッキや湖や散水ホースではなく、バケツが使われた。飲み物を冷やすためのバケツを両手で持ち、頭から氷水をかぶるのだ。

恐るべき「ミームの威力」が明らかになった

7月15日、ゴルフのセミプロのクリス・ケネディーがアイス・バケツ・チャレンジの動画を投稿した。彼は寄付先として米国ALS協会を選んだ。筋萎縮性側策硬化症（ALS）の根絶を目指す団体で、彼の親戚にも患者がいた。アイス・バケツ・チャレンジとALSが結びついたことで、これは慈善活動の歴史に残る瞬間となった。

だが、爆発的な流行のきっかけとなったのは、その2週間後、ボストン在住の元野球選手でALS患者のピート・フレイツの投稿だった。ピートはヴァニラ・アイスの「アイス・アイス・ベイビー」をBGMに、氷水をかぶった。

その後の展開はご存じのとおりだ。あの夏はSNSがアイス・バケツ・チャレンジの投稿で埋め尽くされ、いささかうんざりした人もいるかもしれない。

ボストンのフレイツから始まったこのチャレンジは世界をぐるりと一周し、オプラ・ウィンフリーやマーク・ザッカーバーグなどの著名人や、政治家や、スポーツ選手から一般の人にまで、幅広く広まった。最年長の挑戦者は、102歳でひ孫のいる、イギリスのジャック・レイノルズだ。

「そりゃあ冷たかったよ――死ぬほど冷たかった。なにしろこっちはユニオン・ジャックのパンツ一丁だからね」レイノルズは語っている。「だけど、きれいな女の人たちが暖かいタオルを持ってきてくれたし、ウイスキーを一杯引っかけたらすぐに温まったよ！」


6月1日から9月1日までの3か月に投稿されたアイス・バケツ・チャレンジ関連の動画は、フェイスブックだけでも1700万件を超え、4億4000万人のユーザーに100億回以上も視聴された。その夏、最終的にALS協会には1億1500万ドルを超える寄付金が集まった――年間総予算の4倍以上もの金額だ。

ALS協会にとって、2014年は「ミーム〔ネット上の流行りの画像や動画〕が世界中に届いた」年になった。

ほんの数か月前まで、協会はほとんど世間に知られていなかった。年次報告書では地味な進展（呼吸療法のDVD3巻セットを発売など）は報告されていたが、顕著な成果はなかった。復員軍人の日（11月11日）のALS啓発キャンペーンも、メディアであまり報道されなかった。ALS啓発月間でさえ、ホームページへのアクセス数が「183パーセント増加」した程度だった。

だが突如、何百万もの人びとの協力の連鎖により、ALS協会は期せずして、ニューパワーの巨大な波の恩恵にあずかることになった。

アイス・バケツ・チャレンジは――好き嫌いはともかく――いまの時代について重要なことを教えてくれる。このキャンペーンがどのようにして、なぜあれほど大規模な運動に発展したのかを解き明かすことで、ニューパワーの世界において、善悪に関係なくアイデアがどのように広まるかについて、多くのことが見えてくる。

「ミーム・ドロップ」で情報を拡散する

オールドパワーのツールキットにおいて、ハンマーとレンチに相当するのはスローガンとキャッチフレーズだった。まずラジオが、次にテレビがメディアを支配すると、人びとの頭に残りやすい、巧妙なフレーズがもてはやされた。

「我々は海岸で戦う」〔チャーチル。ノルマンディーにて〕、「よく聞いてください。増税はしません」〔ジョージ・H・W・ブッシュの選挙公約。当選後破られた〕、「JUST DO IT.」〔ナイキ〕、「任務完了」〔ジョージ・W・ブッシュ。イラク戦争の勝利宣言〕……こうしたメッセージは、少数の巨大なメディアを通して大衆に〝ダウンロード〟されることを前提としてデザインされたものだ。膨大な数の視聴者と、どうにかして視聴者に到達したい企業やブランドとをつなげるには、メディアが頼りだった。

この時代について特筆すべきは、人びとの文化体験が似たり寄ったりだったことだ。大多数の人が同じようなテレビ番組を観て、同じような新聞を読んでいた。だから、主要なメディアにアクセスし、広告費を払えば、文化をつくる少数の人間の側に立つことができた。メディアを頼らなければ、せっかくのアイデアも日の目を見ない。そんな状況で、オールドパワーのメディア企業は莫大な価値を独占できた。

ところが新しいメディアの登場によって、状況は変化した。組織や個人は巨大なメディアを避けて、自分たちのストーリーを語り始めた。視聴者もあちこちに分散した。マディソン街の広告代理店や地元の新聞社に頼らなくても、コミュニケーションできる手段が出てきた。

ところが、メディアが変わったのに、メッセージは必ずしも変化しなかった。組織はなおもオールドパワー式のダウンロードに頼っている。プレスリリースや『フォーチュン』

誌の見開き広告だけでなく、ブログやツイッターも使うようになっただけだ。単純に上から広告を投下するだけの方法があくまでも主流だ。

実際、フェイスブックやツイッターのようなプラットフォームは、典型的な広告収益に頼っている。企業は広告費を払い、あなたが好んで見るもの（SNSのニュースフィードや動画など）に広告を割り込ませ、自社の商品やアイデアを紹介する。テレビのCMよりは巧妙でターゲットはもっと絞れるとしても、実態は変わらない。評判の「ネイティブ広告」（記事のように見えるオンライン広告）も、新世代向けに少し目先を変えたPR広告にすぎない。

だが、アイス・バケツ・チャレンジが大規模に広がったように、アイデアの拡散についての認識を覆すような、新しい現象がたしかに起こっている。

いま必要なのは、ただのキャッチフレーズでなく「ミーム・ドロップ」——あらゆるメディアで使用できる映像やフレーズだ。

ミーム・ドロップは横へ広がるようにデザインされ、仲間同士《ピア・コミュニティ》でリミックスされ、共有され、カスタマイズされたとき、ミームのクリエイターのコントロールをはるかに超え、もっとも活発になる。

アイス・バケツ・チャレンジが成功したのは、ナイキのスローガン「JUST DO IT.」のように完璧だったからではなく、世界中の人たちに行動のきっかけを与える、魅力ある文脈を生み出したからだ。それは、アイデアや情報の奔流のなかに落《ドロップ》とされた、どんな方向性や形にもなり得る、行動の青写真だった。

アイデアを「記憶」に焼きつかせる

ただ上からメッセージを投下する時代には、とにかく記憶しやすい広告をつくることが重要だった。ベストセラー『アイデアのちから』(日経BP社)において、兄弟である共著者チップ・ハースとダン・ハースは、「焼きつく」という概念、つまり、なにがアイデアを記憶に焼きつかせるのかを説明している。

ジョン・F・ケネディ大統領が「人類を月に到達させる」と宣言したスピーチや、旅行者が目を覚ましたら肝臓を抜き取られていたという都市伝説や、サブウェイのサンドイッチを食べ続けたら体重が半減したという人物が登場するコマーシャルなど、多くの例が紹介されている。

これらの例に共通する特徴として、著者が挙げているのは次の6つだ。

・Simple(シンプル)——単純明快さが決め手。

・Unexpected（意外性）――驚きを与え、もっと知りたいと思わせる。
・Concrete（具体性）――人びとがはっきりと思い描ける。
・Credible（信頼性）――統計や専門家による推薦を用いる。
・Emotional（感性）――人間の本能に訴える。
・Stories（ストーリー）――既存の問題に変化が生じる可能性や道筋をイメージさせる。

これが「SUCCESs《サクセス》の法則」だ。最後のsはなにも表してはいないが、一文字足りない「SUCCES」では記憶に焼きつかないということだろう。これはアイデアがどのように人の心をつかみ、共感を呼ぶかを理解したい人には有益な本だ。この6つは、注目を浴びるアイデアを打ち出すための不朽の原則と言える。

だがニューパワーの台頭によって、新しい原則が必要になってきている。アイデアを記憶に焼きつかせる方法はわかったが、これだけ情報が氾濫《はんらん》し、人びとが積極的に「参加」する時代に、我々はどうしたらアイデアを「拡散」することができるだろう？

人びとはもはやアイデアを消費するだけでは飽き足らず、アイデアを発展させ、手を加え、無数の人びとに届けるために、自分も役割を果たしたいと思っている。そんな21世紀に成功するアイデアの勝因はなんだろう？

「拡散」されるアイデアの3つの条件

ハース兄弟に敬意を示しつつ、いまもっとも成功しているアイデアやコミュニケーション戦略の多くは、ＳＵＣＣＥＳｓに「ＡＣＥ」を加えたものだと僕たちは考えている。ＡＣＥとは、ニューパワーの世界でアイデアを拡散するために重要な３つの原則だ。

・Actionable（「行動」をうながす）――そのアイデアは行動をうながす。ただ憧れたり、記憶したり、消費したりする以上の行動を起こすきっかけを人に与える。その「行動」はシェアにはじまり、さらにさまざまな形に発展していくことも多い。

・Connected（「つながり」を生む）――そのアイデアは、大切な人たちや価値観を共有する人たちの仲間同士のつながりを促進する。アイデアの共有によって、周りの人を身近に感じ、自分は志を同じくする仲間の一員だと感じることができる。そこから、アイデアをさらに拡散させるネットワーク効果が生まれる。

・Extensible（「拡張性」がある）――そのアイデアは、各参加者によって容易にカスタマイズやリミックスやシェアができる。共通のベースから、各コミュニティがアイデアをアレンジし、発展させられる構造になっている。

アイス・バケツ・チャレンジには、まさにこの3つの特徴が表れていた。

まず、いくつかの点で明らかに**「行動」をうながした**。

ALS協会への寄付もそのひとつだが、それはもっとも主要なアクションでも成果でもなく、参加者数は寄付者の数をはるかに上回っていた（そこはさかんに批判された点でもある）。アイス・バケツ・チャレンジは参加者に、動画を撮ってシェアすることを求めた。さらに友人たちを指名して参加させるよう求めた。そして、ほかの人たちのSNSの投稿に「いいね！」や、シェアや、コメントをするよう求めた。

また、少なくとも3つのレベルで**「つながり」を生んだ**。

おそらくこれがもっとも重要なことだが、第1に、このチャレンジは、動画のシェアや指名によって、個人と仲間集団とを結びつけた。このチャレンジは、一般人だけでなく著名人にまで「広める許可」を与えた。アイス・バケツ・チャレンジは、ビル・ゲイツのような堅物《かたぶつ》の有力者たちから親しみやすい一面を引き出すには、うってつけの方法だった。若手ユーチューバーたちは、ビキニ姿やかっこいい水着姿を見せつけることができた。

第2に、一般の人と有名人が同じように参加してつながることで、レディ・ガガからバスケットボール選手のレブロン・ジェームズまでと理念を共有し、瞬間を分かち合うことができた。

第3に、参加者は、ALS支援のために集結した新しい世界的な行動集団の一員となった。チャレンジは、自分より大きな目的のために貢献するよう参加者に求めた。慈善活動的な大義名分が伴奏となり、参加者は、友人たちをバックバンドに、SNSを通じて見ている人たちをオーディエンスにして、ロックスターになることができた。

そして、アイス・バケツ・チャレンジはどれもユニークで、動画はそれぞれの好みでカスタマイズされていたという点で、**「拡張性」があった。**従来の単純な広告投下の世界とは大違いだ。

自分の好みに合わせてひと工夫できるため、ただ参加するのでなく、誰もがプロデューサー気分を味わえた。インドのハイデラバード出身のジャーナリスト、マンジュ・ラタ・カラニディは、このチャレンジをライス・バケツ・チャレンジに変えた。『スタートレック』の俳優パトリック・スチュワートは、黙って優雅に小切手にサインし、氷水の入ったバケツから、氷をふたつトングでつまんでタンブラーに入れ、シングルモルト・ウィスキーを注ぐと、ゆったりとそれを味わった。

アイス・バケツ・チャレンジは、絶妙な感情のカクテルだった。共同の活動に貢献しているという連帯感を味わえるとともに、動画には制作者の主体性を取り入れることで、自分たちならではの持ち味を表現することができた。

近年、成功している取り組みの多くには、これら「ACE」の3つの特徴が見られる。スタートアップやベンチャー企業や広告キャンペーンはもちろん、（この章の最後に出てくるように）テロリズムも例外ではない。

A：「行動」をうながす
――バズフィードの〝アクショナブル〟な記事方針

いまやバズフィードを知らない人はいない。「6つ質問に答えると住むべき都市がわかっちゃう！」というクイズの回答者数は1400万人にもおよび、「このドレス、何色に見える？」という記事（白と金か、青と黒かを問う）では、数百万もの人たちが議論した。「いかにもオーストラリアっぽい単語トップ100」をシェアした人も多いだろう。

食いしん坊の人なら、バズフィード主催のグルメ向けのフェイスブックコミュニティで、8500万超のフォロワーを誇る「テイスティ」（Tasty）をフォローしているかもしれない。クリエイティブな人なら、バズフィードのコミュニティが制作したコンテンツプラットフォームを利用して、自分でもバズフィード流のまとめ記事をつくっているかもしれない。

なかには、大統領選からトランスジェンダーに関するものまで、賞を受けたさまざまな記事を読んだ人もいるだろう。同社は軽めのコンテンツで大成功したおかげで、重厚なジャーナリズムに投資できるようになったのだ。

バズフィードは最初、軽く見られていた――とくに大手のメディアには。だが、もう誰もあなどれない。企業価値15億ドルと評価され、『ファスト・カンパニー』誌では「もっとも革新的な企業」ランキングに入ったうえ、「メディア界の羨望《せんぼう》の的」と言わしめた。

成功の要因は、読者に望みどおりの行動を起こさせること。バズフィードの第一の目的は、コンテンツを読んでもらうことではなく、**シェアしてもらうこと**だ。編集長のベン・スミスはこう述べている。

「もしあなたの目的が――我々バズフィードと同じように――ものすごく斬新なことや面白いこと、あっと驚くようなことや楽しいことを読者に伝えて、シェアせずにはいられないと思わせることなら、奇抜な見出しに負けないよう、期待を上回る内容にする必要がある。これは非常に高いハードルだ。ただ読んで面白いのと、それをあえて友人にシェアするのとは、まったくの別問題だ。これは、シェアやフェイスブック、ツイッター、ピンタレスト、その他のＳＮＳプラットフォームについての重要な事実だ」

「シェアされるには？」を追求する

これはささいなことだと思われがちで、実際にそうかもしれない。しかし、バズフィードが勝利を収めたのは、シェアを非常に重視しているからだ。

読者層を理解するため、データ主導の分析的なアプローチによって、なにが読者を動かすか、活性化するかを突き止めたことが、バズフィードの成功の秘訣なのだ。

従来型のメディアも気づいている。2013年、『ニューヨーク・タイムズ』において、年間でもっともユーザーを集めたコンテンツは、徹底的な調査記事ではなく、なんとクイズだった。25の質問に答えると、その人にもっとも近い話し方の地域が地図上で表示されるというものだ。

では、読者に行動をうながすバズフィードの方針と、世界でもっとも歴史があり、評価も高い、イギリスの週刊紙『エコノミスト』の哲学をくらべてみよう。

エコノミスト・グループのメディア事業部代表のポール・ロッシはこう語っている。「我々は、読者の頭のなかに価値を創造したい」。それによって、彼らは多大な影響力を持つようになった。

エコノミスト・グループが発信するコンテンツは、国家元首や大企業家たちが毎週しっかりと読んでいる。間違っても、「絶対に〝なんだこりゃ！〟と言ってしまう写真を選んでみた」といったコンテンツを載せることはない。

とはいえ、『エコノミスト』のような大手メディアも、バズフィードを成功に導いたさまざまなスキルを習得することなしに、この先も安泰にやっていけるとは考えにくい。

同紙の創刊は1843年、穀物法の廃止を訴える運動組織としてスタートした。以来、時代の大きな政治・文化問題に最前線で取り組んできた。

たとえば1990年代半ばには、同性婚の支持を明確に表明した。これについては当時の編集者たちもおよび腰で、世間では「常識外れで過激だ」という声も上がったが、同性婚の合法化に道を開いた。

「事実」についてすら公の場で堂々と異議が示されるいまの時代に、そうした重要な役割を果たし続けるためには、『エコノミスト』のような大手メディアは、自社の理念に共感するコミュニティを巻き込むことを真剣に考える必要がある（あとの章で、オランダの新興メディア『デ・コレスポンデント』の事例を紹介する。硬派なジャーナリズムに根差したメディア企業が、読者を動かしてコミュニティを形成するために最高の手本となる話だ）。

人びとの行動をうながすアイデアを生み出すには、ただ「いいね！」をねらうだけでは足りない。コミュニティの行動をどうしたら自分たちのコミュニケーション構造に組み込めるかを、組織はしっかりと考える必要がある。そのために重要なのは哲学であり、テクノロジーではない。コミュニティの人びとは、ただ消費して従う以上のことをするためにいるということを、組織は肝に銘じるべきだ。

C：「つながり」を生む

——フェイスブックの〝コネクト〟の力

フェイスブックは2016年の大統領選挙の結果に影響を及ぼしたと非難されたが、そのアルゴリズムが選挙戦に影響を与えたのは、これが初めてではない。

2010年、フェイスブックは自社のプラットフォームが選挙動員に影響を及ぼすかどうかを確かめるため、実験として、連邦議会選挙の直前に、約6100万件のメッセージをユーザーに送信した。調査対象のユーザーは3つのグループに分けられた。

第1グループには、投票会場を示して投票をうながす情報メッセージを送り、「私は投票しました」というボタンを押せるようにした。

第2グループ（対照群）には、とくになんのメッセージも送らなかった。

第3グループには、〝ソーシャル・メッセージ〟を送信した。つまり、メッセージの内容は第1グループとほぼ同じだが、ひとつ大きな違いを加えた。「私は投票しました」のボタンを押したフェイスブックの友だちを無作為に最大6名選び、そのプロフィール写真を表示する仕組みにしたのだ。

カリフォルニア大学サンディエゴ校の研究者たちと、フェイスブックのデータサイエンス・チームが協力し、オンラインの動きと投票の公式記録を照合することで、ユーザーがどのメッセージを受け取ったか（あるいは、受け取らなかったか）が、その人の投票に影響を与えたかを調べた。そして、研究成果を科学誌『ネイチャー』で発表した。

その結果、まず驚くべきことは、第1グループと第2グループ（対照群）の投票率が、ほとんど同じだったことだ。世界でもっとも効果が高いはずのデジタル広告スペース（あなたのニュースフィード）に、「行動」をうながす「私は投票しました」ボタンを表示したのに、第1グループの投票率は、なんのメッセージも受け取らなかった第2グループの投票率と、大差がなかったのだ。

このことは、キャッチフレーズ頼みの企業には、深い意味合いを持っている。人びとの注目を集めるだけでは足りないということだ。

二つめの結論は、第1グループと第3グループの投票率の差から導かれた。ユーザーの友だちのプロフィール写真を加えただけで、大きな差が表れたのだ。第3グループの投票率は第1グループより2パーセント高く、推定で投票者数が6万名増えたことになる。これは、オンラインの世界が「現実の世界の行動に多大な影響を与える」可能性を示した初の研究となった。

三つめの結論は、直接的なメッセージを受け取ってはいないものの、友だちが「私は投票しました」ボタンを押した際に、ニュースフィードでその表示を目にした人たちの行動から導かれた。そのような間接的な影響を受けたユーザーの投票者数は、28万人にのぼった。このグループの人は、ニュースフィードになにも表示されなかった人たちにくらべて、投票率が4倍も高かった。

研究者たちは、このフェイスブックの実験は投票率に少なからず影響を与えた、と結論づけ、接戦の場合は選挙結果を左右する可能性があると示唆《しさ》した。人びとが投票したのは、候補者に魅力を感じたからでも、メッセージにうながされたからでもなく、友だちが投票したのを知ったからだった。

セレブより「仲間の意見」の影響のほうが強い

21世紀における情報の拡散のしかたを考えるにあたって、この実験は、**情報は横に広がる**ことを明確に示している。すばらしいアイデアは、友人同士の小規模なグループを通して広がっていくことで効果を発揮する。著書『ソーシャル物理学』（草思社）において、このフェイスブックの実験を詳細に説明したマサチューセッツ工科大学（MIT）教授のアレックス・ペントランドは、僕たちにこう語った。

「仲間たちが価値のあるアイデアだと認めた場合、人は行動を変え始めるが、そうでない場合は行動の変化は起こりにくい」

だからこそ、「つながり」を生むアイデアがきわめて重要なのだ。

いまもっとも反響を呼ぶアイデアは、莫大な人数をターゲットにしたものでなく、仲間同士ならではのつながりやアイデンティティを表現できるものだ。バズフィードの元社長ジョン・スタインバーグとジャック・クラヴィツィックは、広告・マーケティング業界サイト「アドエイジ」において、こう述べている。

「大規模なケースを含め、情報が拡散するときは、数人のインフルエンサーの投稿やツイートよりも、無数の小さなグループが情報をシェアするほうが効果が大きいことを、我々のデータは示している。影響力のある人物が発信する情報は広範囲の人に届くが、そのインパクトは短命である。コンテンツが急速に拡散するのは、ソーシャルウェブの仲間同士のシェアにより、特定の影響範囲を超えてどんどん拡散するときだ」

つまり、友人たちに対しては、セレブよりあなたのほうがずっと影響力が強いということだ!

E：「拡張性」がある
――〝エクステンド〟できるから広げたくなる

2012年、伝統ある機関から新しいアイデアが誕生した。92ストリートY（92Y）は、ニューヨークで144年の歴史を持つ文化機関で、数百名の従業員が数千もの地域プロググラムを運営している。その92Yが、小売業が大幅な売上を記録する「ブラックフライデー」や「サイバーマンデー」にちなんで、慈善事業への寄付を呼びかける「#ギビング・チューズデー」（#GivingTuesday）を立ち上げた。

目的は、消費を楽しむだけでなく利他主義の日を設けて、他人の幸福や利益を考えるきっかけをつくりたかったからだ。これは典型的な〝ミーム・ドロップ〟だった。ヘンリーとチームの仲間たちは、世の中にアイデアの種をまき、専用のウェブサイトを開設して、各組織で「ギビング・チューズデー」運動を行うためのツールやアドバイスを提供し、人びとが自分たちで運営できるようにした。

その後5年間で、この運動によって献血や古着の寄付、ボランティア活動、地域の再発運動などが始まったほか、非営利団体への寄付金が数億ドルも集まった。2015年のイベントでは、ペイパルオンラインによる募金で24時間以内に集まった寄付金として、ギネス最高記録を達成した。

オールドパワー式のやり方であれば、このような取り組みをするなら統制を強め、92Yのオーナーシップを主張するだろう。参加するには決まったやり方に従い、「ギビング・チューズデー」について言及する際は、必ず92Yの名称を明記するよう要求するはずだ。

しかし、これは拡張性を持つべく意図された、ニューパワーのアイデアだった。各組織がそれぞれに合うように取り入れ、応用してくれればいい。

だから、ミシガン大学が「#ギビング・チューズデー」を、卒業生へのアピール力を高めるために「#ギビング・ブルーデー」（#GivingBlueday）にアレンジしたとき、92Yはそれを成功のサインととらえた。もしオールドパワーの世界でそんな勝手な真似をすれば、弁護士に訴えられ「即刻停止」を要求されかねない。「我々のブランドの尊厳が脅《おびや》かされた！」と大騒ぎになるだろう。

だが92Yのチームは、ミシガン大学が「ギビング・チューズデー」を応用するのは脅威どころか、むしろプロジェクトの推進力を高めることだとわかっていた。

このアプローチは功を奏した。「#ギビング・ブルーデー」はミシガン大学初のオンライン募金だった。彼らは意気込んで目標額を100万ドルに設定したが、1年目は320万ドル、2年目は430万ドル、3年目には540万ドルもの寄付金が集まった。

このキャンペーンを応用して、理念を明確に打ち出した組織はほかにもあった。「ドレス・フォー・サクセス」という団体は、恵まれない女性たちの再就職を支援するため、「#ギビング・シューズデー」（#GivingShoesday）と銘打って、何千足もの靴の寄付を集めた。また、「#ギビング・ズーデー」（#GivingZooday）という活動では、全米の動物園が一致団結し、動物園がいかに地域社会に貢献しているかを展示等でアピールした。

アイデアの精神は受け継ぎつつも、枠組みをアレンジして活動すれば、いっそう面白くなる。ボルチモアでは、市民が協力して「#与えようボルチモア」（#BmoreGivesMore）

を立ち上げた。目的は、ボルチモアが「全米でもっとも寛大な街」だと見せつけることだ。地元のピザ屋から大企業までが、こぞって参加した結果、地元の慈善団体に総額500万ドルを寄付することができた。

ブラジルでは、ボルチモアの取り組みの成功を知った大都市、ソロカバのリーダーたちが、「寄付しようソロカバ」という独自のキャンペーンを立ち上げた。街頭で募金だけでなく、献血や、食品や本の寄付などを呼びかけた。ボルチモアの成功例をブラジル流にアレンジしたのだ。

ムーブメントは世界中に拡大し、約100か国に波及した現在もなお、このアイデアの枠組みは発展し続けている。南米では「ギビング・チューズデー」は「#与える日」(#UnDiaParaDar) となり、シンガポールでは「#ギビング・ウイーク」(#GivingWeek)、ロシアでは「#寛大な火曜日」(#ЩедрыйВторник) となり、活動が展開されている。

こうした発展形のおかげで、ムーブメントはさらに強化される。世界各地の人たちが同時期に同じ目的のもとで行動を起こすのだが、コンセプトは現地の文化に合わせて柔軟に変更できる。

このように主体的な参画意識を持たせ、共感を呼び起こすことは、厳格なフランチャイズ方式では絶対にできないことだ。

「不完全」なほうが広げてもらえる

もっとも拡張性の高いアイデアは、不完全で未完成な場合が多い。あまりにも厳格で完璧すぎるアイデアだと、自分たちなりにアレンジして取り組んでみようとはなかなか思えないからだ。

メキシコ料理の大手ファストフードチェーン「タコベル」が2016年に行った「拡張可能なアイデア」は表彰ものだ。シンコ・デ・マヨ〔メキシコの祝祭〕のイベント向けに、スナップチャット用のエフェクト（レンズ）を提供したのだ。これを使うと、頭を巨大なタコスに突っこんで、ホットソースをかぶった写真が撮れる。わずか1日で2億2400万ビューを記録し、スナップチャット史上もっとも人気のあるレンズとなった。

多くの人は鼻で笑うだろうが、これとは対照的な、ゴールデンタイムのテレビCMと比較してみよう。ソファでポテトチップスを食べている男性は、企業がテレビの通信網のおよぶ全地域の人たちに向けて流すメッセージに、注意を払うかどうかはわからない。彼は好きな番組の続きを観たくて、早くCMが終わらないかな、とじりじりしているかもしれない。

だがタコス頭のスナップチャットユーザーは、当然、タコベルに注意を向けている。ニュースサイト「アドウィーク」は、「ユーザーはスナップを撮って送る前に平均24秒、広告で遊んだ」と報じた。もっとも重要なのは、ユーザーはタコス頭の写真を友人たちに送ることで、信用性と影響力を加えてブランドのメッセージを広めたということだ。

ＡＣＥのアイデアが急速に拡散するときは、単純にシェアが急増するのではない。元のアイデアに工夫できる余地のあるものが、ネットワークに勢いよく拡散する。最近はさまざまなムーブメントがよく話題になるが、主催者が推進しなくてもそうやって勝手に広がっていくものこそが、本当のムーブメントになる。

一発の流行を狙わず「ACE原則」で長く広める

アイス・バケツ・チャレンジが思いがけず影響を与えたのが、オールドパワーの前例とも呼ぶべき「テレソン」（チャリティ番組や選挙番組などで多い長時間テレビ放送）だ。

１９６６年にディーン・マーティンとジェリー・ルイスが立ち上げた「筋ジストロフィー協会（ＭＤＡ）テレソン」は打ち切りとなった。もはや人びとは有名人と電話で話せるだけでは魅力を感じなくなったのだ。

「あれほど人気を博したテレソンを打ち切るのは、容易な決断ではありませんでした」元ＭＤＡ会長兼ＣＥＯのスティーブン・Ｍ・ダークスは語る。「最後の数年、テレソンは視聴者数や寄付方法の変化を反映して、調整を余儀なくされました。そんな折、昨年夏にアイス・バケツ・チャレンジが大流行して、あらためて確信したのです。いま、一般の人や寄付者やスポンサーは、我々のミッションを支援するために、もっと新しく、クリエイティブで発展性のある方法を期待しているのだ、と」

テレソンは、視聴者に電話をかけてもらうので、基本的には「行動」をうながすものだった。だが、「つながり」を生むものではなく、「拡張性」はまったくなかった。有名人が出てくれますように、と期待しながら寄付の電話をかけても、意義深いつながりは感じられず、仲間同士の広がりも生まれない。しかし、参加方法はそれしかなかった。

もっとも、テレソンはオールドパワー型の取り組みだったとはいえ、60年間にわたって筋ジストロフィー協会に安定的な寄付金をもたらし、認知度向上に貢献した。

いっぽうアイス・バケツ・チャレンジは、テレソンと違って「新しく、クリエイティブで発展性のある」取り組みだが、その効果は持続性に欠けていた。

アイス・バケツ・チャレンジによるＡＬＳ協会への寄付金は、２０１４年８月には７９００万ドルという大記録を達成したものの、２０１５年８月には50万ドルまで落ちてしまった。

「うちもアイス・バケツ・チャレンジをやるんだ！」と、従業員に号令をかけた組織のトップや役員会は、肝心な点をわかっていない。リーダーたちにできることは、やみくもに大流行を祈るのでなく、自分たちの取り組みに「ＡＣＥ原則」を組み入れ、継続性を高めることなのだ。

ISISが試みた「巧妙な拡散戦略」

「ときにはただなりゆきにまかせて、深呼吸をしよう」

夕陽に向かっていく飛行機がぼんやりと写っている写真を背景に、親しみやすい白いブロック体のメッセージが浮かび上がっている。これはウーム・ライスが「タンブラー」（Tumblr）の人気ブログに投稿したミームのひとつだ。

ブログを見るのが好きな人なら、よく見かけるタイプの投稿だ。だが、切ない気持ちを悶々とブログに綴《つづ》る女の子たちとは違って、ウーム・ライスの言葉には揺らぎがなかった。愛嬌のある絵文字やカラフルな風景写真やＧＩＦ動画を織り交ぜながら、ウーム・ライスは読者に強く訴える。さあ荷物をまとめて、飛行機に乗って、飛び立つのよ——ＩＳＩＳに参加するという大義のもとに。

彼女の成功は、ＡＣＥのアイデアが役に立つのは募金や商品の販売促進だけではないことを、我々に思い知らせる。

じつは、ウーム・ライスは本書の冒頭に登場している。「ウーム・ライス」はアクサ・マフムードのハンドルネームとして広く知られているのだ。

スコットランド出身の彼女は、２０１３年、19歳のときに故郷のグラスゴーを飛び出した。人懐っこい顔をした名門校の生徒で、両親はまさか娘がシリアのＩＳＩＳへ〝移住《ヒジュラ》〟するとは思ってもいなかった。だが、これはブログにはよく登場していたトピックだった。ヒジュラの意味を、非イスラム教の土地と「決別するか、捨て去るか」して、「イスラム教の息づく処《ところ》」へ移り住むことだと説明している。

マフムードは「ＩＳＩＳのポスターガール」と呼ばれ、彼女のタンブラーブログやツイッターのアカウント（すでに削除されている）には、21世紀のコミュニケーション戦略が明確に表れていた。

しかも、彼女だけではないのだ。いわゆる「ジハード戦士の花嫁」は何人もいた。彼女たちはタンブラーやツイッターを駆使して、新メンバーの候補者たちに対し、ヒジュラの準備のためにお勧めの所持品リストを伝えるなど、じつにきめ細かいアドバイスや指導を行っていた。

マフムードはツイッターで戦士たちに激励のメッセージを送った。「ウーリッジ、テキサス、ボストンなど、各地からやってきた兄弟たちに続きなさい。恐れずに……アラーはつねに信じる者とともにある」

さらにマフムードと仲間たちは、オンライン暗号メッセージアプリ「シュアスポット」を使って新メンバー候補のイギリス人たちを教育したり、『デイリー・レコード』紙によると「シリアから秘密のアドバイスを送っていた」。

仲間と直接コミュニケーションを取ることで、マフムードたちはISISのコミュニティの形成に貢献し、ISISの呼びかけに応えた者は新たな家族の一員としてサポートを受けられる、という認識を浸透させた。

故郷の家族についても、気を配ることを忘れない。マフムードは勧誘相手らに対し、きわめて戦略的に思いやりを示し、自分も家族を捨てるのがどれだけつらかったかを振り返って、感情に訴えるメッセージを書いている。

「いちばんつらいのは、国境を越えたあと、最初に電話をかけるとき」マフムードがフォロワーに向けて書いたブログの文章は、何度もリブログされ、多くの共感を集めた。「電話から家族のすすり泣きが聞こえてきて、お願いだから戻ってきて、と泣きつかれたりすると本当につらい」

実態をはるかに超える「スケール」を演出できる

この数年、ISISはこの章で紹介した原則を巧みに用いて、憎しみと暴力のイデオロギーを拡散させた。そして、大義のために何万人もの男女を勧誘した。

ISISは戦争、誘拐、テロ行為といった残忍さと支配の強力な組み合わせに、ACE原則のコミュニケーションを使った拡散戦略を掛け合わせることで繁栄し、正式な訓練も命令も受けていない人たちを無数の暴力行為に駆り立てている。近年、組織の思想をこれほど広範囲に、予想外の方法で拡散させた例は、ＩＳＩＳを置いてほかにないだろう。

ＩＳＩＳは中世の暗黒時代へと逆戻りを企んでいるようにも見えるが、その宣伝組織は多数のプラットフォームや手法を駆使しており、きわめて現代的だ。

ＩＳＩＳ関連のニュースや指導者たちのメッセージを一元的に報道する「アマーク通信」のような、オールドパワー型の戦略を取るいっぽう、ソーシャルメディアの時代に最適な分散型のコンテンツ戦略も打ち出している。

さらには、「＃ＹＯＤＯ」（死ぬのは一度だけ《ユー・オンリー・ダイ・ワンス》）といった記憶に焼きつくミームを打ち出したり、最初に人を殺《あや》めたあと、血に染まった手を写真に撮って投稿しようと若い戦士たちを煽《あお》ったりしている（「拡張性がある」アイデアのおぞましい例だ）。

これらの相乗効果は、すさまじいものがある。オンラインにおけるＩＳＩＳの存在感はあまりに強烈で、自己充足的なパワーを生み出した結果、実際を上回る絶大な威力を示すことになり、ほかの過激派に差をつけて志願者の若者たちを魅了した。

２０１４年、イギリスの『ガーディアン』紙は、このようなオンライン活動はＩＳＩＳの司令部によるものではなく、ＩＳＩＳに憧れる者たちが上からの指導も指示もなく、率先して行っていると報じた。

ソーシャルメディアにおけるＩＳＩＳ関連の投稿は、イラク軍の集団脱走すら招いた。バグダッドはまもなくＩＳＩＳに占拠されるに違いない、と兵士たちが恐れをなしたのだ。ＩＳＩＳの支援者アブー・バクル・アル＝バグダーディーは「『バグダッドよ、待っているがいい』とメッセージのついた写真は、命令もされないのに、若者たちが進んでつくったものだ」と言っている。

同年の『ガーディアン』紙にも、次のような記述がある。「ユーチューブやツイッター、スマートフォン、安価なカメラやソフトウェアが普及し、もはやどの超大国も情報をコントロールできなくなっている。皮肉なことに、このメディアの民主化の恩恵を受けているのは、地球上から民主主義を撲滅させようと画策している古風な神権国家だ」

ＩＳＩＳは支持者たちに情報を持たせ、好きに発信させることによって、世界に大混乱を引き起こしたのだ。

正論より「ゆるいコミュニティ」で人を動かす

リーフレットの空中散布作戦が失敗に終わると、合衆国政府もソーシャルメディアの活用に本腰を入れ始めた。そこで対テロ戦略的コミュニケーション・センター（ＣＳＣＣ）は、聖戦《ジハード》には共感しながらも暴力に訴える決心がつかない若者たちをねらった「シンク・

アゲイン、ターン・アウェイ！」（考え直せ、中止せよ！）キャンペーンを開始した。目的はカウンター・ナラティブ〔プロパガンダに対抗する考え方や概念を提示するメッセージ〕を発信して、ＩＳＩＳへの志願を思い止まらせることだ。

これは一見、有望なアイデアに思えた。だが現実は、第1章でも述べたとおり、自己風刺に近いものがあった。ツイッターのプロフィール写真には国務省の記章を用い、バナーには国務省のいかつい建物を映し出している。このアカウントはジハード戦闘員に対してオンラインでさかんに攻撃を仕掛けていたが、敵のほうが往々にしてうわてだった。

いちばんまずかったのは、国務省がふざけた動画、「ＩＳの土地へようこそ」を配信したことだろう。皮肉を利かせて過激主義を食い止めようとしたものだ。ところが、これは戦闘員たちの失笑を買っただけでなく、深夜番組のコメディアンたちにまでダメ出しを食らった。

出だしでつまずいた政府は、ようやく異なる手段の必要性に気づいた。ＣＳＣＣのコーディネーター、アルベルト・フェルナンデスは、新しい方針を打ち出し、２０１５年に連邦議会で訴えた。

「ＩＳＩＳのメッセージに対抗するには、誰にでも開かれたゆるいコミュニティを形成するか、群衆を動かす方法を見つける必要があります。これは不可能なことではありません。

やればできるはずです」

そこで、いま、各機関の協力で設立されたグローバル・エンゲージメント・センターが、その実現に向けて動き出している。センターは「シンク・アゲイン、ターン・アウェイ！」の高圧的なトーンを改め、カウンター・ナラティブだけでなく希望を与えるメッセージを発信する、ポジティブなメッセンジャーたちのネットワークを構築しようとしている。戦闘員たちがより極端な過激派思想へ傾くのを防ぐため、宗教や学校の指導者をはじめとする協力者たちのメッセージを伝えようという試みだ。

なかでも有望な取り組みは、フェイスブックや世界中の数百もの大学と提携した「P2P《ピアツーピア》過激主義対抗コンテスト」だ。学生たちは型にはまることなく、「仲間たちを励ますとともに、インターネット上のヘイトスピーチ、偏見、過激主義に対抗する」ためのクリエイティブな方法を考案する。

これまでにとくに高い評価を得たのは、「FATE」（無関心から思いやりへ《フロム・アパシー・トゥ・エンパシー》）という、パキスタンのラホール経営大学によるキャンペーンで、つねに過激なイメージに触れることによって刺激に鈍感になる状態を克服するとともに、イスラム教徒に対する固定観念を払拭《ふっしょく》するのが目的だ。大勢の人が参加し、テロが人生にどんな悪影響を及ぼしたか、自らの体験談を語った。

フィンランドの学生グループは、難民たちが地元の人たちに故郷の料理をふるまう、期間限定のレストランを営業するムーブメントを立ち上げた。アメリカの学生チームは、スナップチャットのキャンペーンを実施した。アゼルバイジャンの学生たちは、宗教に関する寛容の態度を教えるための教師用ツールキットを開発した。

アイデアを速く拡散し、持続させる
――「真実」だけでは力が足りない

当然ながら、過激派のプロパガンダを打破できる〝キラー・アプリ〟などあるはずがなく、ひとつのアイデアで状況が一変するはずもない。

だが過激派の思想の拡散を防ぐため、テクノロジー・プラットフォームはもっと対策を講じなければ、採算上の問題も深刻になっていく。過激派のコンテンツやフェイクニュースのとなりに広告が載るのを恐れて、広告主たちがグーグルやフェイスブックなどへの出稿を取り下げるからだ。道徳的で穏やかなコンテンツより挑発的なコンテンツのほうが、大勢の人を惹きつけ、人気がある。プラットフォーム側はそれを利用し、長いこと利益を得てきてしまった。

〈過激派のコンテンツへの有望な対策としては、グーグルのシンクタンク「ジグソー」が〝リダイレクト〟方式を開始した。ＩＳＩＳへの志願を検討している人が、志願者たちがよく使うキー

ワードを検索すると、信頼できる人物が思い止まるように説得するメッセージなどの動画が表示されるのだ)

アメリカおよび同盟諸国は、分散型のソーシャルメディアで信頼度の高い人物たちのネットワークを構築する必要がある。それは穏健派のイスラム教徒をはじめ、アメリカの外交政策をあまり好まないタイプの人たちになるだろうが、だからこそ仲間同士として、説得力をもって異なる道を示すことができるはずだ。

ニューパワーの世界では、知恵比べはテロリストと国家官僚がするのではない。スコットランドの若者とパキスタンのビジネススクールの学生が対決するのだ。

この先、成功を収めるのは、アイデアをよりうまく迅速に拡散させ、持続させる者たちだ。フェイクニュースがあふれ、気候変動やホロコーストを否定する者たち、ワクチン反対派、あらゆる過激派が活動する世界で、失敗の代償ははかりしれない。

そんななかで、思いやりを広め、多元主義を促進し、科学を擁護しようとする良心ある人たちはまず、「ニューパワーは憎しみや虚偽の情報を拡散させるおそれもある」というシビアな現実に向き合う必要がある。むしろ、悪の力のほうが有利とさえ言えるだろう。挑発的なコンテンツは人びとの注意を集め、クリック数を稼げるからだ。いまや、あなたは事実の側に立つだけでは十分ではない。真実には「ACE」が必要なのだ。

第4章
「群衆」をつくれ
――「史上最強の味方」の行動原則

さまざまな人種のさりげなくおしゃれな大勢の若者たちが、抗議活動に集まっている。にこやかに通りを行進しながら、こぶしを突き上げ、「会話に参加しよう」と書かれたプラカードを掲げている。

群衆が練り歩く街からは、人びとの暮らしが垣間《かいま》見える。カフェでブランチを楽しんでいる女性たち。インダストリアルな建物でチェロの練習をしている男性。ヒジャブを着た若い女性写真家は、ポジを見ながら選定に悩んでいる。リアリティ番組のスターでカーダシアン一族のひとり、ケンダル・ジェンナーの姿も見える――クールな顔をカメラに向けてファッション写真の撮影中だ。ＢＧＭにはボブ・マーリーの孫、スキップの歌声が響き渡っている。「僕らがムーブメントだ！　この世代こそ」

そのうち、ひとつの共通点に気づく――みんな、ペプシを飲んでいるのだ。

このあとの展開はたぶんご存じだろう。チェリストも、イスラム系の若い写真家も、ケンダルも、デモの群衆に加わる。ケンダルは連帯の証《あかし》にブロンドのウィッグをさっと外し、強面《こわもて》の警官たちの列に近寄っていく。魅力的な白人女性のケンダルは、抗議デモのリーダーとして、同じくらい魅力的な白人男性の警官のもとへ、勇気を出して歩み寄り、ペプシの缶を手渡す。警官はペプシを受け取ってごくりと飲み、笑顔になる。一触即発の危機は回避され、群衆は歓喜に沸いた――。

このペプシのCMはとんでもない大失敗だった。

ブラック・ライブズ・マター運動や反トランプ運動が最高潮に達した2017年初頭、ペプシは時代の空気を読んだつもりだった。その結果、このCMはたしかにムーブメントを巻き起こした――反ペプシ派の政治勢力が一致団結したのだ。『ニューヨーク』誌はこう評している。「ケンダル・ジェンナーを起用したペプシのCMは、大衆動員によって中傷や揶揄《やゆ》のツイートの嵐を巻き起こした」

世論の大きな圧力を受けて、ペプシはCMを取り下げた（そして、なんだか妙な話だが、ケンダル・ジェンナーに謝罪した）。

このCMは、ムーブメントが急増し、主流になりつつある世界に呼びかけた。法の改正を目指すにせよ、アプリの発売や飲料の売上アップを目指すにせよ、つながりを持った、情熱的な大衆を味方につけることが重要になっている。

いまや現実の世界でもネット上でも、ムーブメントはあちこちで沸き起こっている。ブランドや組織はもちろん、自室に居ながらにして、数百万人のコミュニティを運営している10代の若者さえ存在する。

本章では、ニューパワーの世界で群衆（クラウド）がどのように形成されるかを見ていこう。まずは、時間を少しさかのぼって、本書の著者のひとりであるジェレミーが最初に立ち上げたムーブメントの実例を紹介する。

一度だけ動かすのでなく「うねり」を生む

２００４年の終わり、１９９０年代から国を率いてきたオーストラリア首相のジョン・ハワードは、４期目の当選を果たした。ジェレミーをはじめ、多くのオーストラリア人は落胆した。ハワードはオーストラリアをイラク戦争に突入させ、オーストラリアの先住民への長年の不当な扱いに対する謝罪を拒否した。彼が主導した政策によって、子どもを含む数千人の難民が砂漠の収容所に拘置された。

だが、誰もがジェレミーと同じ意見ではなかった。ハワードは強硬な伝統主義者や移民排斥主義者らに人気のあるしたたかな政治家だった。4期連続当選を成し遂げ、評論家たちも、首相はもはや無敵だと語った。野党の労働党は混乱し、ハワードが理想とする1950年代的な白人主流の国家ビジョンを嫌う多くの人たちも希望を失いつつあった。

クリスマス直後のある日、シドニーのボンダイビーチで、ジェレミーと友人のデイヴィッド・マッデンは、ある計画を思いついた。ふたりはともにハーバード大学ケネディスクール〔公共政策大学院〕に留学中だったが、アメリカで1年を過ごしたあと、母国のイラク戦争参戦の反対運動にボランティアとして参加するため、一時帰国していた。その年、ふたりはソーシャルメディアを使った抗議活動やクラウドファンディングなど、アメリカの政治に変革をもたらしたニューパワーのツールを使った実験を開始した。

ふたりは何年も前から、オーストラリアで大きな抗議活動に参加していた。先住民族との和解を求め、和解の象徴として、シドニーのハーバー・ブリッジを何万もの人びとと歩いて渡ったこともある。

だが、いくらデモが盛り上がっても、人びとが家に帰れば、相変わらずの日常が待っていた。組織活動の大きな課題は、ただ一回のデモで盛り上がるのでなく、情熱を絶やさずに何度もうねりを起こす方法を見つけることだった。

政党に参加した経験もなければ、政治的な人脈も持たない20代のふたりの若者には野心的な目標だったが、若気の至りで無茶ができるという強みがあった。

２００５年８月、ジェレミーとデイヴィッドは、友人のアマンダ・タターサル（既存の進歩的な労働団体に紹介してくれた）とともに、「ゲットアップ」（GetUp!）という活動を立ち上げた。民主主義への参加を取り戻すための取り組みだ。ふたりはテレビCMを制作し、大胆にも、オーストラリア人は「ムーブメントを開始した」と宣言した（とはいえ、じつはまだムーブメントの参加者は、ＣＭに出てくるジェレミーの姉と７歳の姪だけだった）。

最初から、彼らは信じていた。もう少し希望があれば、そしてもっと主体性を発揮すれば、オーストラリアの人びとはきっと立ち上がる。ＣＭに出てくるジェレミーの姉のセリフが、彼らの希望を物語っている。「私は絶対にあきらめない。必ず立ち上がる《ゲットアップ》！」

小規模な運動を急激に大きくする

ゲットアップが初めに人びとに求めたのは、簡単な行動を起こすことだった。オンラインで地元の連邦議会議員にメッセージを書くのだ。オンラインツールなら一般の人も手軽にメッセージを送れる（当時は議員と接触する主なツールは郵便だった）。地元の議員を知らない人には、それが誰なのか簡単に調べられるようにした。

反響はすさまじかった。ほんの数日で、何万もの人たちがそのツールを使って、懸案の問題について議員にメッセージを書き送り、ゲットアップに入会した。その次に起こったことは、さらに重要だった。ハワード政権と、メディア王ルパート・マードック所有の新聞各紙が大騒ぎしたのだ。政府の重鎮アンドリュー・ロブは全国ネットのテレビ番組に出演して、ゲットアップの運動を非難した。

「上院議員らのオフィスに市民から何百通ものメールが届いている。彼らは自分たちがなにをやっているのか、まったくわかっていない。無責任きわまりない。これはスパムだ」

自分たちが議員に送ったメールを〝スパム〟呼ばわりされて、オーストラリア人たちが黙っているわけがなかった。状況はさらに悪化した。政府はゲットアップを解散に追い込もうとして複数の調査を開始し、選挙委員会にも調査を依頼し、あり得ないことに、独占禁止法規制当局にまで訴えた。

だが皮肉にも、すべては裏目に出た。ゲットアップの信頼度は急上昇した。どうやら政府は本当にゲットアップを脅威と感じているらしい、と人びとが実感し始めたのだ。突如、オンラインの寄付が急増し、入会者が殺到した。ムーブメントが生まれたのだ。

ゲットアップはその後も活躍を続け、ほんの2年前には予想もしなかった結果をもたらした。2007年の連邦選挙のときには、ゲットアップは非常に大規模になっており、ジョン・ハワードの選挙区にも何千人もの会員がいた。開票が始まると、ハワード政権が失墜しただけでなく、約100年ぶりに現職の首相が国会の議席を失う事態となった。

ゲットアップの初代事務局長、ブレッド・ソロモン立案のキャンペーンが功を奏し、ハワードの選挙区で、かつてない大人数の会員たちがボランティアとして参加し、有権者の家を訪問して変革を訴えたのだ。選挙前から選挙当日まで、訪問戸数は総計18万7000にのぼった。

設立以来、数年間で、ゲットアップはほかにもいくつかの重要な選挙結果に影響を及ぼしている。さらに、最高裁では画期的な裁定によって投票権の拡大にこぎつけ、連邦議会では難民と環境を保護する法案の可決に貢献した。活動資金のために、会員たちが率先して少額の寄付を積み重ねた結果、数千万ドルの寄付金が集まった。

ゲットアップが既存の政治秩序にもたらした破壊的インパクトを嘆いて、保守派の評論家ニック・ケイターは、ゲットアップは政界にとって、「タクシー業界にとってのウーバーに等しい」存在だと述べた。

現在、ゲットアップはオーストラリア最大の政治組織となり、その会員数は全政党の議員の合計を上回っている。最初はふたりの若者がビーチで思いついた活動だった。それがいまでは、100万人以上のオーストラリア人が、自分たちはゲットアップの会員だと胸を張っているのだ。

「群衆」を生む5つのステップ

ゲットアップは、ニューパワーの世界で群衆を形成し、その勢力を10年以上持続させる方法を探るための研究事例と言える。まさに、ソーシャルメディアを活用した抗議活動の先駆けだった。だが現在では、ムーブメントの創設者が利用できるツールや戦術は格段に増えている。同時に、いまは誰もが何らかの目的で群衆を集めたがっているため、圧倒的なムーブメントを起こすことが当時より難しくなっている。

地元の教育委員に選ばれたい、オンライン・コミュニティを立ち上げたい、新規ビジネスを流行らせたいなど、どんな人にとっても、いまの世界で勢いのあるムーブメントを立ち上げ、成長を持続させるために重要な5つのステップを紹介しよう。

STEP1：「コネクテッド・コネクター」を見つける

ゲットアップを立ち上げたとき、ジェレミーたちはやみくもに仲間を増やそうとはしなかった。彼らは、特定の世界観を持つグループにねらいを定めていた。すなわち、思いやり深く、公平性を気にかけ、社会観や経済観があまり個人主義的でない人たちだ。それは学歴のある人や、女性たち、ベビーブーマー世代に多かった。

ゲットアップはこのグループに強く訴えるキャンペーンを次々に展開した。地元で愛されている公共放送の予算削減に反対する運動や、難民の擁護、気候変動への対策など、さまざまだ。

これらの問題は一見、関連性がないが、気候変動を懸念している人は公共放送の問題にも関心を持っている可能性が高いことを、ゲットアップは見抜いていた。

このグループの人たちは、考え方が通じているだけでなく社会的にもつながりを持っており、大都市に住んでいる専門職の人が多かった。ゲットアップはキャンペーンのたびに、サポーターたちに「友だちにも声をかけよう」と奨励した。そうすれば、今度はその友だちがリクルーターとなって、同じような志を持った仲間を連れてきてくれる。

活動が軌道に乗ってからは、メンバーの幅を広げて地方の人たちの参加も募るようになったが、設立当初、ゲットアップのメッセージを何十万ものオーストラリア人に拡散する使命を担ったのは、非常に限られた熱心なグループだったのだ。

このグループを「コネクテッド・コネクター」（つながりを持ち、つなげる人）と呼ぼう。彼らは世界観を共有してネットワークを形成するいっぽう、各メンバーが周囲に影響を及ぼしていく。どのようなニューパワーのムーブメントを起こすにも、適切なコネクテッド・コネクターを見つけて養成することが、短命で消えるキャンペーンとの決定的な違いを生む。

まったく別の例を挙げるなら、2016年のドナルド・トランプのコネクテッド・コネクターはオンライン活動家とミーム・クリエイターからなる集団で、オルタナ右翼〔米国の過激な右派勢力〕やティーパーティーの残党や銃所持権の擁護派などがからんでいた。トランプが大統領選に出馬したとき、このグループが媒介となって群衆が形成された。

彼らは強固な信念を共有し、レディットや4chanといったネット掲示板で結託を見せた。彼らはオンラインでのメッセージやミームの拡散に非常に長け、トランプ関連の話題を広めるとともに、ヒラリー・クリントンの悪いうわさやネガティブな情報を流布した。

「つながりたい人」をつかまえる

エッツィ(Etsy)も創立当初、強いつながりを持ったコアなユーザーのおかげで大きく成長した。エッツィはハンドメイド作品のオンライン販売サイトで、現在の会員数は数千万人、年間売上は数億ドルに達している。だがビジネスが軌道に乗ったのは、デジタルに詳しい、フェミニストのハンドメイド作家たちのおかげだった。

エッツィは2005年、ブルックリンの4名の男性によって創立された。そのうちのひとり、ロブ・カリンは、典型的な〝作り手《メイカー》〟で、自慢の木製カバーで覆ったパソコンを販売できるオンラインマーケットを探していた。そういう人たちはほかにもいた。2000

年代の初めはＤＩＹのものづくりブームがふたたび到来し、「ライブジャーナル」などのブログサービスや、ヒップな街の工芸品のフリーマーケットは、にぎわいを見せていた。

とりわけ熱心だったのがフェミニストの女性たちで、企業の資本主義による大量生産に異を唱え、新しいタイプの社会的・経済的活動をつくりだそうとしていた。成長戦略の専門家のモーガン・ブラウンも、エッツィの成功についての詳細な記事で明確にそう述べている。

創立当初のエッツィのチームは、ブルックリンをはじめとする各地のフリーマーケットで、もっとも影響力の高い工芸作家《クラフター》たちに声をかけ、ぜひオンラインマーケットで作品を販売してほしいと持ちかけた。

さらに、エッツィは自社のウェブサイトに承認制のコミュニティ・フォーラムを設立した。それにより、世界観を共有する仲間を持つクラフターたちが、ネット上でもつながりを広げられるようにしたのだ。モーガン・ブラウンは、エッツィのコミュニティへの呼びかけを要約した同社の２００８年のブログを引用している。

エッツィの最重要のミッションは、アーティストやクラフターのみなさんが、作品で生計を立てるためのお手伝いをすることです。無難なコメントに思えるかもしれませんが、実際のところ、私たちが住む世界の社会的・政治的・文化的・経済的な状況を鑑《かんが》みれば、これはむしろ大胆な呼びかけと言えるでしょう。私たちは、従来の「物事のやり方」に変革をもたらしたいのです。……エッツィは大きなムーブメントの一部であり、私たちスタッフは、エッツィの中心的な存在であるフェミニスト・クラフターたちの意識について、もっと学びたいと思っています。

当時のアマゾンやイーベイからは、絶対に聞こえてこないようなメッセージだ。エッツィはこうして、コネクテッド・コネクターを見つけた。

中心となった女性たちは仲間の輪を広げ、エッツィの成長を支えた。作品の販売の場としてエッツィを宣伝することは自分たちの作品の宣伝にもなるので、好循環が生まれた。エッツィにとって、ニューパワーは営業とマーケティングのエンジンだった。

STEP2：「ニューパワー・ブランド」をつくる

どんな企業も組織も、最初に決めるべき重要なことは、自分たちの存在をどのように打ち出すかだ。まずは名称を考案し、ビジュアルのイメージを考え、ロゴを決める。消費者やクライアントにどんな〝声〟で語りかけたいかを、考え抜く必要がある。

そうした要素——商品や組織がどのようなビジュアルや響きやイメージを世にもたらす

か――がブランドを特徴づける。これは、ニューパワーのコミュニティを立ち上げる際にも非常に重要なことだが、ニューパワー・ブランドの構成要素は、純粋な商取引の企業やトップダウン式の組織の構成要素とは、きわめて異なる。

たとえば、アメックスのブラックカードや車のベントレーは、ラグジュアリー感や富裕層向けのイメージを打ち出しており、アメリカ合衆国大統領の紋章は、権力、壮麗さ、威信を醸《かも》し出している。どれも、一般の個人の力とは無関係だ。だが、人びとの「消費」や「憧れ」や「畏怖」ではなく、「参加」をうながしたいのであれば、そんなアプローチは的外れだ。

ゲットアップのブランドイメージは、あくまでもニューパワーを念頭に置いて設計された。まず名称からして、「ただ文句を言っていないで、自分たちの力を取り戻そう」と思わせる。行動を起こそう、という人びとへの強いメッセージが込められている。

ブランドカラーには鮮やかなオレンジを選び、ロゴには「GetUp!」と最後に「!」を付け、行動を呼びかけるイメージを明確に打ち出した。

ゲットアップのコーポレート・ランゲージには、集団行動の精神が表れていた。ホームページの「ゲットアップについて」は、上から下へ語りかけるのではなく、組織からサポーターたちに対し、ある意味、対等なメンバー同士として語りかけている。

運営チームはゲットアップのブランドを組織というより、一貫した特徴を持つ個人として打ち出したのだ――思いやり深く、賢明で、高い理想を持ちつつ、一本気すぎない人物として。

同時に、どういう人物でないかも考えた――たとえば、裏金で政府の仕事をもらう人、知ったかぶりの人、過激派のイデオロギー信奉者などだ。

やがて、鮮やかなオレンジ色のゲットアップTシャツを着せた犬を連れて抗議集会に参加する人が現れたり、ソーシャルメディアで「私はゲットアップ」というフレーズを見かけたりするようになった。ゲットアップのアイデンティティと声が、メンバーたちのアイデンティティと同調したどころか、ひとつになったのは明らかだった。先に述べたとおり、主催者が推進しなくても勝手に広がっていくのが、ムーブメントが成功した証である。

自分らしくいられる「居場所」をつくる

こうしたアイデアが当てはまるのは、政治運動だけではない。

エアビーアンドビーのブランドも同じ原則に基づくものだ。２００８年に創業したとき、創業者のブライアン・チェスキー、ジョー・ゲビア、ネイサン・ブレチャージクは、ニューパワーのことなど考えていなかった。とにかく、サンフランシスコのアパートメントの家賃を工面する方法を考えていた。

ところが会社が大きくなるにつれて、エアビーアンドビーは、どこでも画一的な部屋を取り揃えた「フランチャイズ」ではなく、新しいタイプの滞在経験を提供する「ムーブメント」のようになっていった。見知らぬ土地に行ってもコミュニティの仲間がいて、ホストが知らない街を案内してくれたり、寝る前に誰かと一緒にお茶を飲めたりするような、まったく新しい体験だ。

6年後の2014年、エアビーアンドビーは飛躍的な成長を遂げていた。そのため多くの点で、もはや創業当初の親しみやすい〝ホームメイド〟感はなくなった。しかし創業者たちは、エアビーならではの滞在体験を提供することに、あくまでもこだわった。ただチェックイン、チェックアウトするだけのホテルチェーンとは決定的に異なる点を守り抜く必要があった。みんなのコミュニティという初期の精神を失うことは、彼らの事業にとって深刻な脅威だった。

脅威はほかにもあった。世界中の都市で増えているエアビーは、規制上の課題に直面していた。そこでエアビーは、地方自治体の規制当局に抵抗を示すよう、ホストたちに呼びかけた。その結果、ユーザーたちとの絆はかえって強まった。

エアビーアンドビーはブランドを刷新し、ニューパワーの時代に向けたブランド・ストーリーを用意した。エアビーの役員で「グローバル・コミュニティ部門長」というめずらしい肩書きを持つダグラス・アトキンは、その取り組みを「世界中を自分の居場所にすること」だと述べている。

エアビーはロゴを新しくしたが、それはかっこいいと思わせるためでなく、コミュニティ内の各グループに、好きにアレンジして使ってもらうのが目的だった。ソフトで柔軟性の高い、逆さまのハート形（見方によってはプレッツェル形）は、ネット上でちょっとした物議を醸した。反応をまとめた『ファスト・カンパニー』誌の記事の見出しはこうだ。「ヴァギナ以外にもこんなにある、エアビーアンドビーの新ロゴが似ているすべてを載せたタンブラーのブログ記事」

さらにエアビーは「クリエイト」というツールを導入し、各ホストの目的に合わせて、ロゴを自由にアレンジしやすくした。CEOのブライアン・チェスキーは新ロゴの発表時にこう述べている。「ほとんどのブランドは、ロゴを勝手にいじられたら削除を要求するだろう。僕たちは真逆のことをしたかった」

「クリエイト」のツールは多少受けねらいの要素があるのは否めないが、それでも、エアビーがコミュニティを、人びとが自分らしくくつろげる場所だと考えていることを伝えていた。それは、マリリン・ブルーワーの行動科学の概念「最適相違理論」とも一致している。つまり、有力なグループを形成するには、人びとが「自分はグループの一員だ」と感じると同時に、「自分の特色を出してもいいのだ」と感じることが大事だというものだ。

エアビー・ブランドvsヒルトン・ブランド

新ロゴに加えて、エアビーはコーポレート・ランゲージを一新した。新たなマニフェストは、シリコンバレーの営利企業らしからぬ、いかにも民泊らしい宣言だった。

昔はみんな、居場所を持っていた。都市もかつては村だった。誰もが知り合いで、誰もが故郷と呼べる場所を持っていた。しかし、機械化および産業革命以降は、信頼と密接な間柄がもたらす感覚は失われ、大量生産された、人間味のない旅の経験に取って代わられた。人びとは互いを信用しなくなった。いつしか我々はコミュニティの本質とも言うべきものを失ってしまった。……だからこそ、エアビーアンドビーは誰もが自分の居場所だと思える場所にしたいと思っている。……新しいテクノロジーによって、人びとが疎遠になりがちな時代に、テクノロジーを利用して人びとを結びつけるのだ。……「居場所」こそ、エアビーアンドビーらしさの中心にあるコンセプトだが、これまでは世の中に対して、そのことを十分に表現できていなかった。

これとは対照的な、典型的なオールドパワー型のメッセージの例として、ヒルトンホテルのホームページの「ヒルトンについて」を見てみよう。

「私をヒルトンに連れていって」。もっとも名高いホテルとして、この一世紀、世界中の旅行者たちが「ヒルトンに連れていって」と言い続けてきました。革新的な商品やアメニティやサービスによって、ヒルトンはつねに世界のホテルの代名詞となっています。ヒルトン・ホテルズ&リゾートは、スタイリッシュで先進的なホスピタリティのグローバルリーダーであり続けます。スマートなデザイン、革新的なレストラン・コンセプト、本物のホスピタリティ、そしてグローバル・コミュニティへの献身によって、ヒルトンは快適な旅のお手伝いをいたします。

エアビーアンドビーのブランドボイス〔ブランド独自の個性〕は、コミュニティ感覚を醸成し、「参加」をうながすためのものだ。幹部たちは、それこそが競争優位性の重要なポイントだと断言している。なぜなら、そうした感覚があることで、エアビーのホストやゲストたちは、新しいプラットフォームが登場してもそう簡単には乗り換えないからだ。

現在、同社は数百万ドルの費用をかけ、もっとも活躍の顕著な何千人ものホストを年次総会に招待し、まるで教会やロータリー・クラブのように、連帯感や団結心を培っている。さらに、分権的な「ホーム・シェアリング・クラブ」という活動の一環として、地方のホストのグループの支援も行っている。この活動はエアビーが支援しているものだが、あくまでも主体は熱心なメンバーたちだ。

いっぽうヒルトンは、何十年も変わらないバリュー・プロポジション（顧客に提供する価値の組み合わせ）に頼っている。最大の売りは、ヒルトン・ブランドの認知度だ。参加をうながすことではなく、「憧れ」こそが自分たちの強みと考えている。ヒルトンが顧客に提供する価値は、居場所ではなくスタイルだ。

いまのニューパワーの世界において、ヒルトンも「グローバル・コミュニティ」に敬意を表する必要は認識しているようだが、いかにも後知恵のように見える。

「オーナーレス・ブランド」にする

慈善活動「#ギビング・チューズデー」のアイデアを起案したとき、ヘンリーは92Yの同僚たちの説得に手こずった。「うちのロゴを入れないの？」とみんなに訊かれた。「ギビング・チューズデーのあいだに92Yのロゴを入れなきゃ」

だが、それでは意味がない、とヘンリーは説明した。「#ギビング・チューズデー」に92Yのロゴを割り込ませたりしたら、ほかの組織が活動に参加しようと思わなくなってしまう。それでは自分たちの狭い世界で流行ったとしても、それ以上に大きな発展は望めない。

この活動を本気で広めたいなら、92Yはオーナーになるべきじゃない、とヘンリーは主張した。その結果、ギビング・チューズデーのロゴには、92Yのロゴではなくシンプルなハートが入った。92Yの主催者としての位置づけよりも、活動のミッションこそが重視されるべきなのだ。

巨大な組織によって創設されたオールドパワーのブランドには、厳格なルールが定められている。色は「パントーンの7507C」を使用すること、これにはこのロゴ、あれにはあのロゴを使用すること、このサイズ以下の複製は不可、などと規定外の使用を禁じる。ムーブメントの考え方ではなく、フランチャイズ式の考え方に染まっているのだ。どの店舗にもきっちりと同一性を要求するマクドナルドがいい例だろう。所有者《オーナーシップ》のシンボルを文字通りべたべたと貼りつけることで、ブランドのコンセプトが保たれると思っているのだ。

だが、ギビング・チューズデーがあれほど発展したのは、大勢の人が、自分たちならではのやり方で参加できたからにほかならない。

ハートのロゴのデザインを担当した92Yのアートディレクターのチャック・ゲイツは、再加工された、あまりセンスの感じられない何百種類ものロゴを目の当たりにして、思わずぎょっとした。カナダの人たちはメープルの葉を加え、乳がんのチャリティ団体はロゴの色をピンクに変え、睾丸がんのチャリティ団体はハートを逆さまにしていた。

けれども、ゲイツはいま、ロゴに多くのバリエーションができたことをとても誇りに思い、自分の最大の業績のひとつと考えている。彼にとってギビング・チューズデーのロゴは、ただのロゴ以上のものになった。それは一貫性を持ちながらも変化し続ける、ニューパワーのブランドであり、アマチュアもプロも問わず、世界中のデザイナーたちが広く共有することができた。オーナーレスだったからこそ、誰もが自分のものにできたのだ。

なにも組織は名前を出すべきでないとか、自社のPRをすべきでないという意味ではない。だが、とくにオールドパワーの組織にとって重要なスキルがある。それは、92Yの最高革新責任者で、ギビング・チューズデーのプロジェクトリーダーのアシャ・カランの考える「非ブランド化」(アンブランディング)だ。所有権を主張しようとする、ブランドのオールドパワー的な本能を抑えることで、キャンペーンやアイデアが伸び伸びと発展しやすくなるのだ。

そしてオーナーレス方式には、実際に見返りがあることにも留意してほしい。ギビング・チューズデーは、これをもし「92Yのキャンペーン」と位置づけていたらありえなかったほどの規模に発展し、メディアの注目を集めることができた。さらに、これによって144年の歴史を持つ92Yは、『ファスト・カンパニー』誌の「最も革新的な企業」にランキング入りし、ベルファァー財団から1500万ドルの寄付を獲得した。

STEP3:「参加の障壁」を下げる

20世紀において政治や社会変革に参加するには、意志の強さが問われた。政党に入るには、たとえ同意しかねるものが含まれていても、おびただしい数の政策に忠誠と支援を誓約しなければならない。入会後は地方支部の定例会議に出席するが、やるべきことと言えば、前回の議事録承認のため動議を支持するくらいしかない。そんな特権を手にするために、入会金や会費をきちんと支払う必要がある。

運動家の場合は、どれだけ我が身を危険にさらしたかで信頼性が決まった。大義のために危険を顧《かえり》みない者こそが英雄だった。初期の環境保全運動では、運動家は自分の体を木に鎖で縛りつけて抗議を示した。生半可なことではない。

そのため多くの運動は、過激な運動家たちの小規模なグループを超えて発展することはなかった。アメリカの公民権運動のように大規模な集団形成に成功したのは、たとえばマーティン・ルーサー・キング・ジュニアには黒人教会という後ろ盾があったように、既存の大規模インフラを利用できる人たちに限られていた。

ところがニューパワーの時代になると、20世紀の運動よりもっと迅速に拡大可能な、積極的行動主義《アクティビズム》が登場した。正式な機関の一員や権力者でなくても、それまで社会の片隅に追いやられ、社会参加が容易でなかった人たちを含め、誰でもムーブメントを立ち上げることができるようになった。

この動きが起こっているのは、社会運動の分野だけではない。いま、抗議活動をするにしても、休暇を過ごすにしても、デート相手を見つけるにしても、あらゆる分野において

「参加」が容易になっている。

デートアプリの「ティンダー」は、デート相手を見つけるコストを大幅に削減した。端末の画面をさっとスワイプするだけという効率のよさだ。入会のためにプロフィールを作成する必要もない。ティンダーがフェイスブックのアカウントからプロフィール情報と写真を抽出して、プロフィールを用意してくれるから、すぐにデート相手を品定めしたり、されたりできる。

これらのことに共通しているのは、参加の障壁が引き下げられ、ユーザーの体験が向上し、効率化されていることだ。世の中には参加の機会があふれているため、加入手続きをスムーズにし、活動を始めやすくすることが、群衆を形成したい人にとっては必須のテクニックだ。

「入会」をできるだけ簡単にする

ゲットアップが早期に成功を収めた唯一の要因は、人びと（熱狂的で、過剰な情報に翻弄されてはいるが、善意にあふれた21世紀人）にとって、参加が容易だったからだ。会費は無料で、誓約書を書かされもせず、ただちに抗議デモへの参加を要請されることもない。ゲットアップが入会時に求めたのは、ただひとつ、その人がもっとも懸念する社会問題について、オンラインの嘆願書にサインすることだった。

ゲットアップの主催者たちは、徹底的にその点にこだわった。嘆願書のサインを面倒にする障害をすべて取り除き、嘆願書のダウンロードの時間をできるだけ短縮し、入会時に必要な情報（氏名、メールアドレス、住所など）も最小限にした。

このやり方を見て、従来型の組織は仰天した。入会手続きをそんなに簡単にしたら、意志薄弱なくだらない連中しか入ってこないのでは？　そうした組織の入会申込書はもっと多くの情報を要求するため、途中であきらめてしまう人も多かった。

ゲットアップのモットー（シリコンバレーのモットーでもある）は、「入会はできるだけ簡単にすること」だ。そうすることで、主催者と参加者の力学が反転した。責任は、会員たちに意義ある機会を提供すべきゲットアップが負うべきであって、会員たちに永遠の忠誠を誓わせるべきではないのだ。

「一緒にできること」はなにか？

デジタル世界の稀代の天才が、それと同じ基本的なロジックを使ってニューパワーの巨大なうねりを生んだ。

インドの反腐敗運動の活動家のアンナ・ハザレは、現在80歳。もちろん、パーカーは着ていない。彼は社会正義を求め、ガンジーの伝統に則《のっと》って何十年間も活動してきた。役人の汚職や不当な法律に抗議するため、〝死を覚悟した断食〟など自己犠牲を伴う非暴力の抗議活動を行ってきた。言いかえれば、彼は典型的な活動家として半生を捧げ、ほとんどの人には勇気もやる気も持てないことをやってきたのだ。

2011年、ハザレは「ジャン・ロクパル法」として知られる腐敗防止法の成立を支援するため、大規模な運動を展開した。この法はオンブズマン（行政監察官）の権限を強化し、首相をはじめ、政府のあらゆるレベルの官僚や役人に説明責任を求めるものだ。この運動は、日常的な汚職行為の氾濫《はんらん》によって公的機関への信頼を失っていたインドの人たちの共感を呼んだ。

2011年4月初旬、首相に要求を拒絶されたハザレは、ジャン・ロクパル法が成立するまで断食に突入すると宣言した。ガンジーの伝統を持つインドでは、ハンガーストライキは強力な戦術だ。道徳的な意味合いが強く、人間ドラマを生むため、メディアの注目を集める可能性が高く、強大な圧力への抗議運動には絶対に欠かせない。

だが同時に、ハンガーストライキには弱点もある。ほかの人にとっては、支持を表明する以外にやれることがないのだ。支援者たちが主体的に行動を起こすように仕向けるのも活動家の務めだとすれば、ハザレはもっと努力する必要を感じていた。

「手間」を最小化して「規模」を最大化する

そこで、新しい戦術を試すことにした。彼は国民に対し、運動を支援してくれる人はS

MSを送ってほしい、と頼んだ。大半のインド人は携帯電話を持っており、ハザレの支援者の中核層である新興中流階級では、普及率はほぼ100パーセントだった。ハザレがショートコード（SMSを送る番号）を取得すると、インドの一般国民から約8万通ものメッセージが押し寄せた。

次に、ハザレは作戦を少し変えた。インドや発展途上国の多くの地域では、多くの人がいわゆる「ワン切り」を使ってコミュニケーションを取っている。カフェでの待ち合わせに遅れそうなときは、相手に電話をかけ、呼び出し音を1回鳴らして切る。恋人がいて、相手のことを考えているのを伝えたいときも、1回だけ電話を鳴らす（そう、ところ変われば、呼び出し中に電話を切るのが、相手に思いを伝える手段になるのだ）。なぜワン切りをするのか。電話やメールと違って無料で、とても手軽だからだ。

この小さな作戦変更が、とてつもない効果を生み出した。ハザレがキャンペーン用の電話番号を告知し、反腐敗運動に支持を表明する人はぜひワン切りしてほしいと呼びかけたところ、支持者の数は8万から3500万に跳ね上がった。

3500万件のワン切り。これは人類史上最大の抗議活動のひとつだ。なぜここまで発展したのだろう？

やはり、携帯電話の普及が重要だったのは間違いない――10年前なら、こんな運動は不可能だった。インドの新興中流階級の底力を見せつける機会にもなった。

そして、ニューパワー流に群衆を形成した好例でもある。その中核をなすのは、既存の手段（誰もが行っていたワン切り）を利用することで、「参加の障壁」を引き下げたこと。参加がきわめてスムーズになったのだ。

STEP 4：「参加のステップ」を上らせる

でも、だから何だ？　そう思う人もいるだろう。3500万件のワン切りに、いったいどんな意味がある？　クリックティビズム（クリックしただけで社会活動に貢献した気になること）と同じでは？

これに関して、マルコム・グラッドウェルは『ニューヨーカー』誌に長文を寄せ、こう述べた。オンライン行動主義は参加をきわめて容易にするが、「弱い絆」のまま終わってしまう。それとは違って、「強い絆」に基づく行動主義は、人びとが体を張って参加し、直接の対話ができるため、深い関係を築くことができる。

ある意味で、グラッドウェルの意見は正しい――コミットメントは重要だ。次の章で見ていくとおり、どんな社会運動やニューパワーのコミュニティにおいても、「スーパー参加者」たちは最重要の任務を果たしている。だが、膨大な数の人たちをまずは入り口に立たせる新しい能力は、ハザレが示したとおり信じられないほど絶大な影響力をもたらす。

「オフライン」の世界に誘導する

ハザレにとって、大規模な支援者の獲得はきわめて重要だった。第一に、あれほど膨大な数となれば、道徳上の正当性が大きく強調される。政府もさすがに無視できるような数ではなかった。さらに重要なのは、ハザレが膨大な数の電話番号を現実のパワーに変えたことだ。ワン切り作戦の実施から2週間後、ハザレたちは、全支援者の電話番号を掲載した世界最長のリストを作成した。

それから、どうしたか?

ハザレの陣営はそのリストの相手に片っ端から連絡を取り、何十万もの人たちをデリーをはじめ各都市で開催する、実際の抗議活動へと動員した。モバイルから現実《オフライン》の世界へ、パワーが驚異的な変貌を遂げた瞬間だった。ジャン・ロクパル法そのものは通らなかったが、政府はハザレの数々の要求を受け入れた。2011年のキャンペーンは劇的な変化をもたらし、腐敗防止法の成立へ向けて気運が一気に高まった。

ザ・ルールズ(/The Rules)は、ジェレミーが率いる組織パーパスが立ち上げを支援したグループで、南半球の発展途上国の市民をエンパワーする活動を行っている。今度はそのルールズが、ハザレがやったように、ほかの国々でもワン切りキャンペーンを実施するためのツール、クラウドリング(/Crowdring)を開発した。

「簡単なこと」から徐々にコミットさせる

ムーブメントの創始者たちが、表面的な行動からもっと強固な取り組みへと人びとを動かす方法を心得ていたら、「障壁の低い」行動主義に対するグラッドウェルの批判は、ほとんど意味がなくなる。これについて、僕たちが考案した「参加のステップ」に当てはめて考えてみよう。

左端は、典型的なオールドパワーの行動、順守と消費だ。オールドパワーの組織の大半が我々に求めているのは、これだけだ。納税しましょう。この靴を買いましょう。購読を継続しよう。当然ながら、順守も消費も廃れる兆しはない。社会的・経済的に重要な組織の多くは、いまだにこの仕組みで動いている。

しかし、ムーブメントを起こしたり群衆の輪を広げたりするには、一連のニューパワーの行動を解き明かす必要がある。

まず最初は、ハードルの低い、簡単な行動で人びとを呼び込む。たとえば、コンテンツを楽しんでシェアしてもらう。あるいは入会してもらう――ゲットアップの例で言えば、最初の嘆願書にサインしてもらう。

新しい参加者を得たあとは、いかに活動を持続させ、ハードルの高い行動のステップに上ってもらうかがカギになる。たとえば、ほかの人のコンテンツを応用・リミックスした

参加のステップ

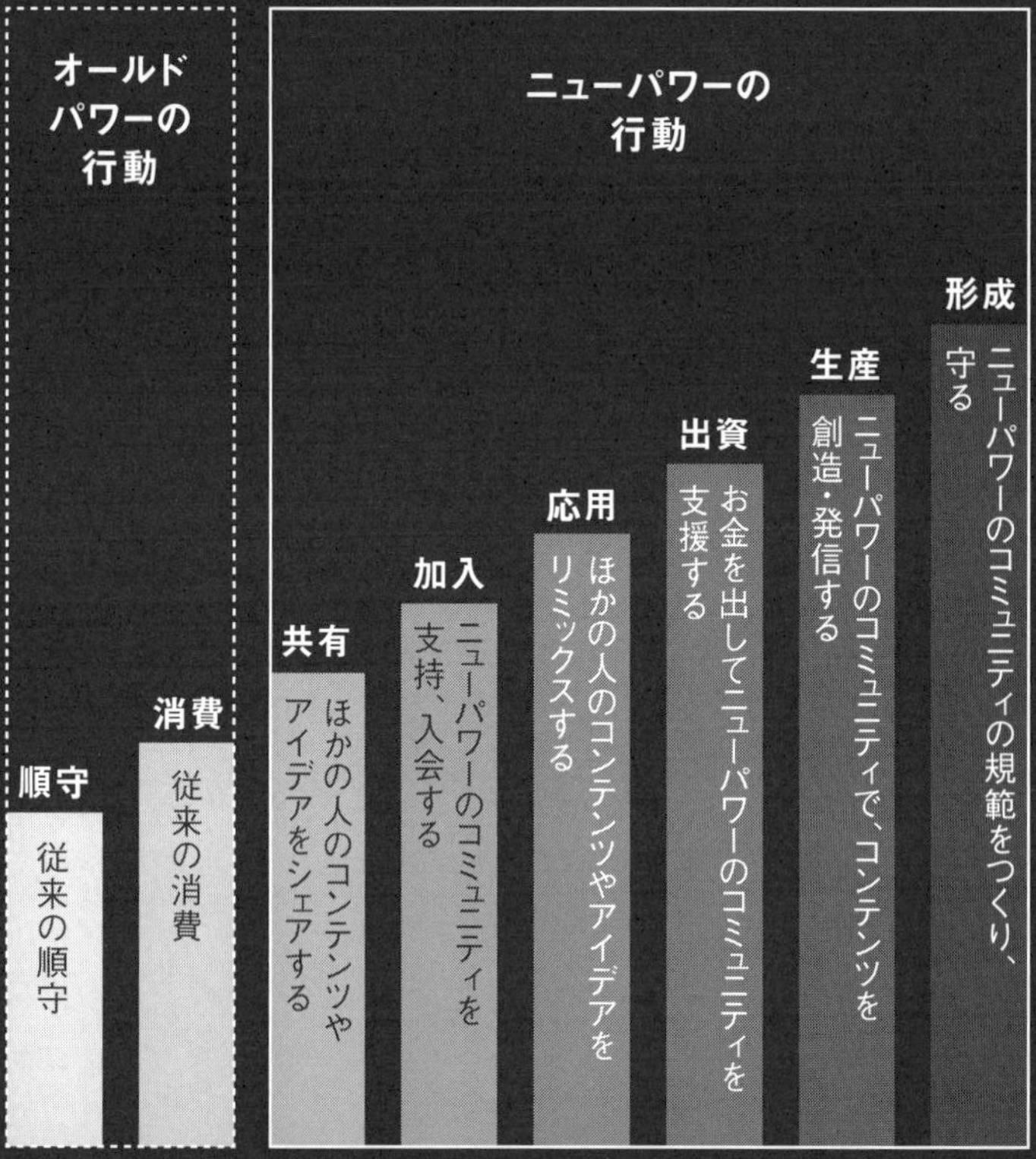
オールドパワーの行動
順守
従来の順守
消費
従来の消費
ニューパワーの行動
共有
ほかの人のコンテンツやアイデアをシェアする
加入
ニューパワーのコミュニティを支持、入会する
応用
ほかの人のコンテンツやアイデアをリミックスする
出資
お金を出してニューパワーのコミュニティを支援する
生産
ニューパワーのコミュニティで、コンテンツを創造・発信する
形成
ニューパワーのコミュニティの規範をつくり、守る

り、プロジェクトのクラウドファンディングに出資したり、自分ならではのコンテンツを創造・アップロードしたり（僕たちはこれを「生産」と呼ぶ）、あるいはステップの頂点に到達して、コミュニティ全体の「形成者」となってもらう。

形成者は正式な権限がなくても、群衆に影響を与え、戦略や規範を定め、文化を形成する力を持つ。次章以降で詳しく紹介するが、たとえばブラック・ライブズ・マターの設立者たちは、非公式だが重要な役割を果たしている。レディットのボランティアのモデレーターにも大きな影響力を持つ人たちがいる。

ステップの「道筋」をはっきり示す

幅広い分野の講演会を主催するＴＥＤは、ユーザーに参加のステップを上らせる術《すべ》に長けている。

まずは、人を呼び込むため、大規模な講演会「ＴＥＤカンファレンス」や、世界各地のコミュニティ主催による「ＴＥＤｘ」の講演から、もっとも魅力的なＴＥＤトークの数々を「ＴＥＤトーク」としてオンライン配信し、視聴（つまり「消費」）してもらう。

視聴者にはトークをどんどん「シェア」するようにうながし、わざわざカウンターを付け、どのトークが何回再生されたかわかるようにしている。これは自分も関わっていることを視聴者に実感させる、非常に巧妙な方法だ。

ステップを上っていくと、ＴＥＤ賞の候補に誰かを推薦するなど、さまざまなかたちでＴＥＤコミュニティへの「加入」を勧められる。そのうち、自分たちは〝ＴＥＤスター〟〔TEDster ＴＥＤの熱烈なファン〕なんだと思うようになる――仲間意識を育むためのブランディング戦略だ。各国のＴＥＤスターたちには、ボランティアの翻訳チームに参加するチャンスがあり、オリジナルの動画の専門用語やポピュラーサイエンスを噛み砕いて翻訳し、母国語で紹介することができる。

さらに上の段階へ進むと、ＴＥＤ事業のためのさまざまな「出資」の機会が訪れ、高額な参加費の必要なオフィシャル・カンファレンスや、もう少し安価なＴＥＤｘのイベントに出席するようになる。

最終的には、ＴＥＤスターたちはＴＥＤｘカンファレンスを主催したり、自分がＴＥＤトークを行ったりすることでプロデューサーになれる。これまで世界各地で開催されたイベントは、２万件以上にのぼる。もっとも活躍の目覚ましいＴＥＤｘの主催者たちは、コミュニティの「形成者」となり、ＴＥＤのグローバルイベントの方向性を決めるのに一役買うことになる。

コンテンツの視聴〔消費〕から始まって、やがてＴＥＤｘのスーパー・オーガナイザーとなり、参加のステップの頂点に立つのはごくひと握りのＴＥＤスターにすぎないが、ＴＥＤはこうした道筋を示すことで、コンテンツの消費者やファンたちが、出資者や主催者など、さらに重要な役割を率先して担っていける仕組みをつくっている。

爆発して「そのまましぼむ」パターン

ニューパワーのコミュニティを形成するには、初期の段階から、人びとが参加のステップを上っていく仕組みを用意しておくのが肝心だ。

もっとも悲惨な失敗例は、ソーシャルネットワーキング・アプリの「Yo」だろう。2014年、イスラエルのソフトウェア開発者がエイプリルフールのジョーク用につくったもので、「障壁」はものすごく低かった。画面をタップすると、スマートフォンの連絡先の誰かに「Yo《やあ》」というメッセージを送れる。受け取った人は、相手に「Yo」とメッセージを返せる（返さなくてもいい）。

ねらいどおり、このアプリはネット上で話題になった。6月中旬には、アップストアの売上ランキングで、ソーシャルネットワーキング・アプリの1位に、総合でも4位に輝いた。このアプリは、ベンチャーキャピタルから100万ドル以上もの出資を引き出し、人びとの度肝を抜いた。技術系ブロガーのロバート・スコーブルが「Yo」を評して「これほどくだらない、猛烈に病みつきになってしまうアプリは見たことがない」と述べたほどだ。

だが、病みつきになるだけではダメなのだ。「Yo」に飛びついたユーザーたちは、回転ドアから出て行くように、すぐに「Ｙｏ」から離れていった。

わずか数か月後の9月には、アップストアで１２７７位に下落。開発者たちはあわてて事業で儲けた資金を投じ、「Ｙｏ」を送信できるだけでなく、場所の通知や写真の添付などの機能を追加し、グループを作成できるようにするなど、アプリの利用者たちに参加のステップを上らせる仕組みを用意した。しかし、最初に人気に火がついたタイミングを逃したことで、すべては水の泡となってしまった。

いま最先端をいく活動家たちは、人びとの参加をスムーズにし、参加のステップを上らせるにはどうすればよいかを熟知している。

ブラック・ライブズ・マターが人種間の平等を求めて、公民権運動以来もっとも効果的なムーブメントを起こせたのは、グラッドウェルが嘲りそうな〝弱い絆〟の抗議活動——簡単な加入手続きとハッシュタグの共有により、メッセージを迅速に拡散する——から始まって、しだいに段階を上るにつれ、同じ志を持つ活動家のグループへの出資や、抗議デモの企画や、地方支部の立ち上げなど、さらに本格的な活動へ人びとを向かわせたからだ。

STEP5：「3つの嵐」を利用する

アメリカの市民運動の指導者、ジョン・Ｗ・ガードナーは、「文明とは国民の心のなかで繰り広げられるドラマだ」と信じていた。ニューパワーのコミュニティやムーブメントがどうやって大きくなるかを考えるとき、彼の洞察は役に立つだろう。

もっとも成功するムーブメントの秘訣は、地道な努力を積み重ねるだけでなく、予想外のドラマや急激な変化が起こって盛り上がった瞬間をすかさず利用することだ。

トランプ大統領の就任翌日の「ワシントン女性行進」は、ニューパワーの波がうねりを上げた象徴的な事件となった。それは初の女性大統領が実現しなかったばかりか、長年にわたって性差別的な言動を繰り返してきた男が当選を果たすという、歴史的な失望を味わった直後だった。

優れた主催者は、そういう瞬間をすかさず利用し、群衆を形成する。自分たちの身に降りかかった問題を——最初はそれが挫折に思えても——逆手にとって利用する。あるいは、社会で何かが起こったとき、一瞬のタイミングをとらえて運動を盛り上げる。さらには、なにもない状態からムーブメントを立ち上げることもある。これを、3つの嵐の使い分けと考えよう。

嵐を巻き起こす——ゼロから風を吹かせる

ビアトリス・エーラスは、ブラジルのリオ市でトップ10に入るフリーデンライヒ市立学校の生徒だった。フリーデンライヒは恵まれないカリオカ（リオ市民の愛称）のための学校としても知られ、障害を持つ多くの生徒たちも通っていた。リオの多くの公共施設の例にもれず、この学校も突然、オリンピックに向けた開発のために取り壊しを宣告された。あろうことか、駐車場をつくるという。

ビアトリスはなんとしても学校を救いたいと思った。そこで、「圧力鍋」(転じてプレッシャーを与えるものの意)というオンラインツールを利用した。これなら市民にとって重要な問題について、スマホひとつで抗議活動を始めることができる。このアプリの背景にあるのは、市民が政治に参加するチャンスを獲得するには、適切な意思決定者にねらいを定め、プレッシャーをかける必要があるという考えだ。

これは、ジェレミーの率いるパーパスが立ち上げを支援した「メウ・リオ」という腐敗防止・市民活動促進グループが制作したアプリで、リオの優秀な若手、アレッサンドラ・オロフィーノの創案によるものだ。現在、リオのミレニアル世代の若者の10分の1以上がメウ・リオのメンバーとなっており、草の根の抗議活動や市民参加の一翼を担うことで、ブラジルの衰退した政治の立て直しに貢献している。

ビアトリスが立ち上げた抗議活動に、メウ・リオはただちに賛同し、声を上げた。あれほどかけがえのない学校を取り壊すなんて、ふざけるにもほどがある。ビアトリスの抗議活動がいきなり世間の注目を集めたのを見て、メウ・リオはこれをインパクトのある「象徴的《アイコニック》ストーリー」にしようと決めた。

アレッサンドラと仲間たちは、劇的どころか劇場型の手段に打って出た。専用のウェブサイトで、学校の監視カメラの映像を24時間、ライブ配信することにしたのだ。

市民には、ブルドーザーなど取り壊し用の機器の到着に備えて、絶えず目を光らせてほしいと呼びかけた。さらに、「市民ガーディアン」として署名し、携帯電話番号を登録するよう呼びかけ、ぜひ友人知人や近所の人たちも誘ってほしいと頼んだ。ブルドーザーが到着したとたん、市民ガーディアンたちはメールで連絡を取り合って学校へ駆けつけ、みんなで立ちふさがって学校を守り、抗議の輪を広げるのだ。

このキャンペーンは市民の心をとらえた。数千人が学校を守るために署名し、メディアでも大々的に取り上げられた。

すると、学校を救う権限を持つ意思決定者、すなわちリオ市長もいきなり矢面《やおもて》に立たされた。これまで、この地域の数名の生徒や父兄や教師たちからの嘆願を無視していたが、もうそうはいかなかった。

ライブ配信開始から3日もしないうちに、市長は心変わりを表明し、新しい学校が建設されるまでは取り壊さないと発表した。さらに、メウ・リオが6か月間、抗議活動を継続すると、とうとう市長は無条件で降伏した。フリーデンライヒの存続を正式に決定したのだ。ビアトリスは大きな勝利を収めた。

けれども、おそらくもっと重要なことは、リオの政治家たちにシグナルを送ったことだ

――今度もし、地域社会になんの相談もなく学校を取り壊そうとしたら、市民たちの矢面に立たせてやる（そしてすべての瞬間を撮影する）。

この小さな勝利がきっかけで、リオではオリンピック開発の問題をめぐり、さらに大きな議論が沸き起こった。ビアトリスの抗議活動によって市の不当な行為に注目が集まるまで、表面化せずにくすぶっていた問題だった。メウ・リオは、ビアトリスのストーリーをきっかけに嵐を巻き起こしたことで、群衆を形成し、運動を一気に盛り上げることができたのだ。

２０１０年、オーストラリアへの移民に対する非人道的な扱いについて、世間の注目度を高める取り組みとして、ゲットアップも一手を企てた。オーストラリア連邦議会プレスギャラリーによる毎年恒例のチャリティディナーでは、政治家たちとの〝デート〟がオークションにかけられるが、通常、議員と実際に会って話をしたい企業の利益団体が競り落とすことが多い。

元首相で当時は野党の党首だったトニー・アボットは、移民の権利に強く反対していた。アボットは熱心なサーファーでもあり、オークションに〝サーフィンの個人レッスン〟を出品した。ゲットアップはこのチャンスにねらいを定めた。オークションで競り落とすための資金を、クラウドファンディングでメンバーたちに募ったのだ。

もしゲットアップが競りに勝ったら、アボットは難民のリズ・ワキルに対し、サーフィンの個人レッスンをしなければならない。1999年にアフガニスタンから逃れたワキルは、オーストラリアでも悪名高い移民収容所に1年近く拘留されたことがある。

オークション開始から3時間もしないうちに、ゲットアップのメンバーによる募金は5万ドルに達し、思惑どおり、アボットはワキルにサーフィンの個人レッスンを行うことになった。こうして、ゲットアップは重要な社会問題にメディアの注目を集めることに成功し、メンバーたちにも勝利をもたらした。

嵐を追いかける──風が吹く一瞬をとらえる

ときに、突然、猛烈な嵐が起こり、群衆を形成したい者はそれを追い、猛威を利用するだけでいいこともある。投稿への投票システムを持つ世界最大の掲示板「レディット」が人気を急上昇させたのは、まさにその方法だった。

2005年創立のレディットは、5年後の2010年になっても、数あるユーザー主導型の情報まとめサイトのなかで、目立たない存在だった。同業の「ディグ」はもっと大規模で、月間何千万人ものビジターが、こぞって好きなコンテンツに投票していた。

2010年、ディグはサイトのバージョン4を発表した。大きな変更点は、ユーザー制作のコンテンツを差し置いて、マッシャブル・ドットコムなど大手オンライン出版社のコンテンツをプロモーションし、スポンサーリンクを紹介して、サイトの収益化を図ったことだ。

これと同じタイミングで、ディグユーザーの少人数のグループがシステムの抜け穴を利用して、サイトの「おすすめ記事一覧」に自分たちの好きな記事だけを表示し、他のユーザーのコンテンツが表示されないようにした。それはディグの民主的な性格を根本的に損なう行為だった。

2010年8月30日、ディグユーザーの別のグループが「ディグ脱出デー」を宣言した。突然の仕様変更に憤った彼らは、弱小な競争相手であるレディットのコンテンツをディグに大量に投入した。

レディットは嵐の到来を見逃さず、すかさず打って出た。レディット共同創業者のアレクシス・オハニアンは、ディグの共同創業者兼CEOのケヴィン・ローズへ宛てた公開書簡で、ディグが「人びとのもとへパワーを取り戻す」という本来の使命から道を踏み外してしまったことを、(これ幸いとばかりに)嘆いてみせた。

さらに、レディットは自分たちのロゴのデザインのなかに、ディグのロゴのシャベルを一時的に取り入れて、ディグユーザーに歓迎の意を表した。まさにニューパワーらしいブランディングで、すばらしいひらめきだった。ものすごい勢いで、何百万人ものユーザーがディグからレディットへと移っていった。ユーザーが集団脱出した結果、ディグのトラフィック量は激減し、かつて2億ドルだった企業価値は暴落し、50万ドルで叩き売られた。

こうして、我々が知っているレディットが誕生した（次章では、レディットがあっという間に形成した群衆をどのように管理し――やがてどのように失敗したかを説明する）。


誰かのピンチを自分のチャンスに変えるのは、べつに目新しい方法ではないが、群衆を動員する機会が一瞬で訪れては消える時代においては、新しいスキルが求められる。

アメリカのビスケットブランド「オレオ」は、それを熟知していた。２０１３年、スーパーボウルの試合中に停電が発生し、スタジアムの照明が30分間も落ちてしまった。いつ復旧するんだ、とみんながいら立ち始めたとき、番組のＣＭスポンサーでもあったオレオはすかさず、暗闇のなかで光を当てた一枚のオレオの写真に、「暗闇でもダンク（ミルクに浸すこと）はできる」とキャプションをつけてツイートした。

このツイートはまたたく間にネット上で大きな話題となり、まさにスーパーボウルで華々しい勝利を収め、マーケティング業界の語り草になった。

あまり知られていないが、このストーリーの裏にはある事実がある。オレオは全米が沸くスーパーボウルの試合中、まさにこのような事態に瞬時に対応するため、15名のソーシャルメディア・チームを待機させていたのだ。

そこまでのリソースは割けないとしても、オレオの素早い対応は、嵐を追いかけるにはそれなりのインフラが必要であることを物語っている。群衆を形成したいなら、自分たちの基盤に勢いをもたらしそうな嵐に目を光らせ、いざとなったら数分あるいは数時間以内にアクションを起こせるよう待機し、ニーズが最大に膨らみ、人びとの感情的な反応がピークに達した瞬間を逃さないことが重要なのだ。

オールドパワーの組織では、プレスリリースの草案を練るだけで数日かかったりすることもある。しかしいま、組織は迅速に動く態勢を整え、人びとの膨大なエネルギーを一瞬で取り込み、自分たちの新しいサポーターに変える必要がある。組織内で何人もの署名をもらうような煩雑《はんざつ》なお役所仕事は、嵐を追いかける方法としてはふさわしくない。

嵐を逆手にとる——挫折を逆に利用する

群衆を形成するには、嵐が戸口に迫っている事実を認め、思い切って嵐に呑み込まれたほうが功を奏するケースもある。前述のとおり、ゲットアップは著名な政治家たちや保守派のメディアから一斉に攻撃を受けたことが、初期に発展を遂げたカギとなった。

嵐を逆手にとって利用した例として、ガールスカウトの実例を紹介しよう。2015年、ある篤志家《とくしか》がウェスタン・ワシントン・ガールスカウトに対し、経済的に苦しい状況にあるスカウトへの援助に役立ててほしい、と10万ドルを寄付した。ところが、トランスジェンダーの少女たちのためには資金を使わないこと、という条件付きだった。

ガールスカウト側はこれを重大な不公平と見なし、立ち向かうことにした。彼女たちは寄付金を突き返し、「#すべての少女のために」（#forEVERYGirl）というクラウドファンディングを立ち上げた。予算を増強して、トランスジェンダーを含む幅広い少女たちへの支援を目指すことにしたのだ。

その結果、ガールスカウトへの寄付金は33万8000ドルにのぼり、多くの人の注目や支持を集め、「どんな人も受け入れる」という強いメッセージを拡散することができた。

このキャンペーンが自分にとってどんな意味を持っていたか、ある支援者は次のように語っている。

「私はガールスカウト活動に15年間参加しました。……ガールスカウト団は、この5年で2回、私のようなトランスジェンダーの人たちのために立ち上がってくれました。自分がこんなにもすばらしい仲間の一員なのだと思うと、幸せで、思わず涙がこぼれます。本当の自分でありたいと思い、歯を食いしばってがんばっている人たちに、愛情と、家族と、友だちを与えてくれてありがとう。心から感謝しています。それこそ、私がずっと教えられてきたガールスカウトの精神です。みなさんは私のヒーローです」（クイン。「#すべての少女のために」サポーター）

リスクを嫌う大企業でさえ、嵐を受け止め、利用する覚悟の必要性を認識し始め、以前なら論争を避けたはずの場面でも意外な行動を見せている。

２０１７年、保守派の評論家アン・コールターは、予約した飛行機の座席を交換させられたことに腹を立て、ツイッターでデルタ航空や従業員たちを攻撃した（自分の代わりにその座席に座った女性の動画まで掲載した）。すると、デルタ航空はリスクを顧みずにツイッターで反撃し、彼女の行動は「不要であり、容認できない」と言い切った。

コールターの支持者からは多少の反感を買ったにせよ、デルタの大胆な行動は驚くほど好意的な注目を集めた。この件について、ヴォックス・メディアのマシュー・イグレシアスはこう述べている。「世間が大手航空会社に共感するとは、アン・コールターはとんだお手柄を立てたものだ」

嵐を巻き起こすにせよ、追いかけるにせよ、逆手にとるにせよ、組織にとって重要な教訓がある。そのひとつは、**「切迫感」**がカギになるということだ。

クラウドファンディングについての研究を見ると、とにかく締め切りがすべてだということがわかる。クラウドファンディングのキャンペーンの募金のほとんどは、締め切り前の72時間で集まっている。締め切りがあり、切迫感がひしひしと伝わってこそ、人は初めて期待に応えてくれる。それがわかっていなくて失敗したムーブメントやクラウドファンディングは多い。

また、**「ダビデとゴリアテの戦い」**（旧約聖書より。小さな者が巨人を倒す）は、クラウドファンディングにはうってつけのエピソードだ。とくにコミュニティの確固たる価値観を脅かすような危機は、巨人を倒す石になり得る。

さらに、**「敗北」**も重要なカギだ。

2013年、エアビーアンドビーは、エアビーに登録してニューヨークで民泊サービスを提供するホストたちの権利をめぐって、規制当局との大がかりな法廷闘争に敗れた。エアビーはこれを逆手にとり、全米のホストたちに奮起を訴えかけ、同社が直面している長期的な課題について説明した。エアビーは、このニューヨークでの敗訴が大きな契機となって、ホストたちを規制緩和の積極的なロビー活動に動員できたと考えている。

嵐を起こそうとしても、小雨程度で終わってしまうこともある。それでも、めげることはない。ハザレがワン切り作戦を思いついたのは、SMS作戦を試したあとのことだ。ゲットアップの初期のアクションのうち、メンバー数の増加に結びついたものは10分の1もなかった。発展著しいニューパワーのコミュニティも、それまで何か月も、何年もかけて、少しずつ成長してきたのだ。

嵐のなかで必ず起こる「ハンガー・ゲーム」

あちこちでムーブメントが立ち上がり、誰もがムーブメントを起こしたいと思っている世の中から、どんなことが見えてくるだろう？
我々はいま、「Weの偽装《ウイ・ウオッシング》」が増えるのを目のあたりにしている——これは僕たちの友人、リー＝ショーン・ホアンの造語で、ペプシのようなブランドが、群衆と真摯《しんし》に向き合う気がないのに、群衆の言葉（「シェアリング」や「コミュニティ」といった表現）を乱用していることを意味する。

群衆形成のスキルがさらに広く共有されるようになると、社会はさながら『ハンガー・ゲーム』のような生き残り合戦の様相を呈し、嵐の気配を察知した組織やブランドが、我先にと争いを繰り広げることになる。競争に勝って最大の報酬を手に入れるのは、もっともやかましく、面白く、挑発的で、目立つ者だったりする。社会的に望ましい結果や、示唆に富んだ議論が生まれるとは限らない。

そういう過激な行動は、すぐにおぞましい問題につながることは、ボルチモアのマイク・マーティンの悲惨な例を見ても明らかだ。

マーティンと妻のヘザーは、ユーチューブの「5児のパパ」（DaddyOFive）というアカウントで、子どもたちに過激ないたずらを仕掛けたドッキリ動画を投稿し、視聴者数を荒稼ぎした。ある動画では、子ども部屋の床に透明インクをまきちらし、ぼくじゃない、と泣きじゃくる息子を5分間も叱りつけ、怒鳴りちらしたり、別の動画ではその息子をけしかけて、妹の顔にビンタを食らわせたりした。

ついに、ほかのユーチューバーたちが、子どもたちを虐待から保護すべきだと通報し、両親は親権を失った。遅すぎる謝罪の動画で、妻のヘザーは、視聴者数を増やそうと必死になり、エスカレートしてしまったと説明した。「最初のうちは、そんなに悪い内容じゃなかったんです。でもそのうち、どんどん過激になってしまいました。どうしたら視聴者をもっと増やせるか試したくて……」

さまざまな者が勧誘の手を伸ばすなか、群衆の形成に成功するのは、人びとに参加のステップを上らせるとともに、ときには妥協し、折り合いをつけながら、多くの課題に対処し、長期にわたってコミュニティを維持・発展させることができる者たちだ。

その重要な能力について、次の第5章と第6章で見ていこう。

第5章

ニューパワー・コミュニティという武器

——群衆から「驚異的な献身」を引き出す

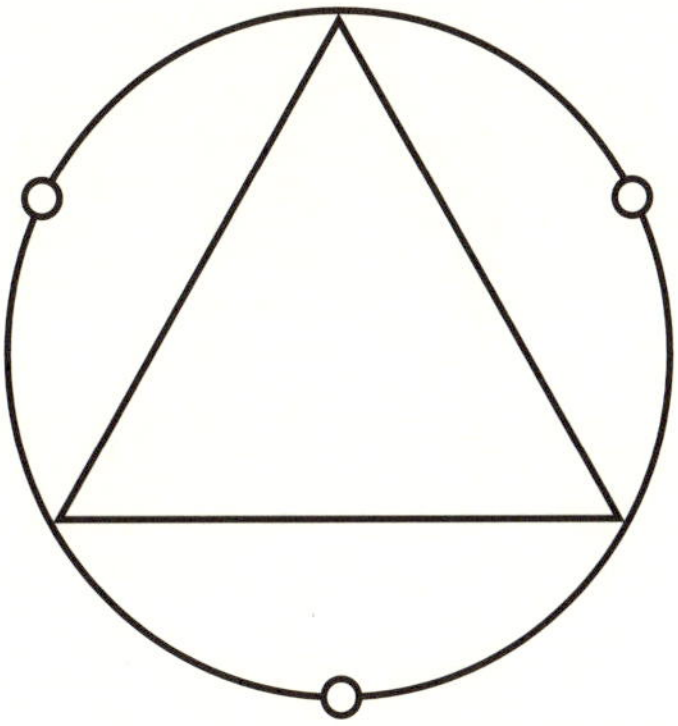

右の図は、神秘学のシンボルでも、無政府主義者の抗議のシンボルでもない。本章と次章で説明するとおり、ニューパワーのコミュニティの仕組みを理解するための枠組みだ。

現在、ニューパワーのプラットフォームの多くは、巨大企業に並ぶ経済力を持ち、国家の人口に匹敵する膨大なユーザーを有しており、我々の日常生活や生活手段に多大な影響を及ぼしている。したがって、ニューパワーのコミュニティの仕組みや、そのなかで我々が果たす役割や、コミュニティが社会に及ぼす影響を理解することはきわめて重要だ。

本章では、そうしたコミュニティの役割と力学を説明する。なにがコミュニティを繁栄させるのか、なにが亀裂を生み、崩壊へつながるのかを見ていこう。

第6章では、コミュニティがもっと広い外の世界と相互に作用した場合、あるいは衝突した場合、どんなことが起こるかを考えていく。

まずは、協調関係が崩壊したニューパワーのコミュニティの例を見てほしい。

膨大な人を誘い込むレディットの仕組み

「レディットに告ぐ。なんというていたらくだ」

この投稿は熱心なレディットユーザー、qgyh2 のものだ。彼は以前、「テスト投稿、無視してください」という投稿で、レディット史上最高のスコアを獲得した。あまのじゃくなコミュニティのメンバーたちはがぜん興味を示し、みんなで彼の意向に逆らったのだ。

だが、もううんざりだった。

彼は不満を並べ立てた。レディットは、コミュニティ思いの優れたスタッフをクビにして、とんでもない人たちを雇った。そして、ユーザーを無視し始めた。レディットは企業利益を最優先し、道を見失ったのだ。

「ふんぞり返って金勘定をしている投資家の連中にとって、レディットのおもな資産はレディット・ドットコムだ。だが、それは間違っている。レディットのユーザーとコミュニティこそがレディットのおもな資産だ」

さらに彼は、ユーザーに一斉に見放されて崩壊したディグの末路から、レディットは教訓を学ぶべきだと釘を刺した。

最後に、彼はきっぱりとこう言った。

「これ以上、バカな真似はやめて、しっかりと立ち直ってほしい。以上、Qより」

2015年7月4日の独立記念日の週末、全米で第9位の人気を誇るウェブサイトが、突然、停止した。サーバーの問題？　それともクラウドの不具合か、サイバー攻撃だろうか？　どれも違っていた。原因は、ユーザーたちの反乱だった。

レディットは世界最大級の掲示板サイトとして、自ら「インターネットのフロントページ」と称していた。その根拠は、いかにもニューパワーらしい特徴にある。

ユーザーはネット上で見つけたサイトのリンクを共有する。さらに投票システムによって、気に入ったコンテンツには「プラス評価」を、よくないと思ったコンテンツには「マイナス評価」をつける。基本的には編集サイドから干渉を受けずに、自分の好きな投稿が表示されるようにできるのだ。これは多くの点で、反ニューヨーク・タイムズ的と言える。

1日当たりの総評価数は、2100万件。すなわち、レディットの1週間の投票数は、アメリカ大統領選挙の投票数を上回ってしまうのだ。まさに、「参加」の巨大な原動力となっている。

レディットの構成要素はユーザーたちが共有するコンテンツで、楽しいもの、感動させるもの、憤慨や挑発を目的としたものなど、さまざまだ。たとえば、40種類ものピザの画像や、瞑想している警察官たちの動画や、「あなたの国でしか見られない風習は?」といった面白い質問など。レディットのユーザーは月間2億人以上にものぼる。

レディットを使っていない人は、SNSを席巻し、ポップカルチャーの形成にますます影響を与えているミームや、動画や、アイデアの多くは、レディットが起点であることには気づかないだろう。だがそれは、フェイスブックや地方局のニュースで流れる数日前にレディットで投稿されたものなのだ。

さらに、レディットは政治にも影響を及ぼしている。2016年の大統領選挙において、オルタナ右翼のトランプ支持者たちが集結して連携を図り、いわゆる〝ミーム戦争〟を有利に運ぶうえで、レディットは最重要サイトのひとつであったことが研究で明らかになっている。

ボランティアが勝手に運営してくれる

だがレディットは、ユーザーたちがトップを目指して無秩序に争う場ではない。それどころか、レディットは非常に注意深く設計されている。

レディットは特定のテーマごとに「サブレディット」のグループに分かれ、人びとが議論や取り組みを行う。グループ数は100万を超え、「気候変動」「トランプ大統領」「怖いほど美しいものたち」など、じつに幅広い。

ここで重要なのは、サイト側がサブグループに対する管轄権を持っていないことだ。各サブグループは、ユーザーのなかから選ばれたボランティアのモデレーターによって運営されている。こうした仕組みによってレディットのユーザーたち、とりわけモデレーターたちはサイトにおいて主体的な役割を担うことができている。フェイスブックがユーザーのニュースフィードを調整しているのとは正反対と言える。

レディットのモデレーターはさまざまなツールや選択肢を駆使しながら、方向性を決め、議論を形成する役割を担っている。そのため、投票システムの違法性や改竄《かいざん》（操作）を防止する「レディット・ルール」は存在するが、それ以外の点はモデレーターにまかされている。レディットはさながらインターネットの西部の荒野《ワイルド・ウエスト》で、モデレーターはバーテンダーとシェリフを兼任しているようなものだ。

モデレーター（通称「モッズ」）に加え、レディットの世界を構築しているのは、ユーザーたち（ギーク系の若い男性を中心に、投稿の評価、リンクの共有、コメントなどを行う）と、管理スタッフたち（運営会社レディットから報酬を受け取り、コミュニティの繁栄を図るとともに、会社としての利益を追求する）だ。これから見ていくとおり、コミュニティの利益と会社の利益は、必ずしも一致するとは限らない。

もっとも人気のあるサブレディットのひとつは「なにか質問ある？《アスク・ミー・エニシング》」（ＡＭＡ）で、バラク・オバマやビル・ゲイツなどの著名人を含む回答者が、コミュニティからの質問に答えてきた。

本書を執筆中の現在、ＡＭＡで人気が高いのは、90代のドイツ人女性が第二次世界大戦の従軍看護婦としての体験を語ったもので、全体で2番目に人気のスレッドになっている。ほかには、刑事司法制度改革に関するディスカッションや、「サタデー・ナイト・ライブ」のビヨンセを扱ったコントに関するディスカッションなどがランクインしている。

一瞬で「トラフィック」が全滅する

ヴィクトリア・テイラーは２０１３年にレディットに入社し、コミュニケーション・ディレクターに就任した。その後、タレント・ディレクターとなった彼女は、2500以上のAMAを監督するいっぽう、会社との橋渡し役として、多くの重要なモデレーターたちと関わってきた。モッズたちは彼女を慕い、会社のために働く監視役とは思わず、友人のような親しみを感じていた。

AMAのサブレディット「私はA《アイアム》」の主要なモデレーターで、レディットのボランティア・コミュニティの重鎮、ブライアン・リンチは、こう語っている。「妻が妊娠したとき、彼女はメールでいちごのチョコディップの画像を送ってくれたんだ。そうやって、いつもみんなのことを気にかけてくれた」

ところが2015年7月2日、レディットから公式の説明もなく、ヴィクトリアは突然、クビになった。その日は独立記念日前の週末で、ブライアンは、『私はA』のホストを務める管理者がいない」と電話で連絡を受けた。そのとき初めて、友人であり盟友でもあった大切な人が解雇されたことを知った。レディットとの信頼関係は数年前から悪化していたが、彼と多くのモッズたちにとって、これはまさに暴挙だった。

ずっと以前から、レディットはモデレーターの業務向上のため「スパム対策ツールを含む増強手段を講じる」「管理者からの返答時間を短縮する」などと言いながら、ことごとく約束を破ってきた。モッズたちは自分たちがボランティアで質の高い仕事をしていることを、レディットが当然だと思っているように感じていた。そんななか、ヴィクトリアだけが理解してくれていた。彼女はモッズたちをなにより尊重し、彼らの価値をわかっていた。

ブライアンとモッズ仲間のコートニー・スウェアリンジェンにとって、ヴィクトリアの解雇は、もう我慢の限界だった。

そこで、彼らはビジネス向けチャットの「スラック」に、モデレーター・チームのアカウントを作成し、レディットの目が届かないところで話し合った。そして、数ある攻撃法のなかでも、もっとも象徴的かつ破壊的なツールを選んだ。自分たちのサブレディット「私はA」を、抗議のため「非公開」にした。つまり事実上、閉鎖したのだ。

このアイデアはすぐに広まった。「ほかのモッズたちが、『君たちと連帯して、うちも閉鎖する』と言い出したんだ」とブライアンは語る。やがて、大規模なサブレディット「科学」が閉鎖し、続いて最大の人気を誇った「レディットに訊いてみよう」も閉鎖した。

「あとはもう雪だるま式に、かっこいい、やろうぜ、みたいになって」

その結果、人気の高い300以上ものサブレディットが反旗をひるがえし、怒濤のごとく一気に閉鎖した。この動きは「#レディットの反乱」(#RedditRevolt)、「AMAゲドン」〔ハルマゲドンのもじり〕として、ただちに知れ渡った。

かくしてレディットのトラフィックは、ほぼ全滅させられた――レディットを愛したモデレーターたちの手によって。

「0・2パーセント」の規制が命取りになる

その後の数日間で、レディットの最良の部分と最悪の部分が露呈した。比較的新しいCEOのエレン・パオはただちに謝罪し、モデレーターたちの不満をずっと無視してきたことを認めた。

「これは我々の失態です。７月２日だけでなく、何年も前からのことです。我々はコミュニケーションを怠り、突然の大きな変更によって、モデレーターのみなさんとコミュニティを驚かせました。それについて謝罪し、約束もしましたが、何年経っても、ことごとく約束を果たしませんでした。みなさんからのフィードバックやリクエストに対し、きちんと対応しなかったことも多々ありました。私およびレディットの管理者たちは、みなさんの信頼を失ってしまいました」

だが皮肉なことに、パオの謝罪はレディットのホームページの民主的なロジックによって出鼻を挫《くじ》かれた。謝罪投稿は３０００件以上ものマイナス評価を付けられ、表示されなくなってしまったのだ。それと同時に、オンライン署名サイト「Change.org」でパオの辞任を求める嘆願書への署名の募集が始まると、猛烈な勢いで20万件もの署名が集まった。嘆願書は「モデレーターへの空約束の数々」のほか、別のことでもパオを攻撃した。それは「レディットによる検閲の開始」だ。

テイラーの解雇によって、レディットのコミュニティで高まっていた緊張が爆発したのだ。反乱の数か月前、パオはサイト内の不快なコンテンツやヘイトスピーチのフォーラムを閉鎖するため、新しい規則を導入しようとしていた。当然ながら、これはレディットの反逆的かつ自由主義の性格に著しく反するものだ。

多くのユーザーは、パオの取り組みは倫理上の認識によるものではなく、サイトを粛清して広告収入を増やすためではないかと推測した（皮肉もいいところだが、このアナーキーなオンライン・コミュニティの親会社は、グローバル出版企業、コンデナスト・パブリケーションズだ）。

パオが閉鎖対象としたのは、極端なフォーラムだった。おもに女性をターゲットとする「リベンジポルノ」や、「トランスファグ」（トランスジェンダーの人びとを誹謗中傷し、攻撃する悪質なフォーラム）や、「シット・ニガーズ・セイ」（人種差別主義者、白人至上主義者のフォーラム）や、当時5000名以上の購読者がいた「ファット・ピープル・ヘイト」（肥満の人を誹謗中傷するフォーラム）などだ。これらのフォーラムの閉鎖は反ハラスメント対策として打ち出され、コミュニティの管理責任を果たしていないモデレーターに向けたものでもあった。

「モデレーターがしかるべき行動を取らず、コミュニティによってサブレディットが個人に対するハラスメントの場として利用されている場合、我々はサブレディットを閉鎖します」

パオが沈黙させようとしたユーザーたちは、コミュニティ全体から見ればごく一部にすぎなかった。レディットの共同創業者スティーブ・ハフマンは、レディットのスペースに悪影響を及ぼしているのは「有害な0・2パーセント」だと推計した。ところがエレン・パオに刃向かったユーザーは、0・2パーセントどころではなかった。反発は目下の閉鎖問題に対してだけでなく、レディットのコミュニティに対する文化的抑圧という、さらに大きな問題に対する抗議へと発展した。

ニューパワーの価値観である開放性と自由を深く尊重するスペースでは、オールドパワーの独断的な宣言は――どれほど正当化したとしても――必ず痛い目に遭う。しかも、不利な理由はほかにもあった。ユーザーの大部分を男性が占めるプラットフォームにおいて、ジェンダーの力関係がものを言うのは明らかだった。

パオは、知名度の低い新参者ではなかった。彼女が以前の雇用主、ベンチャーキャピタル大手のクライナー・パーキンスに対し、性差別問題で訴訟を起こしたのは有名な話だ。パオの退任を求めるChange.orgの嘆願書からは、女性蔑視がありありと窺えた。例の訴訟にふれ、パオのことを「トップに上り詰めるにはどんな手段も辞さない人物」と評している。それから数日間、パオは自身が規制を訴えてきたオンラインでのハラスメントの犠牲になり、ネット上の誹謗中傷にさらされることとなった。レディットユーザーたちから、殺害の脅迫や、性的および人種的偏見に基づく悪質な個人攻撃を受けた。

AMAゲドンから1週間後の7月10日、（レディットが恩恵を受けた2010年のディグユーザーの大移動と同じ力学による）ユーザーたちの他サイトへの集団移行の懸念が高まるなか、パオは辞任した。ユーザーの反乱が、大手インターネット・プラットフォームのトップを辞任へ追い込んだのだ。そしてコミュニティの危機を救うため、共同創業者のスティーブ・ハフマンが呼び戻されることとなった。

ニューパワー・コミュニティを構成する「3つの存在」

どうしてこんなことになったのだろう？　最初の勢いだけで終わらない、効果的なニューパワー・コミュニティを形成し、持続させるには、どうすればよいのだろう？　レディットの挫折から、我々はどんな教訓を学べるだろう？

どんなニューパワーのコミュニティにも、3つの重要な当事者が存在する。参加者、スーパー参加者、そしてプラットフォーム・オーナー（あるいはスチュワード）だ。

これをトライアングルの3つの角と考えよう。

ニューパワー・コミュニティの
3つの当事者

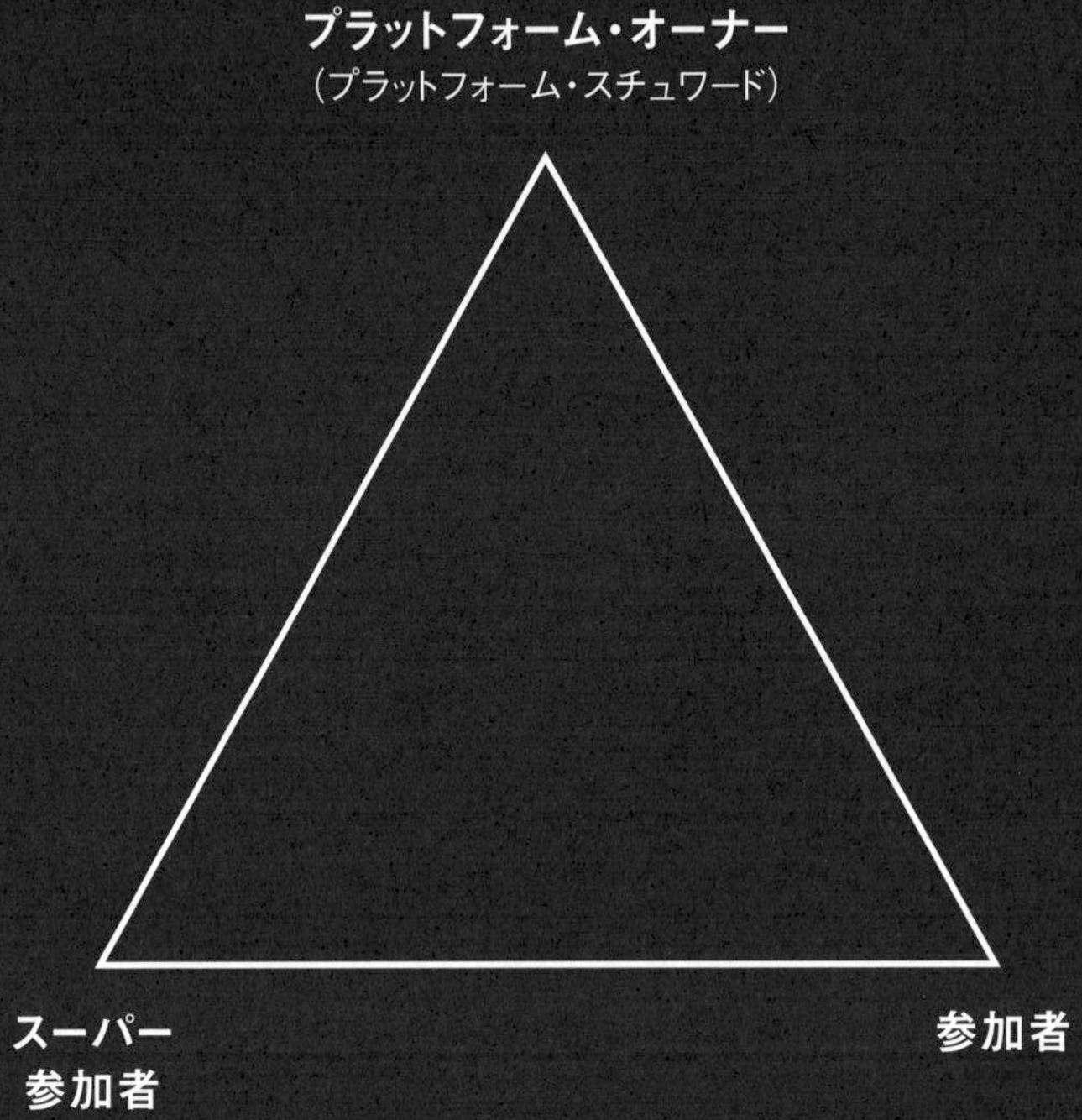

プラットフォーム・オーナー／スチュワード——方向性を決める

レディットの「プラットフォーム・オーナー」はレディット社で、包括的な規定を定め、ブランドの知的財産権を持ち、広告収入を獲得する。ヴィクトリア・テイラーはレディット社の従業員だった。

ほかの例としては、エアビーアンドビーのプラットフォーム・オーナーはエアビーアンドビー社で、フェイスブックの場合はフェイスブック社だ（ただし、マーク・ザッカーバーグは個人として会社に対する実質的な支配権を持っている）。

ウィキペディアは〝オーナーレス〟に見えるかもしれないが、実際には理事会によって統治・支配されている。理事会はボランティア編集者やユーザーにはない権限を持ち、上部構造や規定を根本的に変更できる。

プラットフォーム・オーナーたちは支配権（あるいは大きな影響力）を持ち、プラットフォームのガバナンスや意思決定を行い、誰を参加させるか、どのように価値を分配するかを決めるほか、プラットフォームの存廃をも決められる。

ニューパワーのコミュニティのなかには、このようなオーナーの定義に相当する人物や組織が存在しないところもある。

その場合は「プラットフォーム・スチュワード」が存在する。彼らは非公式なリーダーシップを取ることによって、広範なコミュニティのエネルギーを動かし、規則や規範を定め、プラットフォームの構造を決定する。仮想通貨のビットコインのようなもっとも分権的なモデルにさえ、このようなリーダーが登場している。

ビットコインのコードは誰でも利用できるし、全員が従うべきプロトコルを新たに定めることもできるが、ビットコインのコードベースにコードを〝コミット〟できるのは、ひと握りの人たちだ。その人たちがビットコインの運営において、スチュワード（支配人）の役割を果たしている。

アルカイダのような分権的なテロリスト組織のトップも、同様の機能を果たしている。トップのリーダーたちは、本当の意味で「オーナー」とは言えず、必ずしも各集団の活動を指示するものではないが、規則や規定を定め、組織の大きな方向性を決めることができる。

スーパー参加者——コミュニティの原動力

ニューパワーのコミュニティの原動力となるのは「スーパー参加者」だ。彼らはプラットフォームにもっとも積極的に貢献し、プラットフォームを強化し、価値を生み出すような中核資産を生み出すことが多い。

レディットのスーパー参加者は、ブライアンやコートニーをはじめとするモデレーターだ。コンテンツの大部分を形成したり、プラットフォーム内の会話を促進したり、コミュニティに規範を行き渡らせるよう尽力する。

エアビーアンドビーのスーパー参加者は、オンラインで民泊を提供するホストたちであり、ウーバーのスーパー参加者はドライバーたちだ。ウィキペディアのスーパー参加者は、コンテンツの制作や改善を行う編集者たちだ。

参加者――ユーザーの大半

ニューパワーのプラットフォームに加入して活動するのが「参加者」で、ユーザーの大多数を占める。エアビーアンドビーの場合はゲスト、フェイスブックの場合はアカウントの所有者、ウーバーの場合は利用者がこれに相当する。参加のステップで言うなら、参加者は消費、共有、加入、応用、出資には関わるが、スーパー参加者と違って生産や形成（組織運営）には関わらない。

三者の「バランス」をつくりだす

ニューパワーのコミュニティの最大の課題は、この三者のニーズの均衡を図ることであり、下手をするとすぐに衝突してしまう。

「レディットの反乱」は、三者の均衡を著しく欠いた結果だった。レディット社は何年も前からスーパー参加者に対する投資を怠ったことで、自らあの夏の反乱の種をまいていたのだ。

2008年、レディットが自主管理型のグループを導入したことで、ユーザーたちの主体性は劇的に高まり、それこそがレディットの活力源となった。ブライアンは、このときボランティアのモデレーターになろうと決意した理由を、はっきりと覚えている。

「自分たちでコミュニティをつくらなきゃいけなかった。自分たちで方針を立てて、コミュニティの繁栄と存続を図っていく。だからこそレディットは成功した。自分たちのものだと思えるからだ」

レディットはモデレーターたちに権限を与えたばかりか、自分たちの支配地も与えた。いくつかのサブレディットは、単一目的《シングルパーパス》サイト〔一つの目的に特化したサイト〕の大半よりも規模が大きくなり、数十万、あるいは数百万のユーザーを有するサブレディットまで登場した。こうした派閥は、プラットフォームに対抗し得る力を持っていた。

コートニーは、スーパー参加者としての自分のアイデンティティについて、こう語っている。

「レディットは私にとって、コミュニティセンターね。YMCAみたいなもの」

コートニーやブライアンのようなモデレーターたちは、レディット社にお金や称賛を要求していたのではなく、業務を向上させるためのツールを供給してもらい、敬意をもって扱ってほしかっただけだ。彼らの要求は、グループ管理用の内部通信ツールのアップデートなど、ささやかなものだった。にもかかわらず、その要求はほとんど無視され、レディット社とスーパー参加者たちの関係は、しだいに悪化していった。

パオがサイト内の攻撃的な行動を禁止する措置《そち》を取ろうとした背景には、このようなレディット社とモデレーターたちとの緊張関係があった。そしてついに、「レディットの反乱」によって、上を下への大騒動が巻き起こった。プラットフォームはユーザーとも、モデレーターとも争い、モデレーターたちはユーザーを締め出した。ユーザーたちも互いに争い合った。もう、めちゃくちゃだった。

レディットのストーリーは、ニューパワーのコミュニティが日々、管理している緊張関係が劇的になったものだ。プラットフォーム・オーナー、スーパー参加者、参加者の三者のニーズは合致しないことも多く、ときに激しく衝突する。

たとえば、ツイッターにも大きな課題がある。スーパー参加者（プラットフォームを支配する、影響力の強いスーパーユーザー）たちは、ツイッターの突飛な機能やカルチャーが大好きだが、まさにそうした特徴のせいで、ツイッターはもっと裾野の広い一般の参加者層を拡大できずにいる。ツイッターはがちゃがちゃして、ややこしくて、不快だと思っている人も多いのだ。

このような実態についてさらに掘り下げるため、ウーバーとリフトを比較してみよう。このふたつの配車サービスは、内容は非常に似ているが、コミュニティの管理方法が著しく対照的なのだ。このふたつを比較することで、プラットフォーム、スーパー参加者、参加者のつながりについて、また、三者を結びつける要素と、逆に分裂させる要素について、さまざまなことが見えてくる。

同じようなサービスのまったく違うアプローチ
――お抱え運転手「ウーバー」vs友だちの車「リフト」

配車サービスの二大巨頭、ウーバーとリフトの戦いは、ニューパワー経済における〝コカ・コーラ対ペプシ〟の様相を呈していた。両者はドライバーと乗客を奪い合い、熾烈《しれつ》な競争を繰り広げた。急成長によって世界的に規模を拡大したウーバーが優位に立ち、企業価値はリフトの10倍だったが、ウーバーの最大拠点のいくつかでは、リフトの脅威が迫っていた。

両者のプラットフォームの使い勝手は、非常に似通っている。ウーバーのユーザーはリフトのアプリもすんなり使えるし、逆もまたしかりだ。

しかし、最初から両者のブランドイメージの打ち出し方は対照的だった。ウーバーの宣伝文句は「みなさまのお抱え運転手」――つまり、あなたも黒塗りの高級車のバックシートでくつろげます、ということを謳っている。

いっぽう、リフトの宣伝文句は「友だちの車に乗ろう」。フロントグリルに巨大なピンクの口ひげをつけた車が迎えにくる。あなたは助手席に乗り込んで、ドライバーとこぶしを突き合わせてハロー。そんなイメージだ。

やがてリフトは口ひげ作戦をやめ、もう少し改まった感じになったが、ドライバーや乗客にとって親しみやすい存在であろうとする姿勢は変わらない。

ウーバーはもっとよそよそしい感じだ。徹底的な男性社会《ブロ・カルチャー》のせいで、ドライバーたちとのあいだに軋轢《あつれき》が生まれ、共同創業者兼CEOのトラビス・カラニックの失脚を招いた。

将来的に無人タクシーを見据えたカラニックの発言には、ドライバーのことをコストセンター〔費用を抑えることを目的とする部門〕としか思っていない、会社の姿勢がよく表れている。「ウーバーの料金が高いとしたら、車の料金だけじゃなく、車内の別の人間のためにカネを払っているからだ」

だがウーバーのストーリーは、カラニックの失脚にとどまらず、さらに根深い問題を描いている。彼が体現したカルチャーが、いつしか会社そのものになってしまったのだ。

ウーバーとリフトの異なるアプローチを比較するために、2016年初頭の運賃値下げに、両者がどのように取り組んだかを見てみよう。

「身内への負担」をスムーズに導入する

すべては、ウーバーの突然の運賃値下げ宣言から始まった。全米80都市で10〜20パーセントの値下げを断行するという。乗客にとっては朗報でも、ドライバーには悪い知らせだった。

人気ブログ「ライドシェア・ガイ」の筆者、ハリー・キャンベルはこう述べている。「いかにもウーバーらしいやり方だが、値下げは突然、金曜日の営業時間終了後に発表され、ドライバーたちにはメールの連絡すらなかった」

ただ、最善策がわかった、だから新しい規則を定めた、というわけだ。売上が落ち込む冬期の需要を喚起するには、値下げは必然というのがウーバーの言い分だった。さらに、統計的に見て、需要が増えればドライバーの収入も増えるはずだと主張した。

だがこれは、ドライバーたちにはあまり魅力的な話とは思えなかった。ラガーディア空港からマンハッタンまで43・67ドルの稼ぎが、37・12ドルに減ってしまうのだ。

ウーバーのやり方は、典型的なオールドパワー式だ。なんの前触れも相談もなく、独断の決定をドライバーたちに押し付け、彼らにとっても最善の策だと主張するため、あとから説明会を開いたにすぎない。これに対し、全米のドライバーたちは各地でストライキや抗議運動を行い、ボイコットすると脅迫した。

ウーバーの値下げによる反響を慎重に考慮しつつ、リフトも決断を迫られることとなった。ウーバーの前回の値下げ時は、リフトは値下げをしなかったが、そのせいで売上が減少した。いくら感じのいい接客をしても、最大の決め手は運賃だ。CEOのジョン・ジマーは、ドライバーたちへのメッセージでこう述べている。

「いくら（我々のほうが）サービスが優れていても、乗客は運賃が安いほうを選ぶ」

そのためリフトも値下げを決意したが、ドライバーたちにも相談し、協力を仰ぐことにした。そうして、リフトはサンフランシスコの多種多様なドライバーたちをまとめ上げ、値下げによるドライバーの負担を軽減するため、数々の施策を打ち出すことができた。

一つは、顧客の初回乗車によってドライバーに支払われる「新規顧客紹介料」を上げること。二つめは、洗車の無料サービス。三つめは、リフトの経費負担で、ドライバーたちの定例ミーティングを開催すること。その理由は、「みなが互いの絆を深めることが、リフトのコミュニティの強化につながるから」だ。ウーバーのドライバーたちが会社との対立を深めているときに、リフトはむしろコミュニティの関係強化を進めたのだ。

乗客へのきめ細やかなサービスはドライバーの名前とともにリフトのブログで発表され、

ドライバーたちを称賛する乗客の声も掲載された。

乗客の @rounditrosie は、こんなコメントを寄せている。

「私はリフトのドライバーが大好きです。アーティストや、パン屋さんや、医学部生や、リタイアした人など、とにかくみんなロスでいちばんクールな人たち。#リフトドライバーに感謝を伝えよう（#ThankYourLyftDriver）」

いくつかのアイデアはただの表面的なものにも見えるが、それでも功を奏した。なぜならリフトの姿勢には一貫して、ニューパワーの価値観が表れていたからだ。

プラットフォーム・オーナーたちは透明性と開放性をモットーに、スーパー参加者たちに対し、財政的な課題を率直に打ち明けた。解決策を見出すため、会社の経営陣だけで決めずにコミュニティの意見を仰いだ。

困難に直面したリフトは、ドライバーにはインセンティブを、乗客にはハッシュタグのキャンペーンを用意することで、ニューパワー・トライアングルの3つの角のバランスを図る仕組みをつくったのだ。

突き放さずに「懐」に入れる

ブログ「ライドシェア・ガイ」の筆者、ハリー・キャンベルは、ドライバーとして両方の会社で働いたことがある。彼に話を聞いたところ、ウーバーとリフトのカルチャーの大きな違いは、ドライバーの管理のしかたに如実に表れていた。

どちらの会社も、ドライバー登録は簡単だと宣伝している（「登録には4分もかかりません」といった触れ込みと、ロンドンでタクシー運転手になるには2年間の研修で「道路交通知識」を習得する必要があるという事実を考え合わせると、ニューパワーの世界において、専門知識に対する認識がいかに変わってきているかがわかる）。

そうした共通点はあるものの、両者の新人ドライバーに対するガイダンスの方法は大きく異なっている。キャンベルはこう語っている。

「リフトの新人ドライバーは、メンター、つまり自分よりも経験豊富なドライバーに会う必要がある。仕事の手順を一緒に確認して、車の点検をして、リフトのドライバーとして身につけるべきことを教えてもらうんだ。それから、試乗して近場をひと周りする」

ところがウーバーには、そのような手ほどきはまったくない。

「メールのやりとりしかないから、ウーバーのドライバーはひとりぼっちで放り出された気分になるよ。ほかのドライバーたちとの付き合いもないし、乗客との交流もないし、会社の人と実際に会うこともないしね。だから全部、自分でどうにかしなきゃならない。なにしろ自分の車が職場だから、相談できる同僚も、休憩時間の話し相手もいない。だけど、リフトは最初から、ちゃんと気にかけてくれるんだ」

キャンベルの感触では、ウーバーはあえてドライバーたちから距離を置こうとしているようだ。

「ウーバーの規定では、社員はドライバーになれないけど、リフトは逆なんだ。むしろ、社員がドライバーになることを奨励している」

リフトはドライバーを大切に思っている証として、インセンティブを提供しているほか、乗客がドライバーにチップを支払える仕組みも提供してきた。いっぽうウーバーは、ドライバーたちからの圧力が高まって危機感を覚え、２０１７年にようやくチップを導入した。

さらにリフトには、熱心なドライバーへの報酬制度があり、勤務時間に応じてスライド式にリフトへの仲介手数料を減らしている。最高レベルの週50時間になると、「基本的に、仲介手数料は全額払い戻す」。こんな制度は、ウーバーにはない。

こうした違いが、ドライバーたちに大きな影響をもたらす――キャンベルによると、大半のドライバーはリフトの仕事のほうがいいと言う――とともに、乗客とドライバーの関係にも興味深い影響が表れている。

「ウーバーではドライバー同士で、お客さんを迎えにいくと死ぬほど待たされるって冗談めかして愚痴ってるんだ。それは宣伝文句のせいじゃないかって。『おまえならお抱え運転手を待たせるか？』『待たせる』『友だちが車で迎えに来たら、待たせるか？』『それはない』」

「人間的な対応」がパワーを発揮する

プラットフォーム、スーパー参加者、参加者の相互関係が総体的にまとまることで、シェアリング・エコノミーの第一人者、アルン・スンドラジャン（ニューヨーク大学経営大学院教授）の言う「プラットフォーム・カルチャー」が形成される。これは、三者が共有する規範や価値観や能力から成るものだ。

彼の考えでは、これは企業カルチャーに似ているが、「従来型の企業のように、従業員を管理するための指令権限や組織体制は存在しない」。

リフトのストーリーからは、ポジティブなプラットフォーム・カルチャーを醸成するために欠かせない、いくつかの戦術や哲学が見えてくる。

すなわち、ネットワークの参加者たちに対し、同志として協力を求める姿勢を鮮明にする。アルゴリズムの論理で動くのではなく、人間らしい顔を持った会社としてアプローチする。報酬やインセンティブの支払いには、公正かつ十分な配慮を心がける。ネットワークの参加者たちと親密な関係を築き、彼らの課題と現状をよく理解するための投資を惜しまない、などだ。

リフトとウーバーの競争においては、おそらく利便性と価格の冷酷なロジックが勝敗を分ける決め手となるだろう。たとえば、ウーバーならドライバーと乗客のマッチングが3分で可能なのに、リフトでは8分かかるとする。その場合、いくらリフトのほうが親しみやすく思いやりがあったとしても、早く帰りたい乗客も、稼ぎが欲しいドライバーも、やはりウーバーを選ぶはずだ。だが、そうした条件の差がほとんどなかったら、状況は大きく変わってくる。

あるいは、どちらかがドライバーへの待遇をより手厚くしても、大きな契機が訪れる。まさにウーバーは〝悪の帝国〟のイメージを払拭するため、ドライバーたちに企業株式を提供するなど、さまざまな懐柔策を取り始めた。

リフトの共同創業者ジョン・ジマーは、競争の激化を予想している。もしリフトが、マーケットシェアが半分に迫っているサンフランシスコなどの大都市圏と同じように、サービス面で全面的にウーバーに匹敵するようになれば、カルチャーが決定的な差別化要因となる。

リフトの最大の強みは、やはりドライバーだろう。キャンベルによる2017年の調査によれば、リフトのドライバーの75パーセント以上が、仕事に満足していると回答している。いっぽうウーバーでは、50パーセントにも及ばなかった。

コミュニティの「5つの課題」に取り組む

ウーバーとリフトの競争から見えてくるのは「デザイン」の選択だ。参加者たちにどの程度の自主性を持たせ、価値を与えるべきか？　スーパー参加者たちの貢献をどのように評価し、報酬を与えるべきか？　やりがいを感じてもらうには、どのようなフィードバックの仕組みを構築すべきか？

ニューパワー・コミュニティの力学を理解したい人や構築したい人は、次の5つの重要な課題に取り組む必要がある。

1.「報酬」は誰がどれだけ、なにを得るのか？

ニューパワーのプラットフォームにおいて「インセンティブ」と「報酬」は、参加者を獲得できるか、そして活発な利用が見込めるかに大きく影響する。

ウーバーやリフトは、低価格とすみやかな配車で乗客を惹きつける。また、安定した需要と需要に合わせた料金システムでドライバーを惹きつける。だが、このふたつのインセンティブは、必ずしもぴったり同調するとは限らない。

たとえば雨が降るとマーケットは変わり、びしょ濡れでぐずっている子どもたちを早く連れ帰りたい父親は、ふだんの3倍の料金を払うことになる（そして、ぐんぐん上がっていく料金メーターをにらみつけ、心のなかで悪態をつく）。いっぽう、ほくほく顔のドライバーは、2時間も走れば半日分の稼ぎが手に入る。このような競合するインセンティブに対し、どのようにバランスを取るかは、プラットフォーム側にとって思案のしどころだ。

ほかにも例を挙げるなら、ユーチューブは「パートナー・プログラム」という制度で、動画による広告収入の55パーセントを動画の制作者（ユーチューバー）に与える。これにより、少数の若きユーチューバーたちは莫大な収入を手にした。そのおかげで、さらにやる気になり（スターの座を夢見て）、大きな魅力を感じたユーチューバーたちは、スーパー参加者として、長く活動を続けることになった。

エッツィは長年にわたって、サイトの出店者たちから3・5パーセント以上は手数料を取らないという方針を守っており、スーパー参加者たちと付き合っていくためのブランド・プロミスとなっている。

ニューパワーのコミュニティを運営するうえで、適切な報酬を見きわめるのが難しいこともある。報奨金がもっとも効果的な場合もあれば、「重要なことに役立っている」という実感が、お金よりも大きな価値をもたらす場合もある。

やはり、両方のバランスを取るのが肝心だろう。たとえば、口コミサイトの「イェルプ」は当初、レビュアーに対して報酬を支払おうとしたが、そのせいで金銭的な駆け引きが生じ、誠実性が損なわれてしまったため、ボランティアのコミュニティ戦略に切り替えた。

ローカルコミュニティ・プラットフォーム「ミートアップ」の場合は、これとは逆だった。ミートアップでは、誰でもどこでも、地元の人たちと集まって、フランス語の勉強会から糖尿病患者が語り合う会まで、さまざまな会合を開ける。

ミートアップの創設当時は、グループの立ち上げは無料で、何千件ものイベントがサイトに登録された。ところが、創設者のスコット・ハイファーマンは、すぐにある事実に気づいた。金銭的な負担が一切ないために、主催者としての義務が軽視されがちで、イベントの当日になっても主催者が姿を現さないことすらあったのだ。

そこで現在、ミートアップの主要なビジネスモデルは、グループを主催するスーパー参加者たちに、少額のチャージ（月額10～15ドル）を課すことで、プラットフォームの発展を図っている。

金銭が介在するか否かにかかわらず、ここで重要なのは、参加者を商品のように扱わないこと、そしてコミュニティの規範を強化することだ。

クラウドファンディング・サイトの先駆けである「キックスターター」は、そのことにいち早く気づいた。そこでキャンペーンの主催者らには、支援者たちのために、募金額に応じたものではない、クリエイティブで気の利いた見返りを用意するよう奨励した（たとえば主催者たちと直接やりとりができる、など）。キックスターターの創設者たちが語っているとおり、「キックスターターは店ではない」というわけだ。

2. 誰がどんな「ステータス」を獲得するのか？

参加者やスーパー参加者の貢献を認める表彰制度は、やる気を高める効果がきわめて高い。たとえば、ツイッターの「認証済みアカウント」は、アカウント名のとなりに青いチェックマーク（認証済みバッジ）が付いている。またイーベイでは、売上高でトップレベルのセラーに「パワー・セラー」の称号を与え、商売上のメリットに加えて、コミュニティ内のステータスという、無形ながら重要なメリットをもたらしている。

表彰のなかには、陳腐でつまらない称号やステータス・アイテム（スナップチャット自慢の「トロフィーケース」など）もあるが、そんなものでも、継続的な利用を促進する効果は高い。

レディットの表彰システムは「カルマ・ポイント」で、ユーザーのコメントやリンクが、ほかのユーザーたちからどれだけ「役に立った」と評価されたかに応じて、その人のプロフィールに得点が表示される仕組みだ。外部の人間にとっては無意味でも、レディットのユーザーらにとっては、やりがいを感じ、活動を継続する要因となっている。このようによく工夫された無形の表彰制度は、コミュニティ内の人たちに大きな意味をもたらす。

コツは、そのサイトの精神にふさわしいステータスを構築すること。たとえば、ウーバーの利用頻度の高い乗客用の「ＶＩＰプログラム」は、エリート意識をくすぐるウーバーにはぴったりだ。

しかし、もっと平等主義のサイトでは、そのような仮想的なカースト制度はそぐわない場合もある。とくにデジタル主導の最先端のソーシャルムーブメントは、多様性の受容と対等な発言をモットーとしているため、もっとも貢献度や評価の高い参加者たちを表彰するのは主義に反するだろう。

3．どんな「フィードバック」で牽引するのか？

成功しているニューパワーのプラットフォームの中心には、優れたフィードバックのループがある。我々はいまや誰もがそうした仕組みに夢中だ。マルチプレーヤー・ゲームから嘆願書のサイトまで、よくできたフィードバックの仕組みが、自分や友だちの進捗状況をつぶさに通知してきて、次から次にドーパミンの分泌がうながされ、ユーザーは満足感を味わっている。

この仕組みは、現代のテクノロジーの消費者体験の中核をなしている。たとえばインスタグラムは、投稿に「いいね」やコメントが付くからやめられなくなる。

これは、エゴを満足させるだけとは限らない。正しく用いれば、人びとが互いにつながりを感じ、自分より大きなものとの結びつきを実感することもできる。

このフィードバック・ループに時間制限や共通の目標が設定されると、その力はさらに強力になる。たとえばクラウドファンディングで、目標額5000ドルに届かせるために自分でも100ドルを募金する人は、ドキドキしながら経過を見守るだろう。

ナイキのランニングアプリでは、日々の成果が記録され、登録した友人たちとの比較もできて、励みになるし競争心も刺激される。

4.「信頼」をどのように構築するのか？

ニューパワーのネットワークの多くは、リスクを管理し、協力的な行動をうながすための「評価システム」なしでは機能しない。

もし10年前に、あなたが友人にエアビーアンドビーの基本的な仕組み（家具付きの自宅を見知らぬ他人に、直接会いもせずに貸し出す）を説明したら、友人はきっと笑い飛ばしたはずだ。実際、大手ベンチャーキャピタルのユニオン・スクエア・ベンチャーズがエアビーへの出資を見送ったのは有名な話で、ユニオンのパートナーたちは、見知らぬ人間同士がそこまで信頼できるはずがないと判断した。

しかし、評価付けを行い、信頼を構築するシステムのおかげで、一見、現実離れに思えたさまざまなニューパワーのモデルが、実際に誕生した。

ゲストとホストが詳細なレビューを書いて互いを評価できるようにし、プラットフォーム・オーナーがある程度のリスクを覚悟することで（〝中央集権的〟と思われかねないような支払いのセキュリティや本人確認などの仕組みを導入し）、エアビーアンドビーのようなプラットフォームは可能となった。

しかし、それがどれくらいの効果を発揮するかは、システムのデザインにかかっている。どうやらレビュアーたちは報告を恐れたり、気後《きおく》れしたりして、互いに率直なレビューを書きにくいようであることに、エアビーは気づいた。

そこで、2015年にレビューの掲載方法を変更し、ゲストとホストのレビューが同時に表示されるようにした。そうすればお互いに、相手が自分をどう評価するかに左右されずに、相手のことを評価できるようになる。

研究者のトム・スリーの調査によれば、この変更以前のレビューのほとんどは、4・5か満点の5・0だった。

「相互に評価する場合、やはり遠慮があって、率直な評価はしにくくなります。レストランのチップの金額がサービスの質とはほとんど関係ないのと同じです。評価点が4・5とか5・0というのは、無難に流すためのエチケットで、お互いに対する率直な評価ではないでしょう」

この傾向は、ほかのニューパワー・プラットフォームにも見られる。たとえば、ウーバーの車から降りるとき、ドライバーから「5つ星をつけますよ」と言われたら、あなたもお返しに高い評価が求められていることに気づくだろう。

信頼を構築する評価システムの役割については、もうひとつ留意すべき点がある。それは、偏った先入観や不平等を助長してしまう可能性があることだ。ハーバード・ビジネス・スクールのベン・エデルマンとマイケル・ルカの研究によれば、エアビーアンドビーの非黒人のホストたちは、評価点やその他の条件が同等であっても、「黒人のホストたちに比べて、約12パーセント高い宿泊料金を取得できている」。

さらに、エデルマン、ルカ、ダン・スヴァルスキーの研究によって、黒人ゲストに対する差別が横行していることがわかった。エアビーが信頼を深めるためにデザインしたシステムが——ゲストもホストも実名を登録し、顔写真を掲載する——偏見を（そして人種差別を）助長し、実害を引き起こしてしまったのだ。

世間は激しく反発し、黒人のユーザーたちはハッシュタグ「#黒人がエアビーアンドビーを使うとき」（#AirbnbWhileBlack）を使って、体験談をネット上でシェアした。これを受けて、エアビーアンドビーは2016年、差別と闘うため、一連の対策を発表した。だが特筆すべきは、匿名化とプロフィール写真の廃止を求める声に対しては、きっぱりと拒否したことだ。なぜなら、「コミュニティを形成するという、エアビーアンドビーの重要なミッションのために、プロフィール写真は必須」だったからだ。

5. 誰が「采配」を振るのか？

経済格差への抗議運動「ウォール街を占拠せよ」（オキュパイ運動）のメンバーたちが、ウォール街近くのズコッティ公園で決断を下す集まりは、「定例総会」と呼ばれていた。数百名から数千名による、ほぼ全会一致の意思決定が必要で、採決は細かく決められたジェスチャーで行われた。

たとえば、両手を開いて指を上に向けて揺らすのは「賛成」、両手首を曲げ、手のひらと指先を下に向けるのは「反対」、体の前で握りこぶしを交差させるのは「否認」を表す。総会は、すべてが一体感を生むように、そして声高で強力な主張だけでなく、どんな意見も等しく価値があることを実感できるようにデザインされていた。

総会で発言した人の言葉を全員に伝えるため、短いフレーズにして群衆が伝言していく

「人間マイク」と呼ばれる仕組みもあった。元々はメガホンの使用を警察に禁止され、苦肉の策として生まれたものだが、これは「参加」と「集団行動」というオキュパイ運動の理念の象徴となった。社会運動理論家のクレイグ・カルフーンが述べているとおり、「人間マイクは分権的かつ大衆的なオキュパイ運動の性質を浮き彫りにした。まさに参加民主主義の体現である」。

誰が采配を振るかについて、オキュパイ運動は極端な態度を示している——すなわち、全員だ。やがて、それが仇《あだ》となった。アンドリュー・コーネルによれば、ロサンゼルスのオキュパイ運動に共感していたオブザーバーは、グループが衰退した経緯について、「占拠開始から3週間も経つと、決議がなかなかまとまらず、やたらと時間がかかるようになった」と言っている。

多くのニューパワーのコミュニティは——企業の場合はとくに——それとは逆に、プラットフォーム・オーナーが主導権を握り、群衆にはささやかな選択肢しか与えない傾向にある。たとえばフェイスブックの場合、統治に関わる決定はすべてフェイスブック社が行っており、一般のユーザーはプライバシー設定をいじったり絵文字を使いこなしたりするくらいしかできない。

本章の締めくくりとして、こうしたデザインの選択はどのような影響をもたらすのか、一例としてあるムーブメントを取り上げよう。立ち上げ時に重要な課題にしっかりと取り組み、熱意あるコミュニティ形成とバランスの取れたトライアングルを実現し、報酬とフィードバックの望ましい仕組みを構築した実例だ。

大人が否定し、子どもが絶賛した映画

ある意味、すべてはロバート・レッドフォードのせいだった。

彼らの筋書きはシンプルで、誠実で、ナイーブだった。2003年、アフリカでの冒険から帰国。圧倒的なドキュメンタリーを制作し、サンダンス映画祭に出品、ドキュメンタリーの寵児《ちょうじ》になる。主催のレッドフォードと対面し、あわよくばジョージ・クルーニーに紹介してもらう。世界的な名声を獲得。ウガンダの反政府武装集団の指導者、ジョゼフ・コニーの残虐な振る舞いに対し、世界が一致団結して立ち上がる。そしてコニーを打倒する――。

ところが、サンダンス映画祭への出品は断られた。「インビジブル・チルドレン」という組織をつくった3人の若きアメリカ人、ジェイソン・ラッセル、ボビー・ベイリー、ラーレン・プールは、壁にぶつかった。世界中が知るべきストーリーがあるのに。大勢の命がかかっているのに。だが、配給の手段がなかった。

当時は、ネットフリックスの原型すらできておらず、ユーチューブも始まったばかり。手段に困った彼らは、自分たちで配給モデルを立ち上げることにした。インビジブル・チルドレンの元CEO、ベン・ケーシーは僕たちにこう語った。

「中指を突き立てて、言ってやりたかった。だったら、自分たちで配給システムをつくって、視聴者に直接届けてやる」

レッドフォードに見送られた最初の映画『インビジブル・チルドレン：暫定版』こそ、彼らのムーブメントの発端となったストーリーだ。それは自分たちの旅を記録したもので、サーフィン好きのヒップでおしゃれな白人のお坊ちゃん大学生たちが〝自分たちのストーリー〟を求めてアフリカまで行ったところ、少年たちを強制的にテロリスト軍の兵士に仕立てるジョゼフ・コニーの残虐非道な行為を目の当たりにして、ついに自分たちが探していたものを知る、というドキュメンタリーだ。

数年後、彼らは救世主気取りとか英雄気取りなどと批判されることになるが、この最初の映画に出てくる彼らは、善意はあるが世間知らずの間抜けな若者たちだ。スーダンではすっかり退屈し、悪ふざけでシロアリの巣を爆破したり、手斧《ておの》でヘビを殺したりする。そして、しょっちゅう吐いている。その姿は、「私には夢がある」のキング牧師には似ても似つかないどころか、まるでコメディ映画『ハングオーバー!!』だ。

だから、サンダンス映画祭の審査にパスしなかった理由も、想像に難くない。だが、多くの若者たちがこの映画に刺激を受けた理由もよくわかる。

この映画は、ほとんど報道されてこなかった、地球の反対側のモンスターの仕業を描いている。魔の手を逃れようとした大勢の子どもたちが、身を寄せ合ってバス停で寝ている姿が映し出される。心に強く訴える光景だ。そして自分と同じような主人公たちが人生の目的を見つけて、自分たちの協力を求めている。このストーリーは、若い子たちにとって他人事とは思えないのだ。

スーパー参加者が「ネットワーク」を築く

インビジブル・チルドレンは情報を広めるため、教会や学校でこぢんまりとした上映会を企画し始めた。小規模な映画祭のようなもので、コミュニティの人たちが集まって映画を観て話し合い、さらに重要なことに、行動する。意見を求め、寄付や支援を募るのだ。大きな宣伝効果はなかったが、上映会は地域の人たちとの深いつながりという、別の価値をもたらした。

それから8年、インビジブル・チルドレンはこの地域開催モデルに磨きをかけた。年2回の〝ツアー〟を開催し、新しい映画の上映や、自分たちの活動を紹介するキャンペーンを実施した。ツアーは合計16回におよび、1万3000回以上もの上映会を行い、なんと

500万人も動員した。

各上映会は、「ローディーズ」と呼ばれる若者たちが中心となって開催する。ローディーになるには、ボランティアを6か月間務めることを誓約し、キャンペーンや上映会の運営に携わる。

勧誘に使用される動画には、ローディーのやりがいがよく表れている。テレビ映りのいい先輩たちが登場し、熱く語る。「大きなものの一部になれるんだ」「すばらしいことができる」。4人でひとつのベッドに雑魚寝《ざこね》した思い出を語る人や、『ヘンリー五世』において兵士たちを鼓舞する「聖クリスピンの祭日の演説」を引用する人もいる。ローディーたちの体を覆うヘナ・タトゥーは、活動に対する意気込みを表していた。

ローディーの研修は熱心に行われ、ウガンダにおける紛争の歴史や公民権運動の教訓を学び、4人グループが1名の生存者（元少年兵を含む）と組んで、活動を行った。研修を終えて各地へ向かうころには、地元のオーガナイザーらと企画中のイベントに、すでに膨大な時間とエネルギーをつぎ込んでいた。ときにはイベント会場に泊まり込み、床で寝ることもあった。

その活動はすべてセールスフォース・ドットコムのデータベースを使って一元管理され、「寄付金額や売上等のデータをほかのチームと比較できたので、競争みたいで楽しかった」と、元CEOのケーシーは語っている。

このように、インビジブル・チルドレンは賢明かつ透明性の高い評価システムを構築し、ローディーとしての理想的な行動をうながした。

これはスーパー参加者を動員して育成するうえで、見本となる例だ。ローディーはおおいにやる気を起こし、強力なカルチャーのもとで団結を強めた。彼らの役割は、絶妙のタイミングでムーブメントを起こし、みんなのやる気を高め、ネット上でバズらせ、参加をうながすことだった。ローディーたちは小さな成功を積み重ねていき、やがて上映会以上に大きな効果をもたらした。

コミュニティが「驚異的な献身」を行う

イベントが終わってチームが街から去っても、インビジブル・チルドレンは人びとの生活から消えなかった。上映会をともに運営した地元のオーガナイザーたちを育成し、それを基盤として、２００９年の「レスキュー」のような全国的なイベントを計画した。

最新映画のリリース直後に開催されたイベント「レスキュー」の目的は、上映会で刺激を受けた若いサポーターたちの創造性を解き放つことだった。インビジブル・チルドレンのムーブメント・ディレクター、ザック・バローズは、僕たちにこう語った。

「参加者が〝レスキュー〟されるには、メディアがイベントの取材に来るよう手配し、国際的な著名人や地元の有力者に登場してもらい、これ（子どもたちの誘拐）は現実に起こっていることだと訴えなくてはいけない、という仕掛けをつくりました」

やがて、全米100都市の8万人以上の若者たちが、メディアへの影響力を持つ有力者らとともにイベントを実施し、その動画をツイートして、さらに何倍もの大勢の人に向けて発信した。それには、立ち上げ当時からの「コネクテッド・コネクター」の多くが、意欲的で緊密なネットワークを持つ福音派キリスト教徒の若者だったことも幸いした。

こうした取り組みが、インビジブル・チルドレンのコミュニティに驚くべき効果をもたらした。研究者のベス・カーリンは、彼らのネットワークへの理解を深めるため、上映会に出席したローディーや参加者など、2000名以上を調査した。その結果、出席者たちの驚異的な献身度が明らかになった。

90パーセント以上の人が友人や家族にインビジブル・チルドレンのことを話し、78パーセントの人がインビジブル・チルドレンのグッズを購入し、75パーセントの人が寄付を行い、42パーセントの人がインビジブル・チルドレンのクラブやグループに参加していた。ローディーとオーガナイザーたちは、熱心な参加者の育成を見事にやってのけたのだ。

何週間にもわたって、数々の上映会やツアーを実施しながら、インビジブル・チルドレンは膨大な数の若者たちを動員し、地球の反対側の見えにくい問題に取り組ませた。ザック・バローズはこう言っている。

「参加者がインビジブル・チルドレンのことを考えたときに真っ先に感じるのは、この人たちのことはよく知ってる、みんな僕の友だちだって感覚です。個人的なつながりが土台になってるんです」

こうしたつながりが組み合わさって、プラットフォーム・オーナー、スーパー参加者、参加者の完璧なトライアングルが形成された。インビジブル・チルドレンは、三者がそれぞれに報われ、認められ、熱心に取り組める仕組みを築いた。

ところが8年後、これほどバランスよく勢いのある組織が、根本的な問題に直面していた。ジョゼフ・コニーは、いまだに自由の身だったのだ。

第6章
影響範囲を「拡大」する
——いかにして、もっと広く浸透させるか？

インビジブル・チルドレンは、あせっていた。革新的な行動主義で名声を確立し、膨大な数の若者たちに愛されてはいた。だが、若き創立者たちにとって、ジョゼフ・コニーに法の裁きを受けさせるまでは、使命を全うしたとは言えなかった。

躍起になった彼らは、思い切って新しい方向へ踏み出すことにした。

必要なのは、圧倒的に有名になって注目を集めること。そして、コニーの名を世界中に知らしめること。そうすれば、約10年にわたるこの物語も、ようやく決着がつくかもしれない。学校や大学でのイベントは熱気にあふれていたが、やはり局地的で、世界に知れ渡っているとは言えなかった。

そこで、労力と資金を注ぎ込んで新しいドキュメンタリー映画をつくり、新しい方法でリリースすることにした。従来のようにローディーと地元のオーガナイザーの主催で上映会を開いて、地元の人たちにインビジブル・チルドレンの活動を知ってもらうのではなく、ネット上で公開することにしたのだ。目的は、大きなセンセーションを巻き起こすこと。タイトルは『コニー2012』に決定した。

結果は、予想をはるかに上回る大成功だった。3月5日の公開から1週間もしないうちに、視聴者は1億人にのぼった（スマホやパソコンで動画を見る人がふつう期待するものとは違い、30分もの長さがあったにもかかわらず）。「史上最強の口コミ動画」と呼ばれ、調査によれば、アメリカの半数以上の若者たちに認知された。

狙って情報を「急拡散」させた手法

『コニー2012』は意欲的で刺激にあふれたドラマチックな動画で、感情に強く訴えるものがある。この動画ではインビジブル・チルドレンの魅力的なリーダー、ジェイソン・ラッセルが自らナレーターを務めるなど大きな役割を果たした。彼のかわいい息子が運動に参加したいと話す姿まで映し出されるほどだ。映画学校に通ったラッセルは、さすがのストーリーテリングを披露し、質の高い内容に仕上がった。

動画を観た人たちに行動を起こさせる方法も巧妙で、当時としては画期的だった。「権力の善用に努める20人の文化人と12人の政策立案者」に対し、手軽にツイートできる専用のウェブサイトを立ち上げたのだ。「コニーの名を知らしめる」ため、マーク・ザッカーバーグ、ジャスティン・ビーバー、ビル・オライリー、オプラ・ウィンフリーなどの有力な著名人たちに対し、一般人の立場から呼びかけてほしいと要請した。

動画はインビジブル・チルドレンのコミュニティ、とくに熱心な10代の女性たちを通じて、どんどん広まっていった。肝心なこのタイミングに大義を推進するため、ファンたちは結集した。ソーシャル・マーケティング企業「ソーシャルフロー」のギラッド・ロタンはこう述べている。

「このムーブメントは大都市ではなく、全米の中小さまざまな街をベースに沸き起こった」

だが、ムーブメントは「コネクテッド・コネクター」たちの手を離れ、大勢の著名人たちに託された。ツイート作戦開始から数時間も経たないうちに、オプラをはじめ著名人たちが（やや身構えながらも）ツイートで応えた。

「#神の抵抗軍の暴力（#LRAviolence）終結のため、ツイッターで情報をくれたみなさんに感謝。私も認識しており、募金もしました。これからも声を上げ続けます。#コニー2012（#KONY2012）」

これには主要メディアが飛びつき、大注目の話題として報道し、動画の口コミは一気に広まった。一躍名を馳せたジェイソン・ラッセルは、国際的な慈善活動家としても知られるU2のボノに、オスカーに値するとまで言わしめたほどだ。ついに、コニーの名は世界に知れ渡った。

「大ヒット」が運動の終焉を招く

ところがそれから、なにかが狂い始めた。インビジブル・チルドレンのホームページは、アクセスが殺到してダウンした。そして、ジェイソン・ラッセルも破綻《はたん》をきたした。動画の公開からわずか数日後、彼は精神障害を起こし、家の近所を裸同然で歩き回っていたところを――当然ながら――スマホの動画で撮られてしまった。動画はネット上で急速に拡散した。

こうした騒動が引き金となり、突如、激しい反発が起こった。ネットの暴徒たちは残酷な好奇心をむき出しにし、ラッセルの精神状態の危機を揶揄《やゆ》した。当初、称賛を送っていたボノのような人たちは鳴りをひそめ、大勢が手のひらを返したように、インビジブル・チルドレンに批判や懐疑の目を向け始めた。

あまりの反響のすごさに、主要メディア各社は、この件に関するさまざまな問題点を整理するため、専用のブログを立ち上げた。

　インビジブル・チルドレンは、自己満足的な手抜きの社会運動《スラックティヴィズム》だ、白人的な救世主気取りだ、社会的に不適切だ、うさんくさい、などと謗《そし》りを受け、福音派の差し金、植民地支配主義、父権主義《パターナリズム》、ＣＩＡの隠れ蓑、などと疑われた。

　アフリカの有力者たちも、例の動画は判断を誤っており、的外れな問題を不適切なタイミングで扱ったと批判した。

　この分野で長い実績を持つ非政府組織（ＮＧＯ）のなかからも、自分たちの役割が脅かされ、奪われるのではないかと恐れ、意見する者たちが現れた。最初は支援を申し出た著名人たちも、さっさと鞍替《くらが》えしてしまった。ある大学生はブログ「ビジブル・チルドレン」を立ち上げ、インビジブル・チルドレンの財政面や戦略を疑問視して、説得力の高いカウンター・ナラティブの形成に一役買った。

　これに対し、インビジブル・チルドレンのチームも必死に反撃しようとした。しかし、ウェブサイトはダウンし、リーダーは入院中。19歳のＰＲインターンのモニカがメディアからの４０００件の問い合わせメールをさばくのは、とてもじゃないが無理だった。インビジブル・チルドレンは長年の努力もむなしく、創設者も問題ありなら動画もお粗末だと決めつけられてしまった。

『コニー２０１２』は、それまでの彼らの映画と同様、大きなイベントを伴っていた。

今回は、若者たちが一晩かけて街中にコニーのポスターを貼るというイベント、「カバー・ザ・ナイト」が決まっていた。うまくいけば、朝には大騒ぎになるはずだ。ところが、これは大失敗に終わった。カナダのバンクーバーのイベントには、2万1000人の若者が登録したが、当日現れたのは、わずか17名だった。オーストラリアのブリスベンのイベントでも、参加者はわずか50名だった。

こうして『コニー2012』は、インビジブル・チルドレンにとって飛躍のバネとなるどころか、致命的な打撃となった。中枢チームは闘いを続け、いくつかの政策を実現させたものの、組織としては取り返しのつかないダメージを負った。

この動画の公開からわずか2年半で、インビジブル・チルドレンは、アメリカでの運営規模を大幅に縮小すると発表した。マスコミに叩かれ、悪評を立てられて致命傷を負ったのは事実だが、運命を左右したのは、「何千もの高校や大学での上映会というコアモデルをしぼませてしまったこと」だった。

「メンバーの役割」がなくなったため衰退した

『コニー2012』以前のインビジブル・チルドレンは、リーダーたちを頂点にきれいなトライアングルを描いていた。残りふたつの角のうち、ひとつは「スーパー参加者」、すなわちローディーズと地元のオーガナイザーたち、もうひとつは「参加者」で、何百万もの人たちがイベントに出席したり映画を観たり、ツイートやシェアで応援したりして、さまざまな支援を行った。映画は豊かなコミュニティ体験のひとつで、叙事詩の壮大な物語のように仲間同士で語り継がれるうちに、ますます強力になっていった。

ところが『コニー2012』のプロモーションは、従来の方式を踏襲しなかった。そしてリーダーたちがトライアングルの外へ踏み出したとたん、従来のモデルは崩れ、メッセージもまともに伝わらなくなった。『コニー2012』以降の体制図を描いてみると（205ページ）、しっかりとした関係を築けなかった（あるいは対立してしまった）利害関係者の輪《サークル》によって、トライアングルが取り囲まれていることがわかる。

インビジブル・チルドレンの緊密なコミュニティは、創設者たちのことを、人道問題に身を捧げる〝愛すべきならず者〟として慕っていた。だが当然、外の世界の人たちは、創設者たちとのそんな深いつながりはなかった。インビジブル・チルドレンのザック・バローズは次のように回想している。

「『コニー2012』がヒットして、いきなり何百万もの人たちが僕らの存在を知った。だけどみんなが知っているのはあの動画だけで、インビジブル・チルドレンがどんな組織でどんな人たちが活動しているかなんてことは知らなかった。組織へのロイヤルティ（信頼・親近感）の要素が一切なくなってしまった」

『コニー2012』の大成功は、外部のさまざまな利害関係者の興味を引き、おそらくは嫉妬にも火をつけた。これまでインビジブル・チルドレンは内部のバランスが取れていたいっぽう、この分野の学識者やブロガーなど、外部のインフルエンサーたちとはあまり関わらずにすんでいた。それが自ら、彼らのレーダー網に飛び込んでいったのだ。

さらに、この動画によって、コミュニティではなくカリスマ的リーダーのジェイソン・ラッセルに世界の注目が集まった。ラッセルは協力者の基盤を固めるために、ボノやウォーレン・バフェットなど著名人たちと直接的な関係を築こうと躍起になった。

従来の活動方式では、何千もの人たちがリーダーとしての気概を持つことができたが、このやり方では、すべてはジェイソンにかかっていた。

だから、彼の精神が崩壊したとき、組織も崩壊したのだ（元自転車選手ランス・アームストロングのがん患者支援財団が、彼のスキャンダルによって衰退したのと同じだ）。それまでずっとインビジブル・チルドレンの活動に打ち込んできたスーパー参加者たちは、置き去りにされ、葛藤と無力感を味わった。そこには、彼らの明確な役割がなかった。

なぜ誰もが「ウーバー」を消したのか？

『コニー2012』をめぐる顚末《てんまつ》は、ニューパワー・コミュニティの運命はトライアング

『コニー2012』以降の インビジブル・チルドレン

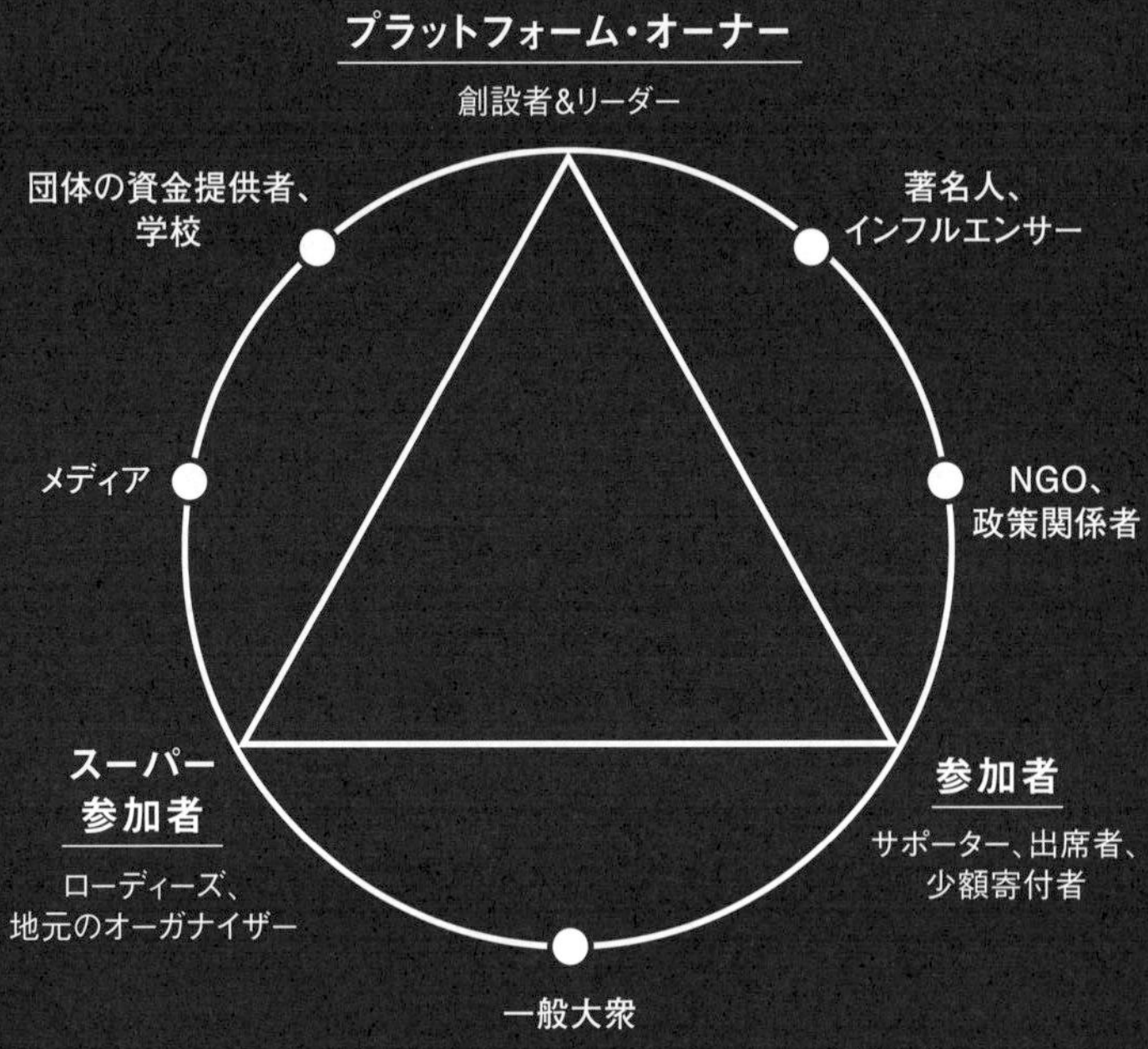

ルを囲むサークルの関係者によって左右されることを如実に物語っている。

いくつかの有名なニューパワーの組織では、これと同様の問題がさらに大規模に起こっている。第5章では、ウーバーのトライアングルの不調を紹介したが、2017年、問題はさらに大きく波及して、ついにCEOのトラビス・カラニックは辞任に追い込まれた。

ウーバーは長年、競合他社にけんかを吹っかけてきた。2014年、カラニックはウーバーの世界観についてこう述べている。

「これは政治運動だ。そしてウーバーの対立候補は、タクシーという名のアホだ」

当初、ドライバーたちはウーバーを強く支持していた。だが、『ファスト・カンパニー』誌のサラ・ケスラーが指摘しているとおり、やがてウーバーのドライバーたちは、収入と労働条件の改善を求め、タクシードライバーたちと協力して闘ったほうが互いの利益になると気づき始めた。

2016年のウーバーによる突然の運賃値下げをきっかけに、タクシードライバーとウーバードライバーたちは、泥沼の値下げ競争を回避するため、全米で共同抗議活動を開始した。ケスラーは、カンザスシティをはじめ各地でストライキを主導した元ウーバーのドライバー、エイブ・フセインの言葉を引用している。

「僕がドライバーになったころ、タクシーとウーバーのドライバーたちは互いに憎み合っていた。……でもいまは、みんながウーバーを憎んでいる。時代は変わった」

ウーバーが行政に対して〝やった者勝ち〟の戦略で悪評を得たことも、規制当局にとって格好のターゲットになった。ウーバーは米国連邦裁判所で60件の争議が決着したあとも、2016年当時、さらに70件の争議を抱えていた。ロンドンでは、2017年に営業許可証の更新を申請したが、却下された。

こうした緊張の背景には、2017年に勃発した「#ウーバーを消そう」(#DeleteUber)運動がある。

トランプ大統領が発した「イスラム系7か国からの入国禁止令」に対してニューヨークのJFK空港周辺で大規模なデモが発生した際、ウーバーがデモに便乗して利益を得ようとし、非難を浴びたのが発端だった。

そんななか、トラビス・カラニックがトランプ大統領の経済諮問《しもん》委員会の一員になるらしい、というニュースが舞い込んだ。ウーバーに対する人びとの反感と不信もあいまって、抗議運動は一気に盛り上がった。カラニックが諮問委員会入りを辞退しただけでは収まらず、20万人超のユーザーがウーバーのアプリを削除する騒ぎとなった。

さらに数週間後、元ウーバーの従業員、スーザン・ファウラーが自身のブログでウーバーのセクハラ文化を暴露すると、アプリ削除の運動がふたたび沸き起こった。ウーバーはユーザーたちにメッセージを送り、まことに遺憾であり、どうかアプリを削除しないでほしいと泣きついた。

メディアは一斉に大騒ぎし、さらなる内紛ネタや、カラニックがドライバーと言い争っている動画をリークした。ＩＴ系の人気ブログ「リコード」のカーラ・スウィッシャーは、カラニックとウーバーを強く批判し、世論を動かした。

「トライアングル」の支持がなければ生き延びられない

カラニックほどベンチャーキャピタルから多額の資金を集めた人物はいなかったが、最終的にカラニックに致命傷を与えたのも、ウーバーの五大投資家だった。

投資家たちが介入したころには、トライアングルもそれを囲む利害関係者の輪も機能不全に陥っていることが誰の目にも明らかだった。メディアも、規制当局も、競合他社も、従業員たちも、ドライバーたちも、乗客たちも、世論も、一斉にカラニックに背を向けた。トライアングルのサポートのないリーダーが、敵対的な輪の包囲から生き延びられる見込みは、皆無に等しい。

カラニック辞任後のウーバーは、イメージを刷新しようと奮闘しているが、行く手にはさらなる闘いが待ち受けている。ウーバーの課題はカルチャー面だけでなく、構造的な問題があるからだ。

2016年、ウーバーは28億ドルの赤字となった。この巨額の赤字は、世界各地へマーケットを拡大する際に支払われる、ドライバーへの補助金によるものだ。ウーバーが今後どうにかして収益を上げるには、ドライバーからの手数料を増やし、乗客の運賃を引き上げ、競合他社を倒さねばならない。

とりわけ緊張関係が予想されるのは、自動運転車の導入によるウーバーの経費削減の動きで、これは何十万人ものドライバーたちの生活を脅かす可能性がある。そのうち、「地元の店で買おう《バイ・ローカル》」運動のような、「人が運転する車に乗ろう《ライド・ヒューマン》」運動が起こってもおかしくない。

ウーバーが必死に改革に励んでいるいっぽうで、配車サービス業界には、ウーバーモデルの最悪の面を排除し、調和の取れたトライアングルとそれを取り囲む完璧な輪を形成し、すべての関係者にとって理想的な運営を目指している企業もある。そんな取り組みを紹介しよう。

経済活動より「コミュニティ」を軸にする

ウーバーはメール1通でリジア・フリードマンと手を切った。

ドライバーになって2日目に、彼女はウーバーで働くのが大好きになった。テキサス州オースティンでフットボールの大会があったその日、彼女は300ドルを稼いだ。仕事は楽しく、10代の娘を養うことができた――母娘は新しい街にようやく慣れてきたところだった。オースティン市がすべてのドライバーの指紋採取を義務付ける法案を提出し、ウーバーが猛反対したとき、リジアは率先してウーバーのために動き、仲間たちを動員して集会等に出席した。そんな彼女の姿は、ウーバーの販促資料でも取り上げられたほどだ。

しかし、ウーバーの意向は通らなかった。すると、ウーバーは突然、競合大手のリフトとともに、オースティンからの撤退を決定した。ドライバーたちにはメールで通知しただけで、アプリは即刻シャットダウンされた。

市長のスティーブ・アドラーが語ったように、ウーバーのやり方はまるで「工場を建設しておきながら、鍵をかけて出ていったようなものだ。大勢のドライバーたちと、大勢の乗客を置き去りにして」。

ところが数週間もしないうちに、新しい組織が立ち上がろうとしていた。市長宅で開かれた会議に集まった市議会議員やＩＴ起業家、ビジネスパーソンらが発奮し、同じサービスを新しいやり方で試すことにしたのだ。こうして「ライド・オースティン」が誕生した。ライド・オースティンはウーバーの代わりというだけでなく、ウーバーに対する解毒剤的な意味合いがあった。それは経済活動ではなくコミュニティによって規定されるライドシェアモデルをつくる起業の試みだった。ウェブメディア「ザ・ネクスト・ウェブ」によると「このアプリは本質的にはウーバーのコピーだが、違いは背景にクソみたいなビジネスがないことだ」。

その背景にあるのはビジネスではなく、非営利組織だ。コミュニティのための配車サービスであり、コスト削減と利用しやすさを追求している。

「オースティンによって、オースティンのために」というスローガンにも表れているとおり、地元を誇りに思い、ドライバーのためを思い、慈善活動の一助となることを信条としている。ドライバーにチップをあげることもできるし、端数を切り上げて支払い、地元の慈善団体への寄付にすることもできる。手数料がないため、通常運賃は100パーセント（特別乗車の場合は80パーセント）、ドライバーの懐に入る。

使える「データ」は全部シェアする

ライド・オースティンでコミュニティづくりのディレクターを務めていたジョー・デスホテルは、こう述べている。

「ウーバーは、ドライバーと乗客のあいだにデジタル機器を介在させて、両者を分離することで力を掌握していました」

ライド・オースティンは、そういう障壁をなくそうと、何千人もの地元民とドライバーたちが喜ぶような、ドライバーたちへの感謝イベントを定期的に開催している。その結果、テキサスの愛州精神とバーベキューに惹かれて集まった地元の人びとから、何百万ドルもの寄付金が集まった。人びとは、ウーバーやリフトの搾取的なビジネスモデルとは対照的なサービスが誕生したことを、市民道徳のたまものと感じている。

元ウーバーのドライバー、リジア・フリードマンも雇用された。情熱と豊富な専門知識を持った彼女は、ドライバー勧誘の部門長に最適であり、ドライバーコミュニティの擁護者として、またセラピストや第一人者としての活躍も期待されている。

関係者同士の協力関係を築こうとするライド・オースティンの姿勢は、行政とのやりとりにも及んだ。データを公開しないウーバーとは違って、ライド・オースティンは自治体の公共交通の担当部門に乗車分析データを提供し、地域の実情に即した運行計画の改善が図られるように貢献した。

彼らは実際、オースティン以外の都市への拡大戦略は、他の都市にもさらなる価値と良好なパートナーシップをもたらすことを前提として考えている。

デスホテルによると、各都市の規制当局へのアプローチは、「見てください、このモデルも、プラットフォームもいいでしょう。我々は競争ではなく、高い透明性と良好な協力関係のもとにこのサービスを提供できます」といったものだ。

ライド・オースティンは、トライアングルと外側の輪の調和こそ、競争上の強みだと考えている。いま取り組んでいるのは、ドライバーたちを福利厚生付きの正規従業員にすることで、雇用の安定化を図っている。

また、配車サービスが不足している地域において、移動効率の向上と相乗り推奨のため、ひとり客の乗車を減らす取り組みも実施している。さらに、特別乗車の料金の一部を、低所得者の乗車費用として割り当てる案も検討している。

プラットフォームを「自分」でつくる

オースティンの置かれた特異な状況——ウーバーの爪痕《つめあと》の残る街——と、オースティン市民の進取の気象があいまって、絶好のチャンスとばかりに、ライド・オースティンのような取り組みが誕生した。

もっとも、このストーリーはしょせん理想にすぎなかった、という結末を迎える可能性もある。というのも、州の新たな取り決めによって、ウーバーとリフトが戻ってきたため、ライド・オースティンの将来が危ぶまれているのだ。

それでも、ライド・オースティンから学べる大きなことは、我々はウーバーのようなサービスに取って代わる優れたものを生み出せること、それによって、みんなが恩恵を享受できるということだ。

ライド・オースティンは、配車の供給においても財政面でも成立し得る事業であることを証明してみせた。2017年の春には収益が出るレベルに近づき、累計乗車回数が100万回を達成し、いまでは5100名のドライバーが週に7000件の配車を提供している。しかもこれをコミュニティの大きな善意と、主要な関係者らの信頼とやりがいをもって実現することができた。

一般的には、ウーバーのようなネットワーク効果（利用者が増えるほど、プラットフォームの価値が上がる効果）を持ったプラットフォームは、国内外の市場における独占あるいは複占に向かって、否応なく広がっていくと思われている（まさにそれがウーバーの目標でもある）。

しかし、デスホテルが指摘しているとおり、ライドシェアサービスの90パーセントは純粋に地域レベルのものだ。つまりは市の規模で、地元に根差して運営するのに適している。ドライバー、乗客、コミュニティ、地方自治体のインセンティブを一致させたければ、なおさらだ。

将来的には、ライド・ヒューストンや、ライド・ワシントン、あるいはライド・サンパウロなどが誕生する可能性もある。地域ごとのライドシェア・アプリをつくって、それぞれの地域が技術とブランドを共有すれば、個別の運営だけを各コミュニティにまかせるような「連合プラットフォーム」も可能かもしれない。

「誰が、なにを、いつ見るか」がコントロールされている

ニューパワー・コミュニティの力学を理解するのが大事なのは、たんにレディットで反乱が起こったりウーバーが炎上したりする理由がわかるからだけではない。こうしたプラットフォームは、すべての人に広範な影響を及ぼしているからだ。

フェイスブックは世界でもっとも利用者の多いニューパワー・プラットフォームで、圧倒的なユーザー数をさらに伸ばしている。

フェイスブックをミクロの視点で見ると、たとえば潜在的な寄付者や入学者に向けてアピールをしたい地域の非営利団体や学校にとっては、情報を表示する範囲を広げたければ、広告料を払わなければいけないという課題がある。

いっぽう、マクロの視点では、民主主義における思想の伝達に課題を突き付けている。フェイスブックの不透明なアルゴリズムによって、誰が、なにを、いつ見るかがコントロールされてしまっている。SNSはバーチャルなカフェのような感じがするので、政治や戦争のようなシリアスなこととの関係は感じないかもしれない。しかし実際には、国会や戦場の展開にまでさまざまな影響を及ぼしている。

有名な例としては、フェイスブックが2016年のアメリカ大統領選挙に大きく関わっ

ていたことは周知の事実だろう。フェイスブックはフェイクニュースや誤情報を発信・拡散するためのツールとなっただけでなく、トランプの選挙陣営は選挙日の数日前から、きわめて精巧な技術によって何百万人もの有権者を対象にフェイスブック上で操作を行った。トランプ関連の表示を増やすいっぽう、対立候補者らの表示を減らしたのだ。

こうした主張に対し、当初、マーク・ザッカーバーグは信じられない、と驚いてみせた。「個人的には、フェイスブックに投稿されたフェイクニュースが――ごく少量にもかかわらず――何らかのかたちで選挙に影響を及ぼしたなんて考えは、どうかしていると思う」

ところが5か月後、フェイスブックは打って変わって、影響を及ぼしていたことを認めた。その後も事実が少しずつ明らかになり、9月には、ロシアを後ろ盾に米国民の意見を操作しようと企む工作員らに広告を販売したことを認めた。11月には、そのような広告が1億5000万人以上のアメリカ人にリーチしていたことが明らかになった。

「サークルテスト」で参加を決める

フェイスブックやウーバーのような巨大なニューパワーの組織が世界に与える影響について考えるには、僕たちが「サークルテスト」と呼んでいるものを実施する必要がある。プラットフォームがトライアングルの関係者に及ぼす影響と、もっと広い外側の輪《サークル》を形成する関係者に及ぼす影響について考察するのだ。

フェイスブックの場合は、いくつかの難しい問題について考える必要がある。

公益に資するという従来のメディアの役割に対し、フェイスブックはどんな影響を及ぼしているか？

フェイスブックの利用時間が増えるほど嫌な気分になることが数多くの研究で明らかになっているが、その心理的な影響はどのようなものか？

世界で20億人超のユーザーを擁する現在、倫理的にどのような影響があるだろう？（ザッカーバーグが、フェイスブックに接続可能な、おそらくきわめて限定的なインターネットアクセスを、インドの農村部などへ導入しようとしている点も見逃せない）

フェイスブックが〝公共の広場〟になりつつあるいま、民間企業の支配下にあっていいのか？

このような「サークルテスト」の実施を検討すべきなのは、政治家や学識者や倫理学者らだけではない。参加者やスーパー参加者である我々こそ、考えるべきだ。

巨大なプラットフォームも、我々の存在なくしては空っぽの容器にすぎず、成功するか衰退するかは、我々の決断にかかっている。我々がニューパワーのプラットフォームに参加するかしないかを決めるときは、「楽しい」とか「便利になる」という理由だけでなく、社会にとって広く役立つか、害を及ぼすかを、しっかりと考える義務があるのだ。

第7章

がっちりつかんで離さない

――人を引き込むまっとうでクレイジーな方法

6400万ドルの「ストレッチ目標」を達成した暁には、ついに〝スペースペット〟が登場する。

支援者たちは約束されていた。いつの日か、「これまでの地球上のオプション」に加えて、未来のめずらしい動物にもアクセスできることを。時は2946年、銀河系間の資本主義が急速に衰退していた――。

話がやや唐突だったかもしれない。

これは史上最高額のクラウドファンディングの話だ――最終的には2億ドルに届きそう

だが、スペースペットは6400万ドルの時点で登場した。将来的に、果たしてこれは最大の教訓となるか、それとも最大の快挙となるか、憶測が飛び交っている。

まずは、募金が1ドルも集まる前、そもそもの始まりの話をしよう。爆発によって新しい宇宙が誕生したときのことを。

ビッグ・バン――壮大すぎる構想を持つ

伝説のゲーム開発者、クリス・ロバーツが10年ぶりに復帰すると宣言したとき、ゲーマーたちは歓喜に沸いた。有名なスペースコンバット・シューティングゲーム「ウィングコマンダー」のクリエイターであるロバーツは、PCゲームのコミュニティから崇拝されていた。ゲーム専用機のゲームが主流になるにつれ、PCゲーム派はじつに肩身の狭い思いをしていた。

じつは、ロバーツには途方もない計画があった。

ただゲームをつくろうとは思っていなかった。彼は、「スター・シチズン」(Star Citizen)という「どこまでも没入できる、リアルで生々しいSFの世界」で、無限の広がりを持つゲームを構想していた。ゲームに興味がない人には、この構想のスケールの壮大さが伝わらないかもしれない。ロバーツはPCゲームを復活させるというよりも、「宇宙」

をつくろうとしていた。果てしなく膨張し続け、なによりも重要なことに、居住者たちの行動によってかたちづくられていく宇宙だ。

プレイヤーたちの行動しだいで、宇宙に変化が現れる。たとえば、ある「シチズン」が他星系への〝ジャンプ・ポイント〟を発見したら、そこにはその人の名前が付けられる。プレイヤーは自分の宇宙船を好きにデザインできる（それをほかのプレイヤーに売ることも可能だ）。自分自身の運命を、自分で決められるのだ。

スター・シチズンに関して、クリス・ロバーツはたんに自身の構想を打ち出しただけではなかった。群衆の参加を強力にうながした。

宇宙の出現――ぎこちないスピーチの力

スター・シチズンの着想がひらめいたとき、ロバーツは出版社やベンチャーキャピタルに出資を持ちかけたが、あまり興味を示してもらえなかった。当時は「アングリーバード」や「キャンディクラッシュ」の全盛期で、彼の壮大な想像力が生み出すPCスペースシム（わかりやすく言えば、PCでプレイする宇宙が舞台のリアリティゲーム）は注意を引かなかった。

そこで、別の手を試すことにした。

2012年にオースティンで開催されたゲーム開発会議で、ロバーツは特別スピーカーとして講演を行い、自身の復帰第1弾のプロジェクトを発表した。1時間のプレゼンテーションでスター・シチズンの構想を明らかにしながら、ゲームの魅力的な試作品《プロトタイプ》を実際にプレイしてみせ、聴衆を新たな世界へと誘《いざな》っていく。彼自身がそこに展開する宇宙の最大のファンであることは、誰の目にも明らかだった。

聴衆は彼とともにコックピットに乗り込んだ。レーダーに新たな地平線が見えた。ライブストリーミングで実況を見ていたファンは、レディットに書き込んだ。

「ウィングコマンダー、プライベーター、スターランサー、フリーランサーのどれもプレイしてきたゲーマーとしては、夢のようなスペースシムだ。いまからもう待ち切れない」

しかし、終盤の約15分、スピーチのトーンがやや変わった。資金の話になると、彼の自信やエネルギーに翳《かげ》りが見えた。

ロバーツは聴衆に向かって説明した。今回は投資家たちが乗り気でないため、打開策として「限られた数の人たち」に向けてクラウドファンディングの枠を設けたい。その人たちには開発プロセスに関わってもらい、つねに情報を提供し、ゲームの一部をなるべく早くプレイしてもらおうと考えている。

ロバートの「要求」はぎこちなく、迫力に欠けていた。最後にこう締めくくった。

「もし面白いと思ってもらえたら、ロバーツ・スペース・インダストリーズのホームページから、ぜひ参加や支援をお願いします。以上です。どうもスピーチは苦手なもので」

演台から下がろうとしたとき、メモを手渡された。それを見ると、彼はにっこり笑って聴衆に言った。

「どうやら、サイトが何百万件ものアクセスでパンクしてしまったようです。……なるべく早く復旧します」

宇宙の急膨張――投機心と支援の気持ちに訴える

ロバーツ・スペース・インダストリーズ（ＲＳＩ）のサーバーは、アクセス過多で数日にわたってダウンした。そこで至急、クリエイティブなプロジェクトのためのクラウドファンディング・サイト「キックスターター」で募金キャンペーンを開始した。目標額は、50万ドルだ。

最初の24時間で、支援額は15万５２７０ドル、すなわち目標の3分の1に達した。

ここでロバーツは感謝のメッセージを発表し、支援者たちの興味をさらに煽った。

「支援総額が増えれば増えるほど、最初からより多くのコンテンツを盛り込んで、スペースシムは健在だと声を大にして世の中にアピールできます」

支援金はただの先行予約ではなく（当初は２０１４年11月発売予定だった）、拡大版用の頭金であり、ＰＣゲームとスペースシムへの支持を示す投げ銭でもあった。これはＲＳＩと寄付者たちの盟約であり、投機と支援の半々の意味合いがあった。

あとは宇宙船のグレードだ。支援金が多い人ほど、ゲーム発売時に格納庫に配備される宇宙船のグレードが上がるのだ。60ドル払った人には「オリジン３００ｉスターシップ」、１２５ドルなら「アンヴィル・エアロスペース・ホーネット」（ドッグファイト／コンバット用の高級機）、１０００ドルなら最高級の「コンステレーション・スペースシップ」が配備される。

興味はますますかき立てられ、支援額はうなぎ上りだった。支援が増えるにつれ、スター・シチズンの宇宙はさらにインタラクティブに、ダイナミックになっていった。ＲＳＩはすみやかにファン主導のコンテンツを展開するためのハブ、「スペクトラム・ディスパッチ」を用意した。ここにスター・シチズンの宇宙に関する知識を公開し、応用を可能にする。

１か月も経たないうちに、支援金総額はキックスターターと復活したＲＳＩのサイトを合わせて２００万ドルに達した。これだけの数字を叩き出せば、当然、ゴーサインが出るだろう。ロバーツは、コミュニティに熱い感謝のメッセージを送った。

「みなさんのコメントや掲示板などで、さまざまなストーリーや創造性に出合うことができました」

目標を上げられるところまで上げる

だがロバーツは世間の注目が集まっている状況を見て、ここで終わりにせず、資金集めを続けた。宇宙のさらなる膨張を可能にするため、何度も「ストレッチ目標」を掲げた。目標が達成されるたびに、支援者たちは、複数の宇宙船や機材など新たな特典を手に入れた。なかには「終身船舶保険」を手に入れた者までいた（ゲーム発売後、仮想の宇宙船に損害を被った場合に備えて、支援者たちは保険に入っていたのだ）。

11月中旬には、スター・シチズンへの支援金は350万ドルに達し、その特典として、コックピット内にぶら下げるさいころの飾り物や首振り人形、機体へのペインティングなどのアイデアが提示された。

やがて600万ドルを達成し、スター・シチズンはこれでもう万全に思えた。

そして11月19日、驚異の620万ドルに少しでも迫ろうと、土壇場の24時間ライブストリーミングを駆け抜けたロバーツは、高らかに勝利を宣言した。

「戦闘は終了、我々――PCゲーマー、スペースシム・ファン、ウィングコマンダー・ファン、フリーランサーズ・ファンの全員――は勝利した！」

これでようやく資金集めも終了だ、とみんなが口々に言った。

だが、まだ見込みがあるのに、どうしてあきらめられる？

6月、RSIは1000万ドル達成を祝って新型の宇宙船を発表し、24時間ライブストリーミングを実施して、コミュニティの全員に対し、ぜひともこの快挙をシェアして友人をどんどん誘ってほしい、と呼びかけた。コミュニティのメンバーである「シチズン」たちの関与の幅も広がり、開発者たちにアクセスしやすくなったことで意見を伝えられる機会が増えた。

スター・シチズンの構想発表から1周年を記念して、RSIは24時間ライブストリーミングで、ファンのための「シチズン会議」を開催した。これによって1週間で200万ドルが集まり、RSIの募金総額は2300万ドルに到達した。ここまでくるとロバーツは、ひょっとしたら開発費はすべてクラウドファンディングで賄《まかな》えるのではないか、という気がしてきた。

彼はさらに高い目標を目指した。

5000万ドルを達成したときには、RSIは独自の世界観を強化するため、言語学者を雇って〝異星語〟の開発に着手することを約束した。さらに6400万ドルを達成すると、スペースペットの開発を決めた。

2015年、今度はイギリスのマンチェスターで開催されたシチズン会議では、RSIの上級役員でロバーツの妻である、サンディ・ガーディナーがオープニングに登場し、コミュニティに対し、真心を込めた手紙を読み上げた。このとき、オフィシャルサイトだけでも、ファンたちの会話のスレッドは26万件、リプライは500万件に達していた。ガーディナーは、この構想段階のゲームによって生まれた、仲間同士の深い絆についてふれた。「どんなかたちであれ、このプロジェクトに関わって、一度でもほかの誰かと心のつながりを感じたことがある方は、どうぞ手を挙げてください」

2015年12月、プロジェクトの発表から3年で、RSIは100万人以上のシチズンのおかげで総額1億ドルの資金を調達し、ゲーム開発分野だけでなく総合で、クラウドファンディングの世界記録を樹立した。そのゲームはいまだ存在しておらず、開発が1年以上も遅れているにもかかわらず、だ。

「具体的な見返り」と「目的意識」を組み合わせる

スター・シチズンの開発プロセスからは、ニューパワーの世界において、人びとがどのような力学によってお金を使い、資金を調達し、投資を行うかが見えてくる。

20世紀における経済活動は、次のふたつのうちのどちらかだった。

ひとつは、基本的な経済取引だ。たとえば冷蔵庫を買うとしよう。冷蔵庫を注文したら、電子レンジではなく冷蔵庫が配達されるのが当然だ。冷蔵庫が届いても、不具合があった場合は、もちろん、返品か返金に応じてもらう。冷蔵庫の価格を評価するには、商品の特徴に加えて、ブランドなど無形の価値も判断材料になる（高級品だと納得できたら、割高でも買う気になるかもしれない）。それと同じ論理が、従来の投資家にも当てはまる。リスクを考慮に入れながらも、期待収益率を確保できるよう取引を行う。

もうひとつの経済活動は、もっと利他的なものだ。たとえば、国際協力団体オックスファムに寄付する人は、金銭的な見返りは期待していない。誰かの役に立てるという無形の恩恵以外には、なにも求めないはずだ（ときには、寄付者一覧への名前の掲載を期待することもあるかもしれないが）。こうしたお金の使い方は、人生に高い目的意識をもたらしてくれる。

このところ、このふたつの見返り――経済的利益と利他的な恩恵――が組み合わさったケースが増えている。たとえばインパクト投資では、投資家は経済的利益を期待できるとともに、社会問題の解決に貢献できる。あるいは、パタゴニア、トムズ、ワービーパーカーのように、社会的使命を重視するブランドもたくさんある。

これは目新しい現象ではなく、たとえば公共テレビでは何年も前から、ちょっとした記念品と交換に、人びとに寄付を呼びかけてきた。最近では、そんな組み合わせがむしろ主流になってきている。

スター・シチズンは「価値あるもの」と「目的意識」をうまく組み合わせた。支援者たちは、先行予約したゲームが実際に商品化されることを期待している。さらに、ゲームがもたらす高い目的意識によって、商品価値は増大した。

スター・シチズンに使われるフレーズが、ＮＧＯのキャンペーンを彷彿させるのは偶然ではない。このゲームはつねに、家庭用ゲーム機を推進する〝闇の勢力《ダークフォース》〟との競争に立ち向かう、ＰＣゲーム界の救世主として位置づけられてきた。支援者たちは、まるで「フリー・チベット」の支援者よろしく、〝ＰＣ慈善家〟と称されているのだ。

たとえば、ロバーツは群衆に向かってこんなふうに呼びかけている。

「いまから何年か経ち、愛する子どもたちに囲まれて、スペースシムとＰＣゲームの生き残りをかけた戦いのとき、お父さんはどうしていたのかと訊かれたら、あなたは子どものの目をまっすぐ見てこう言える。『お父さんは、スター・シチズンの制作を助けたんだ』と」

「参加」のチャンスをかけあわせる

価値あるものと目的意識のふたつの見返りが合わさると、じつに強力だ。だがスター・シチズンには、ほかにも提供できるものがあった。効果の「増強装置」とでも言うべきものだ。それは、参加する機会だ。

ロバーツは最初から、宇宙の形成プロセスにも、形成後の発展プロセスにも、シチズンたちが直接的な影響力を持てることをセールスポイントにしていた。彼らの主体的な参加を重視しており、その選択が銀河系の運命を左右するというメッセージを一貫して伝えた。ある支援者の言葉を借りれば、まさに「夢見るためにお金を出す」のだ。

シチズンになれば、宇宙の形成を体験できる。ヴァンドゥール（ゲーム内で敵対する種族）を倒す最高の方法をみんなで議論したり、最新の宇宙船のデザインを分析したり、宇宙誕生をめぐるファン・フィクションを書いたりもできる。周りはみんな同じ志を持った仲間たちだから、変人扱いされる心配もない。

このような参加の価値は非常に大きいため、シチズンたちはゲームができる以前から、すでに投資への見返りを手にしていると感じていた。ある支援者はこう語っている。

「もう、お金を出した分の見返りはあったよ。……スター・シチズンのメイキング動画を100時間分は観たからね。ゲームや3Dの宇宙船のつくり方を学ぶことができた（僕は趣味で3Dモデリングをしているんだ）。Q＆Aとか、ほかにも興味深いことが山ほどあって（すごいファン・フィクションとか！）。それだけでも支援した甲斐があった」

こうしてさまざまな見返りが組み合わさることで、僕たちが「参加特典《プレミアム》」と呼んでいるものが生まれる。

スター・シチズンは、先行投資への「具体的な見返り」として、ゲームの完成品および宇宙船の仕様に関する希望をかなえることを約束し、それに加えて、PCシム復活のミッションに参加するという「重要な目的」を提供した。さらに、その両方が「参加」によって増強された。同じ夢を見る仲間たちの活気あるコミュニティの市民権と、ゲームそのものに影響を及ぼせる機会を提供したのだ。

あなたがなにを「売る」にしても、この3つのリターンを提供すれば大きな強みになる。これを非科学的ではあるが有用な方程式に当てはめれば、次のようになる。

（具体的な見返り＋重要な目的）×参加＝参加特典《プレミアム》

この「参加特典」の効果が絶大なのは、物的価値や価格とは切り離された意義を持ち得るからだ。ここで支援者や参加者が手にする報酬は、商品価値に直結するものだけではない。売り手にとっても買い手にとっても、もっと複雑で、もっと重要なものだ。

スター・シチズンの場合、その効果はいっそうきわだっていた。なにしろ、具体的な商品はまだ一切存在していなかったのだから。

中国ではスマートフォンメーカーのシャオミが、同じような方法で市場を拡大し、企業価値450億ドルを達成している。

「スーパーファン」をつくりだす

2015年、熱狂的なファンの後押しで、シャオミは1日で売れたスマートフォンの販売台数において、210万台というギネス世界記録を打ち立てた。シャオミは起業してわずか数年で、中国の代表的な、かつ世界第3位のスマホメーカーになった。

2010年の設立以来、シャオミは高品質、高機能、低価格のスマホの提供に尽力してきた。だがシャオミの目標は、望ましい商品の生産だけではなかった。競合他社とは違い、販売業者などの第三者を通さず、市場への直接販売を計画していた。そんなシャオミにとって、群衆（ファン）との関係こそ、業界で抜きん出るための切り札だった。

シャオミ（小米）の直訳は「粟《あわ》」だが、中国の言い回しでは「革命」の意味も隠れている。「ミ・ファン」と呼ばれるファンたちは、カウンターカルチャー的だが親しみやすく奇抜な革命（ただし政治的ではない）の一翼を担っていることを自認している。

巧妙なソーシャルメディア戦略と、かわいいマスコットやファンキーなTシャツといったノベルティ戦略によって、あっというまにファン基盤が確立した。シャオミが顧客に巻き起こした〝熱狂ぶり〟は、競合他社のあいだでさえ敬意を込めて語られるようになったほどだ。

それほどの熱狂を生み出すのは、シャオミが毎年開催する「ミ・ファン・フェスティバル」という大規模なファン感謝祭で、これは絶好の販売チャンスでもある。ファンたちは新しいオンラインゲームをプレイして意見や感想を伝え、特別サービスで商品を購入するなど、さまざまな楽しみがある。それ以外にもファン向けのイベントが一年中、全国各地で開催され、毎回、数百人ものスーパーファンたちが集まって、シャオミとのつながりを深めている。

共同創業者リン・ビンへの2012年初めのインタビューが示しているとおり、その時点で、ソーシャルメディアのコミュニティには200万人が存在していた。

重要なのは、これはただのフォロワーではなく、商品開発への積極的な参加者であることだ。熱狂的なファン層を持つという点でよく比較されるアップルとは違って、シャオミは開発プロセスを包み隠さず、むしろ見せようとしてきた。

しかもファンたちは、気に入った機能に投票するだけでなく、スマホのユーザーインターフェースについて、独自のデザインを提案したりすることもできた。『ニューヨーク・タイムズ』の記事に登場する24歳のスーパーファン、ハン・ユは、シャオミをまるでNGOのように思っており、ユーザーインターフェースのテストをしてバグを見つけたり、フォーラムのモデレーターを務めたり、ボランティアとして活躍している。

その報酬は？　シャオミのプラットフォームを通じて仲間ができたし、商品企画のアイデアが採用されたこともある。「参加できているという感覚が楽しいんです」とハンは語る。

驚異の450億ドルの企業価値を達成した2015年には、リン・ビンは、シャオミのユーザーフォーラムには4000万人のメンバーがいると語っている。共同創業者のリ・ワンシャンによれば、スマートフォン・フォーラムでは、毎日200万回ものインタラクション〔コメント等のユーザーのアクション〕がある。

シャオミでは毎週金曜日を「オレンジ・フライデー」と呼び、アップデート版のユーザーインターフェースを提供し、コミュニティにフィードバックを求めている。リ・ワンシャンが言っているように、「10万人の研究開発チームを抱えている」ようなものだ。

ユーザーの創造性を讃えるべく、語り草になっているエピソードもある。たとえば、あるファンは少し酔っぱらって家路に着いたとき、スマホのフラッシュライト機能の改善案を思いついたという。

「イケア効果」が絶大な力を発揮する

行動経済学者のマイケル・I・ノートン、ダニエル・モション、ダン・アリエリーによる2011年の論文は、シャオミのような会社の原動力を理解するのに役立つ。

この論文では、人が自分でつくったものには本来以上の価値を感じる傾向を、「イケア効果」と呼んでいる。著者らは、人が組立キットの家具を自分で組み立てた場合は、本来以上の価値を見出す（たとえ組み立て方が下手であっても）ことに注目した。

そこで、この現象が広く当てはまるものかを検証するため、実験を行った。まず、ひとつのグループの人たちには、折り紙で白鳥をつくってもらう。もうひとつのグループの人たちにはなにもつくらせず、折り紙の作品を見て評価してもらう。

「なにもつくらなかった人たちは、素人のつくった折り紙を見ても紙くず同然の価値しか感じませんでしたが、自分で折り紙をつくった人たちは、自分の作品に価値を見出しました」その効果は驚くべきものだった。「なにもつくらなかった人たちがプロの折り紙作品に対してつけた評価金額と、自分でつくった人たちが自分たちの作品を評価した金額が、同程度だったのです」

要するに、人は自分がつくったり参加したりするものに、とりわけ大きな価値を見出すということだ。

実際、ばかばかしい商品やふざけた目標の（高尚な目標を持たない）キャンペーンでも、参加の呼びかけがうまいと、驚異的な成果を上げることがある。２０１４年、ザック・ブラウンは、キックスターターで「ポテトサラダをつくりたい」という理由でクラウドファンディングを募った。その説明も、丁寧とは言いがたいものだった。

「とりあえず、ポテトサラダをつくろうと思っています。どんなものにするかは、まだ決めていません」

目標金額は控えめで、10ドル。ところがなんと7000人近くの支援者から、総額5万5000ドルもの大金が集まった。アナーキーな悪ふざけを面白がる人が大勢いたのだ。このキャンペーンは、クラウドファンディングのパロディだった。

ブラウンは「3ドル以上の寄付をいただけたら、ポテトサラダをひと口味見できます」などと請け合った。結局はその代わりに、ブラウンはじゃがいもの皮を剝《む》きながら、支援者全員の名前を呼んで感謝した。これはユーチューブのライブストリーミングで約4時間の大作となった。まるでスローモーションの映像が延々と続く、アンディ・ウォーホルの映画のようだった。

支援者のなかには、自分の名前が呼ばれる1・5秒を目立たせるため、わざわざ動画を編集した人もいた。ブラウンの動画には、こんな意地悪なコメントもついている。

「カネを払わなければなんの仲間にもなれない、哀れで孤独なバカどもの名前」

いっぽう、インターネットからの答えは「21世紀の仲間へようこそ」だろう。

資金調達の「ニュースキル」と「オールドスキル」

ニューパワーの世界で資金を調達するには、収益を上げる、寄付を募る、出資や融資を受けるなど、どんな手段を使うにせよ、20世紀に通用したスキルとは異なる新しいスキルを身につける必要がある。ではここで、少し過去を振り返ってみよう。

ジェレミーの父、フランクは、オーストラリアで独立系ドキュメンタリー映画制作者として活躍してきた。映画をつくるには詳細な企画書を書き（プレゼン用動画をつくるのはあまりに費用が高かった）、出資してくれる政府機関の上層部と人脈をつくり、不条理な官僚システムにおとなしく従い、あとはひたすら成功を祈って、沙汰《さた》を待つしかなかった。

ヘンリーの母、ダイアンは、イギリスで児童書の挿絵画家として活躍してきた。彼女の資金調達のツールは、作品集（ポートフォリオ）と名刺ホルダーだった。

ポートフォリオを見せれば、熟練した技術や作品の幅広さを伝えられるし、どんな出版社から作品が出ているか、実績を示すことができる。

名刺ホルダーは「ロンドンでの大事な打ち合わせ」にこぎつけるために欠かせなかった。うまくいけば、編集者にゴーサインをもらえるかもしれない。まさに稼ぎに直結していた。ときには相手が「イエス」と言うまで、理由もろくに説明してもらえずに、何度も手直しを要求されることもあった。

どちらの世界も、仕事で重要な人間関係はせいぜい数十人程度だろう。成功するには、複雑で官僚的な物事の進め方に精通しておく必要があった。大きくものを言うのは、有力者の後ろ盾を獲得すること（決して機嫌を損ねてはならない）。経歴もきわめて重要だ。しかるべき学校で学び、きちんと〝お勤め〟を果たさなければ、道はとうてい開けない。そして、ついに認められたら、ライバルたちを締め出そうと必死になる。


ところが現在では、スター・シチズンのような巨大なプロジェクトであれ、ひざ関節の手術を行うための小規模な募金活動であれ、新しい資金調達のスキルが登場している。２３９ページの図が、その概要だ。

もちろん、オールドパワーの資金調達スキルや人脈は、いまでもかなり優位に働く。女性や非白人、あるいは非名門大学の出身者がシリコンバレーで資金集めをする場合は、なおさらだ。

だが新しいスキルを習得すれば、閉鎖的で後ろ盾が必要なシステムをすり抜ける方法が見つかる。そして実際、そういうスキルを習得した人たちが、映画の制作を実現したり、事業を拡大したり、さまざまな経済的価値を得たりしている。これから紹介するとおり、ビールの販売でさえ成功するのだ。

「ブリュードッグ」のクレイジーな資金戦略

ブリュードッグはクラフトビール業界に革命をもたらし、さらには業界を拡大した、スコットランドのスタートアップだ。それを可能にしたのは、資金調達、ファンの育成、ビールの醸造のすべてにおける、大胆かつ巧妙な取り組みだった。

ブリュードッグは2007年、ともに24歳のジェイムズ・ワットとマーティン・ディッキーが、2万ポンド〔約500万円〕という少額の銀行ローンで創業した。

その翌年、大きなチャンスが訪れた。イギリス最大のスーパーマーケットチェーン、テスコ主催のブラインド・テイスティング大会に出品したところ、彼らのビールが1位から4位までを独占したのだ。それだけでも快挙だが、もっとすごいのは、テスコを通じて何百万人もの消費者に販売できるようになったことだ。

スコットランド出身のワットとディッキーはビールに目がなく（つまりはスコットランド人で）、権威になびかず（やはりつまりはスコットランド人で）、ブリュードッグのブランドの隅々に茶目っ気たっぷりな悪ふざけをつめこんだ。『ガーディアン』紙はこう伝えている。

「悪ふざけを挙げたら切りがない。カムデン・ハイストリートを戦車で凱旋《がいせん》。リバー・フ

「オールドパワー」の資金調達スキル	「ニューパワー」の資金調達スキル
昔ながらのセールストーク	誰にもわかりやすいストーリーテリング
経歴と技術的な専門知識	共感を引き出すパーソナルなナラティブ
有力者の後ろ盾を手に入れる力	群衆とインフルエンサーを巻き込む力
複雑な官僚制のなかでうまくやっていく力	コミュニティの複雑な力関係のバランスを取る力
豪華な特典や限定的な特典を用意する	参加特典《プレミアム》をつくりだす

エニックスとジョン・ベルーシの死因となった、ヘロインとコカインの混合物と同じ名前のビール〔スピードボール〕を発売。あるときは、ふたりの創業者の裸身をプロジェクションマッピングで、夜の国会議事堂に映し出した。

大西洋の海底でビールを醸造したり、ヘリコプターからロンドンの街に猫のぬいぐるみをばらまいたり、3分の2パイントのグラスの導入を認めるよう、小人症の人を雇って国会に嘆願したこともある。2011年のロイヤルウェディングに向けて発売したビールは、〝ハーブのバイアグラ〟とも呼ばれ、催淫効果のある天然のホーニー・ゴート・ウィードやチョコレートを含んでおり、『ロイヤル絶倫《ヴィリリティ》パフォーマンス』と命名した」

ワットとディッキーは、ぶっ飛んだマーケティングと巧みなストーリーテリングを駆使しながら、最高においしい、もっとも正統な、最強のビールを市場に出そうと執念を燃やした。そのこだわりは並々ならず、スコットランドの工場では博士号クラスの微生物学者たちを雇ったほどだ。

そうしてブリュードッグは、熱狂的なファン層を獲得した〔ふたりのことをどうしようもなくチャラい連中などとこき下ろす人たちもいたが〕。現在、マンチェスターからサンパウロまで世界各地に40店舗以上を展開。ブリュードッグのビールは飛ぶように売れており、イギリスの食品・飲料業界でもっとも急成長を遂げている。

自由にカネを集められる「すばらしい新世界」

ブリュードッグは、その反体制的な精神と語り口にふさわしく、革新的な方法で成長の足固めを行った。

社会的地位の高いエリート層の気を引くより、（酔っぱらった）大衆の集客をねらった。そして銀行のローンやベンチャーキャピタルに頼らず、顧客から数千万ドルもの資金を集めた。これは株式投資型クラウドファンディングの先駆けとなり、2万4000人もの顧客が「共同オーナー」となった（初期に投資した1329人の顧客たちは、後日、ブリュードッグがプライベートエクイティグループに大量の株式を売却した際、2800パーセントの利益を手にした）。

ジェイムズ・ワットはおなじみの強気な調子でうそぶいている。

「これまでイギリスの中小企業は、古臭くて独創性のかけらもない資金調達の方法に縛られてきたけど、そんな足かせはもう壊された。僕らは、すばらしい新世界の開拓者になった」

2016年に募集を締め切った、ブリュードッグの第4回の株式投資型クラウドファンディングは、新記録の1900万ポンド（約30億円）を達成した。出資者は一般の顧客たち――ブリュードッグが誇らしげに呼ぶ〝株《エクイティ》のパンク〟たちだ。

成功に至るまでに、ワットとディッキーはコミュニティ構築のスキルを身につけた。顧客はエクイティ・パンクになると、世界でいちばん楽しい年次総会に招待される（2015年には、6000名のブリュードッグ投資家が出席した）。有名バンドの生演奏にビール飲み放題の巨大なパーティーで、商品も割引価格で購入できる。

投資家用のオンライン・コミュニティフォーラムでは、エクイティ・パンクたちがつながり、クラフトビールと人生について語り合うほか、会社の経営について意見することもできる。

こうした取り組みによって生まれる絆は、ブリュードッグのビールに負けず劣らず、強い。ここでもやはり、参加特典《プレミアム》の効果が見て取れる。

さらに、エクイティ・パンクたちは「ビートニク・ブルーイング・コレクティブ」という、ビール造りのプラットフォームにも参加できる。

「これはエクイティ・パンクたちが運営するプラットフォームで、次はなにを醸造するか投票し、どんなビールをつくるかを決められる。それから、醸造所で開催される年次株主醸造デーに出席して、好きなビールをつくれるんだ」

株主たちは「ホップと苦み」のレベルから、瓶のラベルやビールの名称まで、なにもかも選ぶことができるのだ。

これからのブリュードッグの展開で興味深いのは――ニューパワーの資金調達スキルの正念場とも言えるが――反乱軍から主流派へと発展を遂げたいま、コミュニティの力を今後どうやって生かせるかだ。

彼らはニューパワーのスキルを存分に駆使しながらも、見事にオールドパワー的な機転も発揮して、株式の23パーセントを2億6500万ドルでプライベートエクイティに売却し、評価額12億ドルを達成した。

「今回の取引で調子に乗るつもりはさらさらないが、マーティンが新しいセーターを買ったのは事実さ」とジェイムズ・ワットは言っているが、はたしてアナーキーな企業がプライベートエクイティとうまく折り合っていけるのかという疑問を感じる。彼らのこれからの課題は、オールドパワーとニューパワーの長所を組み合わせ、ファンたち（群衆）と投資家たちを、ともに満足させることだ。

合理的なだけでは支持されない

2015年、クリス・ロバーツはスター・シチズンの世界から姿を消し、ルーク・スカイウォーカーと『Xファイル』のエージェント、ダナ・スカリーとともに、ロンドンの映画スタジオに66日間も籠《こも》っていた。ロバーツは死んでしまったのか、それとも、あれほど熱心に築いたコミュニティを見捨てたのか——シチズンたちのあいだで、そんな声が聞こえ始めた。だが「チェアマン」と崇められていたロバーツは、さらなる高みを目指していたのだ。

ゲーム開発の資金調達に成功すると、ロバーツの野心は大きく膨《ふく》れ上がり、「スクアドロン42」（艦隊42）の実写映像の撮影を決めた。これはスター・シチズンの宇宙空間で展開するゲーム内ゲームだ。主演は有名俳優のマーク・ハミルとジリアン・アンダーソン。さらに艦隊司令長官役には、名優ゲイリー・オールドマンを起用するという凝《こ》りようだ。

ロバーツの行方不明と同時にニュースになったのが、2015年6月に予定されていた一人称視点シューティングのモジュール「スター・マリーン」のリリースが、無期限に延期されたことだった。失踪と延期が重なったことで、スター・シチズンの健全性に対する大きな不安が沸き起こった。

ここで、デレク・スマートを紹介しよう。ベテランのゲーム開発者で、スター・シチズンの支援者でもあるスマートは、自称、ロバーツの「92万2034人のボス」のひとりだ。ロバーツの「無許可離隊」という非常事態を受け、スマートはロバーツ・スペース・インダストリーズ（RSI）の監査および経費報告書の公開、具体的な発売時期の明示を公式に要求した。

さらに、ロバーツの妻と弟が会社の経営にどの程度関与し、いくら報酬を得ているのか質問した。スマートの抗議が知れ渡ると、勢いに便乗して質問する者たちが現れた。

いっぽう、スマートの過激な行動に対し、まったく別の見解を持った人たちもいた。彼らはハリー・ポッター流に、スマートのことを「名前を言ってはいけないあの人」などと呼び、警戒を強めた。

スマートの抗議は報道され、ネット上でも話題になったが、RSIが彼に返金して「市民権」を剝奪すると発表したところ、ちょっとした騒ぎになった。

もっとも、ロバーツの権威に盾突こうとするスマートへの支持は驚くほど少なかった。なかにはスマートの分析をもっともだと思い、みんなの莫大な支援金の使途について、もっと透明性を求めるシチズンもいた。だが多くの人は、監視をあまり厳しくするのは望まなかった。掲示板ではシチズンたちによる投票が行われた。

「最近の状況を鑑《かんが》みて、返金手続きの方法の公開を希望しますか？」

これに対し、74パーセントのシチズンは「いいえ」と回答した。

リスクはバグではなく「仕様」である

抑制と均衡を重視するのは、かえって裏目に出るのではないかと懸念する人たちもいた。

すばらしいゲームをつくるという大切なミッションに、十分に注力できなくなるおそれがある。「RSIやスター・シチズンのことを悪く思っている人たちは、なにがどうあれ文句をつけるんだ」とコメントする人たちもいた。あるシチズンはこうコメントしている。「たとえば監査人が3人がかりで調査してシロだったとしても、ああいう人たちは納得しない」

とうとうロバーツが撮影から戻ると、ようやく群衆は静まり、透明性や説明責任を求める騒動にも終止符が打たれた。イギリスから戻ったロバーツは、さっそく「チェアマンへの10の質問」と題する90分の動画を投稿した。コミュニティの数々の懸念に対処し、さらにロンドンでの成果や近況を報告するものだ。

また、彼はコミュニティに対して長いメッセージを書き、RSIの抱える課題を整理するとともに、刺激的な進捗報告を行った。ロバーツのコミュニティを巻き込む努力や、シチズンの主体的な取り組みを重視する姿勢が功を奏し、反乱は沈静化した。

スター・シチズンがコミュニティ形成の成功例だとしても、スマートの反乱は、じつは百万もの人たちがほとんどなんの権利も与えられず、(本書の執筆時点では)移住すべき〝永遠の宇宙〟も手にしていないことを明らかにした。誰もがなす術もなく、じっと祈るか、憂さ晴らしにツイートするくらいしかない。「ボス」が大勢いたところで、よりよいガバナンス(統治)につながるわけではないのだ。

スマートが思い知ったとおり、少額投資家たちに対し、彼らが強い期待を寄せている取り組みを疑問視させるのはきわめて難しい。楽観主義の秘密結社は、そう簡単には崩壊しない。ゲームブログ「コタク」はこう述べている。

「スペースシムのファンや支援者じゃなくても、たいていの人は心のどこかで、スター・シチズンの成功を願っている。失敗は、あるいは失敗を示唆《しさ》することは、何百人もの技術者たちやクリス・ロバーツだけでなく、クラウドファンディング全体にとって大きな侮辱にあたる。つまりは、世の無数の個人支援者への侮辱にあたるのだ」

ここには明白な皮肉がある。結局、100万人近いボスたちは、オールドパワー型のほんの数名の高額出資者たちにくらべ、監視の目が行き届かなかった。

従来型の投資家であれば、コックピットの装飾なんかとりあえずどうでもいいから早くゲームを完成させるよう、ロバーツにプレッシャーを与えられただろう。ブリュードッグにしても、プライベートエクイティのTSGコンシューマー・パートナーズは、少額投資家のエクイティ・パンクたちとちがって、2億6500万ドルの投資に対し、しっかりと監視の目を光らせるはずだ。

つまり、ニューパワーの資金調達のマイナス面は、支援者はなにかの一部になりたいと熱望するあまり、参加の特性や条件をじっくりと検討しないことだ。期待に目がくらみ、リスクにはあまり注意が向かなくなるのだ。

よくも悪くも、いくつかの国では、悪徳クラウドファンディングから支援者たちを守るため、規制当局が動き始めている。これは詐欺を防止できるなら結構だが、多くのベンチャーの真髄であるリスクテイキングな側面を押し潰してしまう懸念もある（キックスターターでは、クラウドファンディングに伴うリスクは「バグではなく仕様」だと述べている）。

群衆から「200万ドル」を集めた方法

「2013年7月、4歳だった娘のエリザは遺伝性の難病、サンフィリッポ症候群A型と診断されました。……あの恐怖の瞬間、私たちは、娘が目の前で弱っていくのをただ見ているしかないと言われたんです」

ところが、暗闇にひと筋の希望の光が見えた。ネーションワイド・チルドレンズ病院の研究者たちが、サンフィリッポ症候群の画期的な遺伝子治療を開発したのだ。200万ドルで治験《ちけん》が受けられるという。

そこでエリザの両親、グレン・オニールと妻のカーラは、クラウドファンディング「ゴー・ファンド・ミー」の史上最高額となる200万ドルを目標に、募金を開始した。だが、滑り出しはあまりよくなかった。自分たちの知り合いの輪を越えて、大勢の人に到達する方法がわからなかった。思い詰めたグレンは、ある晩、「口コミ動画の制作方法」を検索していうちに、気鋭の若手映像作家、ベンジャミン・ヴォン・ウォンを見つけた。

ウォンと仲間たちはすべてをなげうって、サウスカロライナ州コロンビアへやって来て、オニールたちと8日間をともにしてくれた。エリザのことを伝えるため、みんなで協力し、胸が締め付けられるような短編動画を制作した。両親が切ない声で訴える。

「希望というのはいい言葉ですが、私たちには行動が必要なんです」カーラの言葉が切迫感を呼び起こす。テーマにふさわしい、感情を揺さぶるストーリーテリング。そこにスローモーションで流れる映像はかわいらしいひとりの子ども──エリザの姿だ。

この動画がオニール夫妻の念願どおり、突破口となった。主要メディアの注目を集め、ユーチューブの視聴回数は60万回に達し、寄付がどっと押し寄せた。

2015年の年末、最初はかなり困難に思われた目標額の200万ドルに近づいたとき、テキサス州の富裕な実業家が、それ以降の募金総額と同額をさらに上乗せして寄付したいと申し出てくれた。2016年5月、エリザは募金のおかげで、この治験を世界で最初に受けた子どもとなった。

1000のロジックより「パンダ」が効く

エリザのストーリーはたしかにクラウドファンディングの成功物語だ。あまりにも希少な難病のため大口の補助金などは見つけられなかったが、エリザのストーリーに胸を打たれた何万もの人たちの善意による小口募金が集まったおかげで、資金を調達することができた。本当に祝福すべき話だ。

もっとも、個々の成功物語は勇気を与えてくれるが、ニューパワーの資金調達のさまざまな事例から浮かび上がってくる全体像は、もっと複雑なものだ。

2016年のダボス会議では、イノベーションのバズワードで彩られた、一見、刺激的で新たな可能性を示しているかのような作品が展示された。そこには「公共インフラが、クラウドの資金援助でまかなわれたら？」と大書《たいしょ》されていた。

ハーバード大学ロースクール教授のジョナサン・ジットレインは、ツイッターにその写真をアップしてコメントを付けた。

「あるいは、人はそれを〝税金〟と呼ぶ」

ジットレインは説明する。いまはクラウドファンディングで個別に資金が集められている多くのものが、オールドパワーの世界ではすべて一元管理されていた。我々は税金を支払い、その使途に関しては、社会のさまざまなニーズや優先順位を鑑みて決定するよう、行政に一任していた。

税金は、クラウドファンディングとは対照的だ。我々は税金の使い途にはほとんど関与できない（それを決定する政府を、数年ごとの選挙で選ぶ以外には）。自分も一緒につくっている、というやりがいを実感できるフィードバックの仕組みもない。誰かのストーリーやチャレンジに対し、個人的なつながりを持てるわけでもない。

このように、納税者の〝ユーザー体験〟はきわめて乏しいので、人びとが政府に対してますます懐疑的になり、疎外感を覚えるのも当然だろう。

では、ある街が、税金を一元管理する行政に頼らずに、クラウドファンディングでインフラ支出を行ったとしよう。そうなると、もっとも話題になり、多くの寄付金を獲得しやすいのは、もっとも興味深い、魅力的なストーリーを提供するインフラのプロジェクトになるだろう。たとえば、「地下にソーラー発電のすごい農産物市場をつくる」となれば、「地元の幹線道路の砂利道部分を舗装する」といった、重要だが地味な事業よりも人気になるはずだ。

環境保護運動家たちは、ずっと前から、この嘆かわしい事実を認識している。世界自然保護基金などの団体が寄付金を募るときは、〝カリスマ的大型獣〟に頼るのが常套手段となっている。パンダの棲む中国中央部山岳地帯の保全活動について戦略的なプランを示すよりも、「パンダを救ってください」のひと言のほうがずっと訴求力が強いのだ。

教育など、以前は「公共財」と考えられていた分野でも、クラウドファンディングが増えてきたことで、議論が沸き起こっている。たとえば、教科書配布のためのクラウドファンディングは、子どもたちの役に立つといえるのか。行政が負担すべきことを軽減し、かえって公教育を弱体化させてしまうのではないか。

ゴー・ファンド・ミーが巨大なクラウドファンディング・サイトになったのは、米国が諸外国に比べて医療費の自己負担がはるかに大きく、苦境に陥った人たちがクラウドファンディングで医療費を捻出《ねんしゅつ》するようになったからだ。

さらに、クラウドファンディングは特権を助長するおそれがある。エリザ・オニールの場合は、娘の窮地を訴えるため、話題となる動画の制作にこぎつけた父親と、小児科医として医療制度を使いこなせる母親がいた。

いまのように分散化の進んだ世界では、実力やノウハウのある人たちが群衆のサポートを獲得しやすいのが現実で、その裏には疎外された人たちが存在する。クラウドファンディングのおかげで、独自のアイデアを世に問うことが容易になったのは間違いないが、現在はまだ、クラウドファンディングの恩恵を平等に共有し、効果的に配分するための仕組みが欠けている。

「完成させない」という資金調達法

スター・シチズン大使およびリクルーターを自称するニーカラは、人びとにゲーム内容をよく理解してもらえるよう、レディットに長文を投稿していた。そうした投稿を通じてあるシチズンと意気投合した結果、ふたりでメディア会社を設立することになった。

3日後、「インペリアル・ニュース・ネットワーク」が誕生した。ミッションは、「スター・シチズンの宇宙に命を吹き込む」こと、そしてあらゆる関連ニュースや議論を掲載することだ。このサイトはたちまちシチズンたちの人気を集め、ときにはRSIのチームメンバーをゲストに、特集記事を載せることもあった。

ゲームの完成には長期の遅れが出ているが、ニーカラのようなファンたちは、開発に深く関わっている。ニーカラによると、RSIの〝パブリック・テスト・ユニバース〟では、「毎日、支援者たちがゲームのテストや改善をしたり、バグを修正したりしている——バグはしょっちゅう見つかるから。このゲームは、みんなの努力を結集させてつくりあげるもので、いつもそういう実感がある。これは自分のプロジェクトだと思えるんだ」

ニーカラは、スター・シチズンという壮大なプロジェクトにおいて、ささやかな貢献をするのが自分の役割だと思っている。

「自分も微力ながら、レンガを3つ積むことができた——そこに巨大な壁がそびえ立っているのは、自分が貢献したからだ。そんな実感が得られるんだ」

ニーカラの貢献は、レンガ3つ分どころではない。彼がこれまで費やしたのは、約2075ドル。6機の宇宙船を所有し、友人を少なくとも10名は仲間に誘い入れ、Tシャツやパーカーなどのグッズも買い込んだ。とくにやりがいを感じるのは、宇宙船を買ってほかのプレイヤーにプレゼントすることや、新しい人をコミュニティに入会させることだ。彼の計算では、スター・シチズンのために使っているお金は毎月35ドルで、携帯電話料金の85ドルよりは安い。

本書の執筆時点で、クラウドファンディング開始からすでに4年以上、募金総額は1億5000万ドルに上っているが、スター・シチズンが約束する壮大な宇宙は、いまだ完成していない。

ロバーツはみんなを鼓舞し、夢を抱かせ続けている。

「僕たちは毎日少しずつ、みんなの夢である、かつてないほどのめりこめるSF的宇宙の実現に近づいている」

これをペテンのように思う人は多いだろうし、実際、すべてが絵空事で終わる可能性もあるだろう。だが、違った見方もできる。ニーカラのようなファンたちはコミュニティの絆を手に入れ、大切な夢に貢献し、想像をめぐらせる楽しみを得ることで、投資への報酬をすでに手にしている。

ここに最大の皮肉があると言えるかもしれない。彼らが先行予約で購入したゲームが完成したところで、おそらくその宇宙は、ファンたちがすでにつくりあげた壮大で、豊かで、ダイナミックな世界を超えることはないのだ。

第8章

オールドパワーから「ジャンプ」する

——新たなパワーをつかむ最速戦略

2016年5月10日火曜日、午後2時30分、イギリス国会議事堂のウィルソン・ルームで、英国のある船舶についての審議が始まった。

議長は初めに、自然環境研究会議（NERC）の最高責任者、ダンカン・ウィンガム教授に質問した。

「大臣はこの結果に満足されていると思いますか？　それとも、あなたは辞めさせられると思いますか？」

ウィンガムはたいしたもので、英国議会とは思えないドナルド・トランプ張りの大風呂敷きで、この案件は「驚異的なまでの偉大な成果」を上げ、NERCは「おそらく世界でもっとも有名な研究局」となったと豪語した。

ニューパワーは使い方次第で「破滅」を招く

ついには国会での審議にまで発展したこの船のストーリーだが、始まりはドラマチックでも何でもなかった。

NERCはイギリス政府の地味な独立機関で、環境科学分野の公的助成金のおもな給付機関として研究や大学などへの支援を行っている。

2016年の初め、NERCは3億ドルをかけて、新たな極地調査船を建造すると発表した。「英国史上最大かつ最先端の調査船」であり、2019年から運用を開始する。

この歴史的な瞬間に大衆を巻き込もうと、NERCは「#船に名前をつけよう」(#NameOurShip)というキャンペーンを開始し、広く一般から名称を募り、投票で決定することにした。NERCのプレスリリースには「エンデバー」「シャクルトン」「ファルコン」など、すでに集まった威風堂々たる名称案がずらりと並んでいた。投票は1か月後の予定だった。

オールドパワーの政府機関による、このありがちなニューパワーの試みに、さっそく注目した人物がいた。元BBCの司会者、ジェイムズ・ハンドだ。

彼はエンデバーのような名前には食指が動かず、もっと茶目っ気のある名称に惹かれた。それで公募ページの応募欄に「ボーティ・マクボートフェイス」（船山船男のようなだじゃれ的な名前）と打ち込んだ。理由を説明する欄には単純明快にこう書いた。「とにかくすばらしい名前であるため」

果たして、ネット上でこれが大受けした。「ボーティ」はたちまち数万票を獲得した。アクセスがあまりに急増し、ＮＥＲＣのウェブサイトはダウンした。投票開始から3日後、ハンドはじつに英国人らしい謝罪をツイートした。

「@NERCscience このような事態となり、まことに申し訳ない」

これが世界のメディアの興味を引き、ナショナル・パブリック・ラジオ、ニューヨーク・タイムズ、ＣＮＮなどが騒ぎ出した。ボーティは注目の的となり、ニュースやテレビ番組で盛んに取り上げられ、イギリス中のパブや食卓で話題となった。それは文化的にも面白く、いかにも英国風のユーモアが光っていて、「クラウド対キャッスル」の現代版寓話でもあった。

ジェイムズ・ハンドのもとには、米国大手客船会社ロイヤル・カリビアン・インターナショナルから、新しい船舶の命名に当たって知恵を借りたいという依頼が舞い込んだ。社長兼ＣＥＯのマイケル・ベイリーいわく「イギリスの人は、巨大な船舶にふさわしい名前を選ぶ目が肥えているようだ」。

ボーティは海外でも話題だったのだ。

このキャンペーンは延べ2億5000万人にリーチし、ハッシュタグ「#船に名前をつけよう」はツイッターで2300万回も使用された。ウェブサイトの閲覧数は230万PVに達した。もちろん、ボーティは12万4000票を獲得して圧勝を飾り、トップ10のその他の候補を大差で引き離した。

このイベントは僕たちの言う「クラウド・ジャック」に遭ったのだ。つまり、群衆の遊び心によって、当初の意図から外れてしまったわけだ。

「表面的な問い」には表面的な反応が返ってくる

だが、誰もが面白がっていたわけではない。『ガーディアン』紙によれば、大学・科学担当大臣ジョー・ジョンソンはこう述べている。

「我々が望んでいるのは、ソーシャルメディアのニュースサイクルより長持ちする名前だ」

関係者のあいだで、ウィンガムは自然環境研究会議（NERC）の責任者として群衆の意見を抑え込み、最終的な決定を下すべきだ、という不満の声が高まった。

かくして、5月6日金曜日、ボーティ・マクボートフェイスは撃沈された。NERCは巧妙というか、いささかあざとくも、極地調査船は、偉大な動植物学者であり、テレビ司会者、人間国宝としても著名なサー・デイヴィッド・アッテンボローの名にちなんで命名すると宣言した。誰も文句のつけようのない選択だった。さらに、世間の風当たりを和らげるため、調査船に搭載する無人の海中探査機のひとつを、「ボーティ・マクボートフェイス」と命名することにした。

その後の国会の審議は、世間を騒がせたNERCをたしなめる意味合いもあったが、いっぽうで科学の伝統に則り、今回の騒動からどのような教訓を得るべきか、しっかりと議論するためでもあった。

洞察を得るため、NERCは証人としてシェフィールド大学社会学教授、ジェイムズ・ウィルズドンを招聘した。

ウィルズドンは、NERCのアッテンボロー作戦は「非常にそつのない妥協策」だと評したが、そのあとのひと言で、議会は蜂の巣を突いたような騒ぎになった。彼自身、じつは「ボーティ・マクボートフェイス」に投票したと認めたのだ。

一同が落ち着くのを待ち、ウィルズドンは明確に意見を述べた。「#船に名前をつけよう」のようなアプローチは、科学の取り組みに人びとを巻き込む方法として適切とは思えない。さらに、安易に表面的な問いを投げかけても、それなりの反応しか得られないのは当然だと指摘した。

ウィンガムは追い詰められ、群衆へのフォローアップや今後の取り組みについては、「そうした長期的な問題や、興味をどう維持していくかについては、まだ取り組みを開始したばかり」だとして、NERCには腹案がないことを認めた。

また、さまつな質問ながら、NERCはこの問題に関して教職者などにレクチャーをすることは考えていないかと議長が尋ねたところ、ウィンガムは気取った調子で、NERCの主要な役割は「もっと高いレベル」の取り組みにあると切り返した。

群衆のアイデアに「乗っかる」方法を考える

ウィンガムの証言からもわかるとおり、NERCは群衆の意見に対して、誠実な関心を持っていたとは言いがたい。一般公募というアイデアは気に入ったものの、品格ある名称以外は論外と考えていた。

NERCには、熱心な参加を期待できるコミュニティが存在しなかった。興味を持ってくれた人たちに、意義深い活動に参加してもらう計画もなかった。プロジェクトの雲行きが怪しくなると、幹部たちはオールドパワーを振りかざし、無理やり自分たちの希望する名称に決定してしまった。

議会の審議を見守るなか、「ネット社会は科学を甘く見ている」と指摘した人たちもいた。だが今回のケースでは、「科学のほうがネット社会を甘く見ている」と言ったほうが公正だ。NERCは根本的に群衆の助けを必要としておらず、群衆の遊び心やエネルギーが盛り上がったらどうなるか、予期すらしていなかった。

もっとも、それ自体は許せることかもしれない。オールドパワーの組織の多くは、ニューパワーの世界へ足を踏み入れるとき、たいてい試行錯誤を重ねるものだ。

しかし許し難いのは、採用すべきだった「ボーティ・マクボートフェイス」の名をおとしめたことだ。この命名は何十万もの人たちの注意を引き、主要メディアでも取り上げられた結果、多くの人がボーティの名に強い関心を持っていた。

投票に参加した大勢の人の期待に正当に応えて命名し、シャンパンボトルを晴れがましくボーティの船体にぶつけて進水を祝っていたら、NRECの活動を長く支持するコミュニティが誕生していただろう。

イギリスの若い世代は、調査船ボーティの冒険をGPSで追跡したかもしれない。自分たちの街に寄港するボーティを、小学生らが歓迎したかもしれない。Tシャツやマグカップはもちろん、アバターやゲームやアニメも登場しただろうか。

ボーティは、世界一の〝参加型〟の船になったかもしれないのだ——人びとに喜びを与えるだけでなく、本来のミッションである科学の探究に人びとを誘《いざな》う入り口になったかもしれない。

2017年、極地調査船の先発として、「ボーティ」と名付けられた無人の海中探査機が初回の調査航海に派遣されただけでも、非常に大きな話題を呼んだことを考えると、やはりNERCが逃したチャンスは大きかったと言わざるを得ない。

ニューパワーを使うときに検討すべき「4つの問い」

NERCはやり方を間違ったが、思いつき自体は悪くなかった。彼らは多くのオールドパワーの組織と同様に、もっと大きなコミュニティを巻き込み、世界に開かれた存在になる必要性を感じたのだ。しかし、やはり多くのオールドパワーの組織と同様、取り組み方が適切ではなかった。

オールドパワーの組織が、たんなる思いつきでイベントを行うのでなく、ニューパワーの世界にしっかりと踏み出したいなら、左の「ディシジョン・ツリー」で示すとおり、考慮すべき基本的な問題が4つある。

NERCがニューパワーの取り組みを試す際、4つの点を考慮したうえで時期や方法を決めていたらどうなっていたか、想像してみよう。

ディシジョン・ツリー
どんなときにニューパワーを使うべきか?

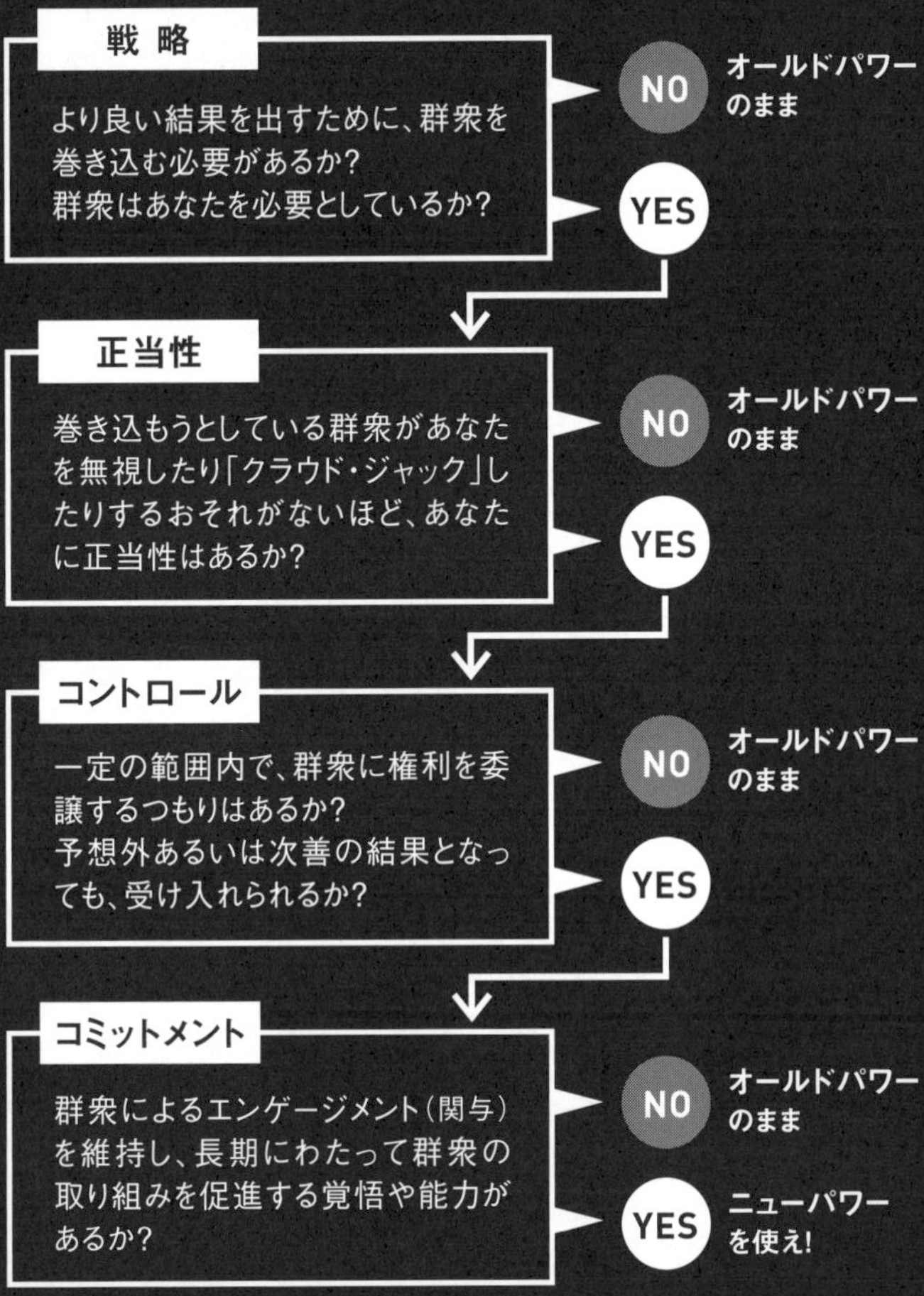

戦略——本当にニューパワーが必要か？

考慮すべき第1の問題は、「あなたの戦略にとって、ニューパワーが本当に適切かどうか」だ。あなたが解決したい問題は、オールドパワーでは対処できないのだろうか？　群衆のエネルギーをどのように生かせば、あなたの取り組みに本当の価値をもたらせるだろう？　あなたの組織からは生まれそうにない、どんなタイプの新しいイノベーションが、群衆から生まれるだろう？

ＮＥＲＣの場合、新しい船の名前を群衆に命名してもらう必要があったのか（あるいはそれを望んでいたのか）、明確ではなかった。幹部たちはどのみち奇抜な名前を選ぶ気などなかった。

だが同時に、この問題は、「群衆に対してどんな価値を提供できるか」という問題でもある。群衆から一方的に搾取することを考えてはならない。どんなニューパワー戦略も、巻き込む相手に対してなにを提供できるか、しっかりと考える必要がある。

正当性——群衆と信頼関係を築けるか？

ニューパワーが戦略的に有意義である場合、次に考えるべき問題は、組織に正当性があり、群衆とのあいだに信頼関係が存在するか、あるいは信頼関係を築くための準備をしているかだ。つまりは、力になってくれる特定のコミュニティが存在するか。

ＮＥＲＣの問題点のひとつは、頼りにできるコミュニティが存在しないだけでなく、初めて関心を寄せてくれた人たちを巻き込む努力もしなかったことだ。ネーミングを公募して親しみやすさを打ち出したのはいいが、頼りになるサポーターたちがいなかったため、「クラウド・ジャック」が起こっても軌道修正ができなかった。

コントロール――予想外の展開を受け入れられるか？

ニューパワーを導入し、その結果に意義を見出すには、なにもかもをコントロールしようとせず、理想的とは思えない結果も含めて、たいていのことは鷹揚《おうよう》に受け入れることだ。そうでなければ、人びとのエネルギーや情熱を解き放つことは、絶対にできない。

もちろん、無秩序な状態を許すべきだという意味ではない。しかし、コミュニティを巻き込んで取り組みを行うのであれば、予想外の展開が起こり得るということは、あらかじめ覚悟しておくことだ。ＮＥＲＣはもっと積極的に譲歩していたら、ボーティのおかげで大きなチャンスを手に入れられたかもしれなかった。

コミットメント――腰を据えて取り組めるか？

オールドパワーの組織はニューパワーのことを、特別なイベントや、あまり重要でない断続的な取り組みと見なす傾向がある。しかし最高の成果を上げるには、コミュニティの人たちのエネルギーや情熱を長期にわたって育んでいく熱意が必要だ。ところがＮＥＲＣにはその計画も意欲もなかった。ニューパワーへの取り組みが一時的な流行や、サポートのない若者世代の情熱的なアプローチにすぎなければ、成功する見込みはほとんどない。ムーブメントのベテランなら誰でも指摘するとおり、圧巻の成功や画期的な瞬間は、多くの場合、コミュニティと向き合いながら、何か月も何年も取り組みを継続して、ようやく訪れるものだ。

ＮＥＲＣが以上の問題をしっかりと考えていたら、もっと具体的なコミュニティ（エンジニアや船舶愛好家など）を対象に、船のネーミングではなく、もっと本質的な問題に取り組んでいたかもしれない。あるいは、あせらずにじっくりと構えてニューパワーの強固な基盤を築いてから、行動を起こしたかもしれない。もしくは、あのまま実施したとしても、状況をよく観察し、予想外の展開に備えて、嵐が起きても受け入れようと覚悟したかもしれない。

組織が４つの重要な問題をよく検討した結果、ニューパワーへの転換を決意した場合には、すばらしい効果を生む可能性がある。レゴ社の業績好転は、オールドパワーの組織がたゆまぬ努力と献身によってニューパワーを活用し、復活を遂げた顕著な例だ。

老舗「レゴ」がインターネットに勝機を見出す

新しいミレニアムが幕を開けたころ、レゴ社は崩壊寸前だった。

デンマークの誇る創業70年の老舗《しにせ》ながら、レゴはテーマパークに財力を傾けすぎた。また、市場がもてあますほど商品数を膨大に増やしすぎた。消費者とのつながりを失ったレゴは、売上が低迷し、トップダウン式の経営が立ち行かなくなっていた。2003年には、最大の損失を計上した。

そこへ登場したのが、2004年にCEOに就任したヨアン・ヴィー・クヌッドストープだ。同族会社のレゴで、親族以外の人間が経営トップに立つのは初めてだった。彼は再建を担うCEOとして、多くの常套手段を実行した。人員を削減し、商品数を半分に減らした。腕時計の製造販売などの周辺事業を売却し、主要事業であるブロックに焦点を合わせた。

クヌッドストープはビジネス戦略の大転換を打ち出すいっぽうで、オーナー兼会長のケル・キアク・クリスチャンセンとも密に連携を取った。クリスチャンセンはレゴのカルチャーにおいて重要な存在であり、象徴的な役割を担っていた。クヌッドストープはレゴのビジネスへの理解を深めるため、クリスチャンセンとともに、全国各地で開催されるファン主催のレゴイベントに出席するようになった。そんななか、「ブリックフェスト2005」への参加は、画期的なできごととなった。

「家族と一緒に参加したのですが、本当に楽しいイベントでした。私はスライドを使わず、30分の講演を行いました。そのあとはQ&Aセッションで、壇上に立ったまま2時間、ファンのみなさんと交流しました。私にとって画期的だったのは、ファンの方々と個人的な関係を築けたことです。その週末はみなさんが訪ねてきて、子どもたちの面倒までみてくれたんです」

人びとの大きな情熱を、彼は目の当たりにした。そこには大きな商機も潜んでいた。レゴブランドは長く愛されてきたが、これだけインターネットが発展すれば、もっとダイナミックな打ち出し方ができるはずだった。

レゴのファンたちの集まりは、ブリックフェストのようなイベントだけではなかった。世界各地にファンクラブができ、オンライン・コミュニティも立ち上がり始めていた。たとえば「MOCページ」（MOCは自分の作品《マイ・オウン・クリエーション》の略）は、現在、レゴファンの世界最大のオンライン・コミュニティだが、これを始めたのはひとりのファン、ショーン・ケニーだった。

サイトを立ち上げたとたん、ケニーは驚き、おおいに刺激を受けた。世界中の人たちがメッセージを残し、彼のレゴ作品を評価し、アイデアを共有してくれたのだ。〝作り手《メイカー》〟

たちのあいだに、つながったり共有したりすることで、互いの創作活動の励みにしたいという思いが強まっているのを、ケニーはレゴ社の人間よりも先に目の当たりにした。現在、このサイトでは50万人のファンたちがレゴの作品を披露している。

レゴの経営陣は、ネットワーク化がますます進んでいる熱心な購買者層に、危機から脱するための大きなチャンスが潜んでいることに気づいた。だがそれをつかむには、これまでおろそかにしてきた顧客たちとのつながりに目を向ける必要がある。

こうして、レゴ・グループは創業以来、初めて「AFOL《エイフォル》」たちと本気で向き合うことにした。

隠れているスーパー参加者を「発掘」する

ロビン・セイザーは子どものころ、誕生日やクリスマスにレゴのプレゼントをもらわなかったことは一度もない。現在50代だが、4歳のときに初めてレゴセットを買ってもらったことを、いまでもよく覚えている。そのときのブロックが、まだいくつも手元に残っている。

大人になっても、彼のレゴ好きは変わらなかった。だが、それは自慢になるどころか、むしろ後ろめたいことだった。インターネットが登場するまで、「いい歳をしてレゴが好きなんて、自分だけ」だと思っていたからだ。

だが、それは違った。大人になってもレゴが好きな人たちは世界中にたくさんいた。互いの存在を知らなかっただけなのだ。ロビンは言う。

「僕たちはみんな、こんな変わり者は自分だけだと思って、秘密にしていました」

ところがインターネットの登場によって、ロビンのような人たちが趣味を語れる場ができた。

「おかげで、僕らも仲間に出会えて、多くのレゴ愛好家がクラブを立ち上げて、コミュニティが生まれたんです」

ひとりでこっそりレゴを楽しんでいたセイザーは、バンクーバー・レゴ・クラブの共同設立者になった。さらに、彼はもうひとつの勲章を手に入れた。AFOLになったのだ。

AFOLは「大人のレゴファン《アダルト・ファン・オブ・レゴ》」の意で、ロビンのように子どものころからレゴに親しみ、大人になってもレゴが好きな人を指す。『レゴはなぜ世界で愛され続けているのか』（日本経済新聞出版社）において、著者のデビッド・ロバートソンとビル・ブリーンは、レゴ社は創業以来、そうした人たちを無視してきたと述べている。「意見を聞くに値しない少数派」だと思っていたのだ。ミドルマネージャーたちから、大人のファン層に秘められた可能性を指摘する声があがっても、経営陣は頭ごなしに否定してきた。

ところが、クヌッドストープとクリスチャンセンの新体制になって、状況が変わり始めた。これにはもっともな理由があった。当時、AFOLは全顧客の5パーセントにすぎなかったが、子どものいる一般家庭の20倍もの金額をレゴに注ぎ込んでいたのだ。

それだけではない。AFOLはよくレゴフェアに来て、レゴですばらしい作品をつくってみせる。それを見るため、2500人の子どもたちと家族連れが訪れる。それを取材しに、地元のメディアもやってくるのだ。

ニューパワーの用語で言えば、AFOLはレゴ社の「スーパー参加者」だ。彼らは熱心で情熱にあふれたオーガナイザーとして、レゴブランドを軸に、自分たちのコミュニティを形成する能力がある。もちろん、レゴ社のコアな参加者は子どもたちだが、AFOLの影響力を目の当たりにした経営陣は、彼らの経済的価値やコミュニティ・カルチャーへの認識を改めた。

レゴ・グループの大きな方向転換となったのは、AFOLたちをただのオタク集団などと見下すのをやめ、彼らに敬意を表し、スーパー参加者として巻き込み、レゴの世界に彼らの価値をもたらす仕組みをつくり始めたことだ。

ファンを「プロ」として認める

この取り組みの中心的存在が、上級部長のトールモー・アスキルドセンだった。彼はレゴ社で初めてコミュニティ・マネージャーを雇い、レゴ社と群衆（ファンたち）をつなぐための優れた方法を真剣に探し始めた。

するとと思いがけず、効果はすぐに表れた。

レゴ・ファンのひとり、ジョン・バーンズはハイテクセンサー製造の専門家だったが、バーンズの会社と協力した結果、レゴ・グループは新商品のロボット・キットに大幅な改良を加えることができた。

あるいは、最大のファンイベントのひとつ「ブリック・ワールド・シカゴ」の設立者であり、自称〝アイデアマン〟のアダム・リード・タッカー。タッカーはレゴを使って巨大な建築物の細密なレプリカをつくることに情熱を燃やしていたが、彼の制作したシカゴ・シアーズ・タワーなどは注目を集め、メディアで話題となった。

以前は、レゴ社でAFOLの対応をしていたのはミドルマネージャーで、趣味を応援するためにブロックを提供する程度だった。それがいまでは、経営陣が関わるようになったのだ。

このパートナーシップが実を結び、あの有名な「レゴ・アーキテクチャー」シリーズが発売された。「シドニー・オペラ・ハウス」や「落水荘」〔フランク・ロイド・ライトによるカウフマン邸〕や「ブルジュ・ハリファ」〔ドバイの世界一の高層ビル〕など、まさにAFOLたちの腕が鳴る、世界の名建築の組み立てキットだ。

アスキルドセンが成功したのは、外部のアイデアを積極的に受け入れたからでもある。公式のアンバサダー・ネットワークを設立し、最優秀の制作者《ビルダー》たちをプロとして公認すべきだと提案したのは、AFOLのロビン・セイザーだ。

現在、「レゴ・アンバサダー・ネットワーク」には常勤スタッフ1名がおり、オンライン・プラットフォームは、ハワイ、フィリピン、ジャカルタなど、世界各地の数百におよぶユーザー・グループのリーダーたちを支援し、つなげるために役立っている。これは事実上、レゴのスーパー参加者たちの洗練されたコミュニティで、イベントを発展させ、アイデアを生み出し、新しい市場を試すなどしてレゴ社に貢献している。

そのお返しに、レゴ社は無料のキットやファンドを提供し、マーケティング・サポートを行っている。だがおそらくもっとも重要なのは、（無償で働く）リーダーたちのコミュニティにおける地位を確立し、正式に認めたことだろう。

群衆を生かす「プラットフォーム」をつくる

「レゴ・アイデア」というプラットフォームによって、AFOLを巻き込んだ取り組みはさらに発展することになった。もとはレゴジャパンの試験的プロジェクトから生まれたアイデアだが、本社で採用されるまでになったのだ。

これは簡単に言うと、次代のレゴの商品をクラウドソーシング、つまり群衆の力でつくりだすというものだ。

レゴファンのあなたが新商品のアイデアを提案すると、レゴのコミュニティが審査を行う。そこで1万人の支持票を獲得できたら、正式な審査へと進むことができる。そうして選び抜かれた最高のアイデアが新商品になるのだ。

年3回の「レゴ・アイデア」の審査は、AFOLたちにとって、オーディション番組「アメリカン・アイドル」のようなものだ。これまでに、群衆によるこうしたアイデアが10件以上も商品化されている。アイデアが商品化された人は、栄誉を手にするだけでなく、価値の創造に対する貢献として、売上の1パーセントが手に入る。

そのひとりが、それまで夫以外の誰にも自分のレゴ作品を見せたことはなかったという、地球化学者のエレン・コーイジマン博士（ハンドルネームはアラタリエル）だ。

彼女が以前から不満だったのは、レゴには女性のフィギュアがほとんどなく、あってもステレオタイプな役割しかないことだった（レゴがファン層も企業文化も男性中心なのは、困った問題だ）。

彼女はひとりの科学者としても、「古生物学者や天文学者を含め、女の子も何にでもなれるということを示すために、さまざまな職業の女性のフィギュアが必要」と考えた。これには女性たちも、科学者たちも、AFOLたちも、諸手《もろて》を挙げて賛成した。

ツイッターで細かく「つながり」をつくる

数年の取り組みを経て、レゴのコミュニティは、いまや会社にとって工場や知的財産と同じくらい重要になり、さまざまな意味で頼れる存在になっている。とくに、興行収入約5億ドルに達した2014年の映画『LEGOムービー』の成功には、コミュニティの存在が不可欠だった。

当時、ツイッターのユーザー@Shiz_Nitは、こんなツイートを投稿した。

「LEGOムービーを最高に楽しみにしてる32歳以上の人って誰かいる？　そしたら、こんな自分を恥ずかしいって思わなくてすむかも」

レゴのスタッフは、当意即妙のツイートで返した。

「年齢なんて、ただの数字ですよ」

そしてこのAFOLに声をかけ、映画のためのコミュニティ活動に誘った。実際、AFOLたちは『LEGOムービー』の製作でもプロモーションでも活躍した。コミュニティにおいてファン作品のコンテストが行われ、何人かの作品は本編で採用された。

変革の10年を振り返って、ロビン・セイザーが語った言葉がじつに的を射ている。彼は現在、優れた技巧のビルダーに与えられる「レゴ社認定プロフェッショナル」の称号を持つ、わずか13名のうちのひとりだ。

「かつてのレゴ社は、ウィリー・ウォンカのチョコレート工場のようだった。立派な建物の正面玄関から、最高に素敵なものが次々に運び出されてくるけど、内部の様子は誰にもわからない。立ち入り禁止だから。いったいなにがどうやってつくられているのか、さっぱりわからなかった。

だけどインターネットが急成長して、いろんな変化が起こったおかげで、ドアが少しずつ開いて、僕たちもなかを覗けるようになった。コミュニティと世界に対して開かれた会社を目指すレゴの改革《ルネッサンス》は本当にすばらしかったし、さらに発展を続けているんだ」

パーティーに「お邪魔する」という発想を持つ

先のディシジョン・ツリーの4つの問いのすべてに「イエス」と言えるレゴ社が、ニューパワーへの転換に見事に成功したのには納得がいく。

まず、レゴ・グループが立てた「**戦略**」において、主要事業再建のカギとなったのは、ニューパワー・コミュニティの育成だった。それもかたちだけのものでなく、本腰を入れた取り組みだった。そうしてレゴ社がAFOLやコミュニティの人たちと築いたつながりは、マーケティング装置としてもすばらしい効果を発揮した（ユーチューブを検索すれば、ファン制作によるレゴの動画が大量に見つかる）。しかも従来の放送広告と比べて、驚くほど低コストだった。

さらに群衆は、改革のために専門的な知識を惜しみなく提供した。クヌッドストープによると、いまやレゴ社では毎年、新商品が売上全体の60パーセントを占めている。

いっぽう経営陣たちも、「自分たちがコミュニティのためになにをできるか」を明確に認識していた。レゴ・コミュニティのイノベーション開発部長であり、長年、レゴ・グループを研究してきた学者でもあるユン・ミ・アントリーニは、群衆に向き合うレゴ社の哲学について、「自分たちはパーティーにお邪魔する側だ。……どんな手土産を持っていけるだろう？」という姿勢だと説明する。

レゴの経営陣がコミュニティ管理を事業の中心に据え、参加をうながすためのインセンティブに工夫を凝らした結果、ＡＦＯＬの活動はやりがいのある意義深いものになった。

さらに、レゴのスタッフはコミュニティと群衆に対して**「正当性」**を持てるよう努力を惜しまなかった。長年ないがしろにしてきたコミュニティに対し、オーナーとＣＥＯが向き合う努力を始めたことは、相手にもちゃんと伝わった。レゴ社側が真摯《しんし》な態度を示したことで、ＡＦＯＬたちもそれに応えたのだ。経営陣は肩身の狭かったＡＦＯＬたちを、企業文化とイノベーションの原動力の中心に据えた。

このことからは、重要な教訓が得られる。群衆に対して真摯な取り組みを望むなら、まずは自分たちから真摯な姿勢で向き合うことだ。

「コントロール」については、レゴはある意味、あまり懸念がなかった。レゴの商品（ブロックのセット）は、そもそも消費者が組み立てるものだ。アントリーニが述べているが、「レゴ・グループはこれまでも、そしてこれからも、消費者がどのように商品を使うかについて、決して口出しをすべきではない」。

とはいえ、経営陣の慧眼《けいがん》も評価されるべきだろう。さらにコントロールを手放すことで、隠れた価値を見出したのだ。

レゴのスタッフは参加したくなる仕組みを用意してファンたちを動員するいっぽうで、余計な口出しをしなかった。女性科学者のフィギュアをつくるべきだというコーイジマン博士の提案が多くの支持を獲得したのは、群衆が企業を望ましい方向へ導いた好例と言える。企業はそれまで、そういう努力を怠ってきたのだ。

こうした進歩を遂げるには、レゴによる長年の**「コミットメント」**が必要だった。これは短期間の改革ではなく、10年におよぶ進化の軌跡だ。さまざまな取り組みや実験を積み重ねてきた結果、会社やコミュニティの構造や文化に変化がもたらされたのだ。

アントリーニいわく、「それは容易なことではなかった」。〝ウィンウィン〟の関係を目指すのは、言うは易く行うは難しで、群衆と会社が絶妙なバランスを取り、「双方に利益をもたらすことは至難の業」なのだ。レゴの場合は、会社のトップが本気でコミットすることでうまくいった。

このような配慮と熟考を重ねた取り組みによって、レゴの本業売上は10年連続で成長し、業界首位に返り咲いた。２０１５年には、マテル社を抜いて世界最大の玩具会社となり、イギリスのブランド・ファイナンス社の「世界でもっとも強力なブランド」ランキングで、堂々の１位を獲得した。これはレゴ・コミュニティの果てしない情熱なくしては、あり得なかったことだ。

ニューパワーの「チーム」をつくる

レゴ・グループの場合、ニューパワーへの転換を果たすには、ＣＥＯのクヌッドストープだけでなく、オーナー一族のケル・キアク・クリスチャンセンや、変革推進の要となったトールモー・アスキルドセン、さらにコミュニティ・マネージャーたちや、ロビン・セイザーや、エレン・コーイジマン博士をはじめとする有力なＡＦＯＬたちの力が必要だった。それぞれが異なる役割を果たし、協力したことで改革が実現したのだ。

このことは、広く一般に当てはまる。多くの場合、組織がニューパワーへの転換を図るなかで、次の4つの役割を担う人たちが重要になってくる。それと混同しがちな〝ニセ預言者〟たちも併記しておこう（左ページ）。

シェイプシフター：「変身できるリーダー」が変革を率いる
——「ディスラプター」はニセ預言者

シェイプシフター（変身能力者）は、オールドパワーの組織においてニューパワーへの変革を推進する人物だ。組織のなかで絶大な信頼を得ており、変革への道を整え、自らの行動で手本を示すことで、不安や抵抗を感じている人たちを率いていく。

シェイプシフターは、変革のための大規模な構造改革に日常的に携わるのでなく、伝統に根差しつつも組織を新しいアイデンティティへと導き、コミュニティと新たな関係を築くための精神的かつ象徴的な存在となる場合が多い。

レゴ・グループにおいてシェイプシフターの役割を見事に果たしたのは、オーナー一族のケル・キアク・クリスチャンセンだ。彼が率先して群衆と熱心に向き合ったことは、「今回の改革の趣旨は、レゴの歴史や伝統を放棄しようということではなく、コミュニティを積極的に評価することにある」ということを、組織全体に示す重要なシグナルとなった。さらに、彼とCEOのクヌッドストープとの緊密な連携は、変革のシンボルとなり、

ニセ預言者	ニューパワーのチーム
ディスラプター（破壊者）	シェイプシフター（変身能力者）
デジタル・イノベーター	ブリッジ（橋渡し役）
問題解決者	解決策の探求者
ステークホルダー（利害関係者）	スーパー参加者

企業文化の大きな変化を後押しした。

シェイプシフターのもうひとつの例は、次章で詳しく紹介するローマ教皇フランシスコだ。教皇はオールドパワー的な信頼の高さを武器にして、思いがけない改革を断行した。

ここで、シェイプシフターと、現代の組織でよく見かけるディスラプター（破壊者）を比較してみよう。

ディスラプターはとにかくさまざまな言い方で「破壊せよ！」と訴える。辣腕《らつわん》気取りで、従来の組織を過去の遺物と決めつけ、未来型の陣頭指揮を執ろうと意気込む。

たとえば、時事・社会問題を扱う老舗の雑誌『ニュー・リパブリック』は、デジタル時代への移行を目指すべく、元ヤフー取締役のギー・ヴィドラを迎え入れたが、『ニューヨーク・タイムズ』によると、ヴィドラは就任に当たって同誌のライターや編集者らに対し、ばかげたスピーチをしたという。

「CEOにはふたつのタイプがある。平時のCEOと戦時のCEOだ。あまり大げさなことは言いたくないが、これはある意味、戦争だ。いまは戦時だ。つまり俺たちはあらゆることを変える必要がある。ぶっ壊す必要がある。……そんなことは怖い。怖いに決まってる。だが楽しくもある。壁にのしかかって、ぶっ壊すんだ」

これに対し、編集長をはじめ雑誌のスタッフらは、そろって抗議の辞職をした。

オールドパワーの組織をニューパワーへと転換させる取り組みは、〝ぶっ壊す〟ことなどではない。伝統と革新、過去と未来を、巧みに融合させる技量が求められる。そのために必要なのが、双方の長所を取り入れる方法を自ら率先して示すことができるシェイプシフターなのだ。

ブリッジ：「橋渡し役」が新旧の世界をつなぐ
――「デジタル・イノベーター」はニセ預言者

オールドパワーの組織に、突然、「チーフ・イノベーション・オフィサー」や「戦略イニシアチブ・ディレクター」が登場するのはめずらしくない。

CEOがどうにかして売上を上げるため、あるいは、ただ新しい取り組みを実践していることをアピールするために、誰かを引っ張ってくるのだ。だが残念ながら、それはリスクを嫌う経営者や代わり映えのしない戦略を隠すための仕掛けにすぎず、そういう人材が組織内で実際的な権力や影響力を持つことはない。

たとえば、将来の戦略構想を練る少数精鋭の特別部署というかたちを取ったりするが、まわりからは「仕事らしい仕事」もしていないなどと思われている。華々しく3Dプリント・ラボ開設のテープカットをしても、社内で孤立し、まともな予算がつかないことも多い。

組織にとって本当に必要なのは、そんな見せかけの改革者ではなく〝ブリッジ〟——すなわち、新旧ふたつのパワーの世界を軽々と行き来できる人物だ。彼らが組織を有意義な方法でニューパワーの世界につなげてくれる。

ブリッジ（橋渡し役）の重要な任務は、構造改革だ。レゴ・グループでブリッジの役割を果たしたのは、上級部長のトールモー・アスキルドセンだった。彼は早いうちからニューパワーの実験的な試みを行っていたおかげで、会社がいざ変革に乗り出そうというとき、CEOから直々に推進役に指名された。

社内のシステムや文化に精通していた彼は、レゴのコミュニティ管理に尽力し、わずか1名から始めた取り組みを、やがて全組織に波及させた。そして変革推進チーム（ひいてはコミュニティ）と、商品デザイナーやマーケターなど、他部門のスタッフたちと一丸となることに努めた。

歴史ある組織や責任ある地位にいる人たちは、ブリッジの取り組みに目くじらを立てることも多い。失敗して世間の注目を集めるより、静かに衰退を管理するほうがましだと思っているのだろう。だが大きな変化を望む組織にとっては、こうした橋渡し役はかけがえのない存在だ。

解決策の探求者：「柔軟な人材」が最良の答えを見つける

――「問題解決者」はニセ預言者

話は戻るが、第2章では、NASAの「オープン・イノベーション」をめぐるストーリーを紹介した。オープン・イノベーションがもたらしたチャンスもあれば、問題もあった。科学者や研究者がふたつのグループに割れたのを覚えているだろうか？　群衆を巻き込むことに抵抗したグループと、むしろ積極的だったグループだ。

オープン・イノベーションが進むにつれて、NASAの科学者たちは、激しく対立する両者の違いを示す、「問題解決者」と「解決策の探求者」という表現を使い始めた。多くの人は、自分の職場やチームの人間関係を思い浮かべれば、ピンとくるかもしれない。

「問題解決者」は、変化に抵抗を示した人たちだ。自分の全存在をかけて、専門知識を培ってきた自負がある。ガリレオの伝統に生きる科学者で、個人の才能が道を照らすと信じている。

「解決策の探求者」という表現は、NASAを研究したヒラ・リフシッツ-アサフ教授が目撃した激しい議論に由来する。高名な科学者が、後ろ向きな同僚たちに発破をかけたのだ。

「君たちのおもな責務は、解決策を探すことだろう。それが見つかるなら、ラボでも、オープン・イノベーションでも、共同研究でも、どこだっていいじゃないか！　君たちは解決策の探究者なのだから！」

大きなコミュニティと協力することを創造的かつ真剣に受け止めたのが、この科学者たちのグループだ。彼らは自分たちの狭い世界の境界線を押し広げ、人びとを招き入れた。彼らにとって成功とは、自分の中の答えを見つけることではなかった。どんどん実験的な試みを行い、予想外の場所や人と出合うなかで答えを見つけることだった。

ニューパワーへの転換を目指す組織は、「解決策の探究者」のチームを立ち上げる必要がある。このチームは、中心的なスタッフから選ぶことが多い。ニューパワーのさまざまな取り組みを率先して試し、仲間との協力を惜しまない人材が望ましい。このグループを重視し、人材獲得にも力を入れることが、組織に新たな価値をもたらすだけでなく、組織内の体制にも好影響をもたらす。

オールドパワーの組織では、あらゆる資源、訓練、評価、報酬は、すべて「問題解決」を対象としている。それを変えるのは至難の業だ。

ＮＡＳＡでは、ジェフリー・デイヴィスのチームが見事にブリッジの役割を果たし、「解決策の探究者」になろうとする人たちを励ました。彼らは、自分の能力に自信があり外の世界に目を向けられる、新しいタイプの専門家を目指す人たちに、進むべき道を用意した。そして、頻繁なランチイベントや、外部の講演者を招いたセッションのほか、好奇心旺盛な人たちがさまざまな情報を得るための機会を提供した。

やがて人びとの興味が集まり、成果が出始めたのを見届けると、管理チームはすみやかに身を引いた。取り組みを見守ってきた自分たちではなく、「解決策の探究者」たちがスターとして輝くように。すると今度はそのスターたちが、さらに新たな人材を呼び込むようになり、NASAの組織文化の改革は本格的に根付いていった。

スーパー参加者：「コアの群衆」が最大の利益をもたらす

――「ステークホルダー」はニセ預言者

当然ながら、いかなるニューパワーの組織も、コミュニティにおいて計り知れない価値を生み出すスーパー参加者の存在がなければ成り立たない。群衆のなかで、もっとも熱心に活動する人たちだ。

たとえば、AFOLのロビン・セイザーは、バンクーバー・レゴ・クラブを立ち上げた。セミリタイアした電気通信技師、ブルース・クラギンは、最先端機器を利用できるNASAの優秀な科学者たちを出し抜いた。彼のアイデアはもっとも秀逸だったが、NASAの取り組みに有益な思考を提供したスーパー参加者は、ほかにもたくさんいた。

ニューパワーへの転換において危険なのは、群衆をたまに役に立ってくれる「漠然とした遠い存在」と見てしまうことだ。群衆のことを市民社会や投資家のような「ステークホルダー」(利害関係者)と同じように扱ってはならない。群衆は、本来の活動を追求する片手間に管理すべき(ときには我慢すべき)外部の関係者ではないのだ。それどころか、スーパー参加者はつねに参加するし、そうすることによって価値を生み出す。

レゴのような会社がスーパー参加者たちの大切なコミュニティを育めたのは、会社の枠を超えて、広い世界と外部の人たちに対して向き合う覚悟があったからだ。ニューパワーの大海につま先で触れたものの、最初の波が現れたとたんに退却してしまった自然環境研究会議(NERC)とは違い、覚悟の決まった組織は、思い切って波に飛び込んでいく。

第9章

新しい「リーダー」になる

――ニューパワーで人を動かす

「これまで本当にありがとうございました。私からの最後のお願いは最初と同じです。どうか信じてほしい――変化を起こす私の力ではなく、みなさんの力を」

――バラク・オバマ（2017年1月）

「立て直せるのは私だけだ」

――ドナルド・トランプ（2016年7月、共和党全国党大会）

世界の民主主義をリードする国が、バラク・オバマを大統領に選んだのち、ドナルド・トランプを後任に据えた現実を踏まえ、我々はリーダーシップの意味をどう理解すればよいのだろう？

「ウォール街を占拠せよ」や「アラブの春」のような指導者不在のムーブメントが増大するいっぽうで、ロシアのプーチン大統領や、トルコのエルドアン大統領、エジプトのアブドゥルファッターハ・エルシーシ大統領など、独裁者たちがはびこる世界と折り合いをつけていくには、どうすればいいのだろう？

本章では、新旧ふたつのパワーが衝突し、ときに重なり合う世界におけるリーダーシップについて考察する。

また、オールドパワーの強固な価値観を抱くリーダーたちが、意外な方法でニューパワーのツールを用いて権力の拡大を図っている状況を説明する。

さらに、パワーを有意義に再分配するため、ニューパワーのツールと価値観の融合を目指す、新しいかたちのリーダーシップについてもお話ししよう。

まずは概況を理解するため、第2章で紹介した「ニューパワー・マトリックス」をリーダーシップ版として応用してみよう。

リーダーの価値観とモデルを分類すると、4タイプの異なるリーダーシップが存在する。ニュースや身の回りの世界で、思い当たる人物が見つかるだろう。

クラウド・リーダーは、ニューパワーのリーダーシップ・モデルを用いるとともに、ニューパワーの価値観を明確にし、尽力する。クラウド・リーダーは群衆のパワーを利用するだけでなく、群衆にもっとパワーを与えようとする。

チアリーダーは、協力、透明性、参加など、ニューパワーの価値観を支持するが、オー

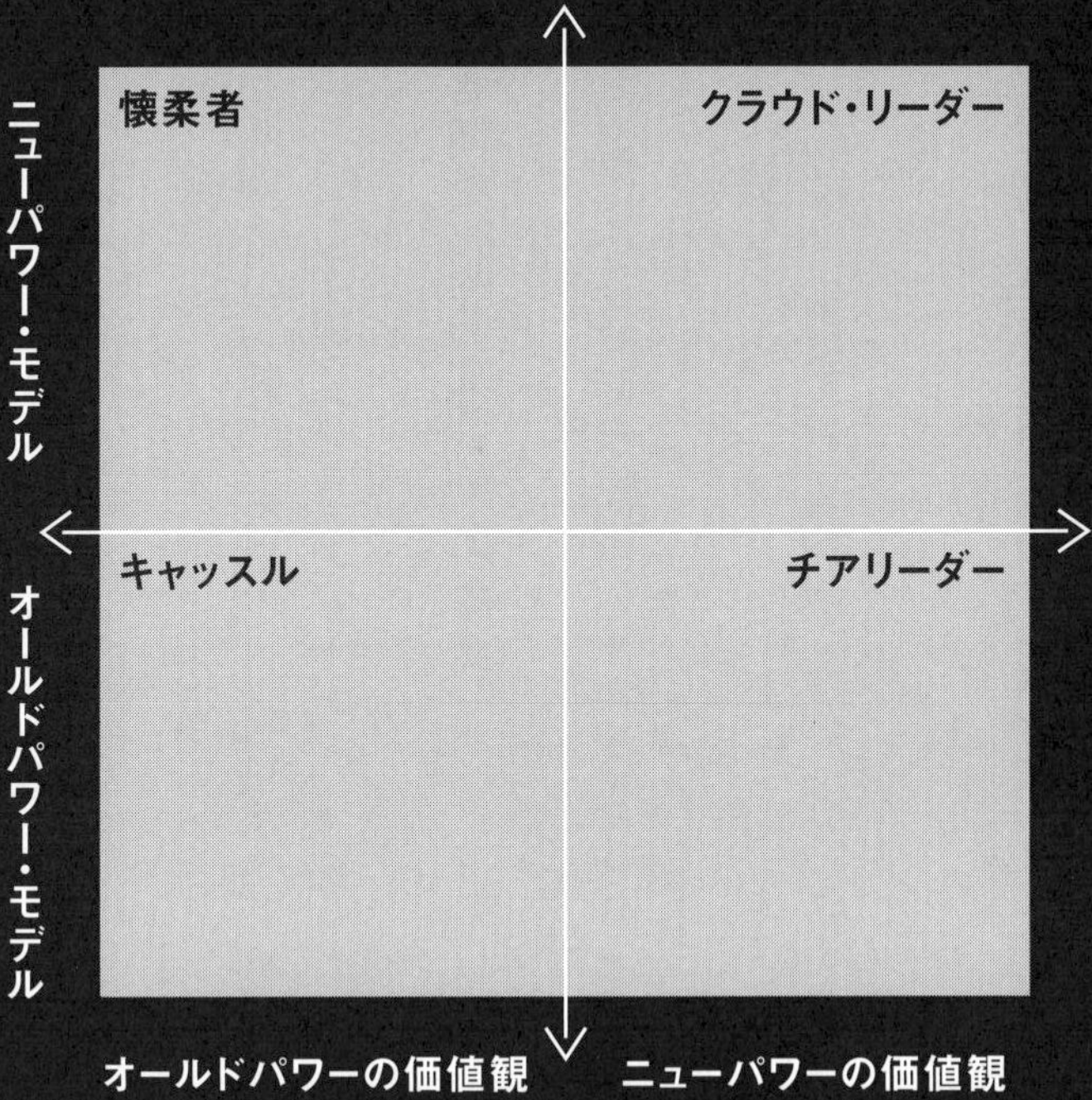
懐柔者
クラウド・リーダー
キャッスル
チアリーダー
ニューパワー・モデル
オールドパワー・モデル
オールドパワーの価値観
ニューパワーの価値観

ルドパワー式のリーダーシップを取る。パワーを分配する能力も意図も持っていない。

キャッスルは、オールドパワーの価値観を持ち、オールドパワーのリーダーシップ・モデルを用いる。我々の多くが育った、伝統的な階層制と権威に基づくモデルで、軍隊、ビジネス、教育といった分野に幅広く浸透している。

懐柔者は、群衆を動員し、ニューパワーのツールや戦術を駆使するが、オールドパワーの価値観に基づき、自らに権力を集中させるのが目的である。

次々と「群衆」を仲間にしたオバマの手法

2008年の大統領選に立候補した当時、バラク・オバマは生粋《きっすい》のクラウド・リーダーだった。彼の象徴的なスローガンは、「イエス、ウィー・キャン！」。オバマは支援者たちの目を自分たち自身に向けさせた。

「私たちが待っていたのは、私たちなのです。私たちが求めていた変化は、私たち自身なのです」

対立候補のヒラリー・クリントンは自らの主体性を強調し、「就任初日から準備万端」と宣言したが、オバマは選挙権のなかったシカゴのサウスサイド地区の住民を助けるためにムーブメントを立ち上げ、コミュニティの組織力を培った実績を強調した。

オバマのキャンペーンは参加型で、ニューパワーのツールと戦術を驚くほど大胆に、鮮やかに駆使した。オンラインのハブとして「マイ・バラク・オバマ・ドットコム」という、当時としては最先端のプラットフォームを立ち上げ、人員の組織化やボランティア募集や資金集めに活用した。

デジタル戦略が功を奏し、記録的な数のボランティアが、「尊敬しよう。まかせよう。一緒にやろう」のモットーのもとに集結した。キャンペーンはボランティアのリーダーたちに強い責任感を与え、それが人員を増やして地元のチームを発展させるインセンティブとなった。

そうしてニューパワーのエネルギーが爆発したことで、それほど知名度の高くなかったオバマが、接戦の2008年民主党予備選挙において、選挙資金の潤沢なオールドパワーのクリントン陣営を凌駕し、小口の寄付を何億ドルも集め、ついに本選挙で圧倒的な勝利を収めた。

オバマはつねに「私たち」と言っていたが、選挙運動はオバマ自身の魅力やカリスマ性にたのむところが大きかった。選挙で象徴的な役割を果たしたシェパード・フェアリー制作の選挙ポスター「HOPE」に描かれていたのは、群衆ではなくバラク・オバマだ。まさに、オバマこそが希望だったのだ。だがオバマは、群衆のエネルギーを利用し、本物の草の根運動を誕生させ、群衆にパワーを実感させる価値観を浸透させた。

このように、オバマは参加型かつきわめて組織化されたキャンペーンを迅速に展開した。誰にでも参加のルートが用意されていた。オバマ陣営のボランティアは、創造性や自主性を発揮できる余地があるいっぽう、確固たる信念と責任を持たされていた。それは選挙事務所が作成した280ページの組織マニュアルに、しっかりとまとめられている。

伝説的な選挙運動員のザック・エクスリーは、2008年にオバマ陣営のオハイオ州選挙事務所を訪れたのちに、こう述べている。

「最近、ほかの選挙運動が失敗したのは、トップダウンを強行したか、チームの統制がとれておらず、ボランティアがリーダーシップや熱意を発揮できなかったからだ。あるいは、メンバーの対等な関係やボトムアップの仕組みにこだわりすぎて、基本的なマネジメントや責任や計画をおろそかにしたためだろう。

いっぽうオバマ陣営の現場を構築した人たちは、優れた組織運営には、いつの時代であろうと伝統と規律が重要だと認識していた。だからそれを、分権化と自己組織化を促進する新たなテクノロジーと柔軟に組み合わせたのだ」

これはパワーを〝ブレンド〟する技術と考えればよいだろう。この技術について、詳しくは第10章で説明する。

目標と終点が明確で、フィードバックのクローズドループ（戸別訪問→電話作戦→寄付金が集まる）が機能する選挙活動において、しっかりと構築された参加の仕組みは、非常に効果的だった。

ボランティアたちは、この体験で自分が生まれ変わったように感じたようだ。ザック・エクスリーはオバマ・キャンペーンのリポートのなかで、ボランティアのひとり、ジェニファー・ロビンソンの言葉を引用している。

「私はもう、６週間前の自分とは別人です。……ボランティアのオーガナイザーとしていろんなことをやりましたが、自分がこの仕事にとても向いていて、情熱があるとわかったんです。だからこれからも、コミュニティをさらによい場所にするための方法を探していきたいと思っています。この仕事には、普通の仕事ではとうてい味わえない醍醐味があるんです。この仕事を知ってしまったら、もう普通の仕事には戻れません」

ところが、大勢の人を巻き込むために組織化され、統率されたこのアプローチは、選挙後には、人びとにパワーを与えるどころか縛っていくことになる。

堂々と「サクラ」を動員したドナルド・トランプ

「ワオ。驚いたな。ものすごい人出じゃないか。何千人だ。……こんなことは誰も予想できなかった。こんな群衆は見たことがない」

大統領選に突入したドナルド・トランプが真っ先にしたのは、群衆を〝買う〟ことだった。報道によれば、トランプはタレントエージェントを雇い、俳優1名につき50ドルを支払った。俳優たちはトランプ支持のプラカードを用意し、彼がトランプタワーのエレベーターから出てきたところを歓声で迎えた。トランプは大勢の人が集まっているのを見て驚いたふりをしてから、アメリカの惨澹《さんたん》たるありさまをこれでもかと嘆き、自分だけがこの状況を立て直せると豪語した。

中国がアメリカを凌駕している。日本もそうだ。メキシコもそうだ。中東の状況は最悪だ。オバマケアは最悪だった。オバマは最悪だった。

「私なら絶対に中国に負けない」「私なら壁を築いてみせる」「私にはすばらしい実績がある」「私には自慢する必要もない、まったくない」「我々には必要なんだ――この国を力強く率いて、もう一度偉大にする人間が必要なんだ」

多くの人は呆れた。テレビに向かって文句をつぶやいている親戚のイカれたおじさんみたいに、相手にしなかった。だが、なかには注目した人もいた。厚かましいほど自信に満ち、敵を並べたて、みんなもっといい生活ができる、と訴えたのが功を奏したのだ。

ご承知のとおり、サクラはやがて本物の群衆となった。群衆のパワーは確立された政治的英知を覆し、「トランプに勝ち目はない」と言い切っていた世論調査会社や専門家たちの度肝を抜き、トランプを大統領執務室《オーヴァル・オフィス》へと導いた。

無視されるはずの群衆を「後押し」する

トランプの選挙キャンペーンも、2008年のオバマのキャンペーンも、群衆を築き上げる技術がきわだっていたが、ひとつ重要な違いがある。オバマが群衆を参加させた方法はきわめて精巧に組織化されていたが、トランプの場合は無秩序と言っていいほどで、選挙陣営を支える現場がまともに組織化されていなかった。

「分厚い組織マニュアル」と「140字のツイート」にも、その差は表れていた。それがトランプ側の天才的な戦略だったのか、ただの無秩序だったのか（あるいは両方か）わからないが、そのおかげでトランプの支持者たちは、トランプのメッセージを自分勝手に解釈することができた。

トランプの人気に火がついた理由としては、ニューパワーの世界でムーブメントを起こす方法を、彼が本能的に理解していたことが大きい。第1章でも触れたとおり、彼はツイッターのおかげで、巨大な分散型ソーシャルメディア軍のリーダーになった。人びとはこぞってトランプの真似をし、新たな物語や、陰謀説や、攻撃目標を語り出した。それはやがて、共生的な関係となった。

トランプが選挙で勝った夜、4chan（レディットのようなソーシャルネットワークサイトで、おもに若い男性に人気。極端な意見や挑発を特徴とする）の掲示板は、大騒ぎになった。トランプを支持していた白人至上主義者たちは、あまりの幸運に舞い上がった。『ワシントン・ポスト』紙のアビー・オルハイザーは次のように書いている。

「『これが興奮せずにいられるかよ』火曜の夜、ある4chanユーザーが掲示板に書き込んだ。わくわくしているカエルのペペのイラストが添えてあった。『俺たちはミームを大統領に選んだんだ』」

カエルのペペは、ひと昔前のマット・フュリーの漫画シリーズに登場する、人間のような緑色のカエルだ。4chanユーザーたちは、何の罪もないペペをオルタナ右翼運動のシンボルに仕立て上げ、ペペの頭にオレンジ色の髪をくっつけて、トランプそっくりにしてしまった。

選挙期間中、普通の政治家なら、ミームをつくりだすようなこうした過激派とは距離を置くものだが、トランプは逆に後押しした。もっとも過激な支持者らに対して、どんどんやれ、その調子だ、とたびたびけしかけた。人種差別を匂わせるトランプのメッセージを、白人至上主義者たちがもっとあからさまなかたちでツイートすると、トランプはそれをリツイートした。

たとえば、すでに削除された鉤十字のアイコンのアカウント（@cheesedbrit）が投稿した、「殺人事件の白人被害者の81パーセントは黒人に殺害された」という、過激で挑発的な誤情報を、トランプはリツイートした。ＦＢＩの統計によれば、実際には約15パーセントだ。

トランプはこの点を追及されても謝ろうともせず、リツイートする情報をいちいち確認するのは無理だと開き直った。メッセージは明白だった——私は支持者たちを抑制する気はない。

トランプはさらに威勢よく、どんなことがあっても自分が守る、という明白なメッセージを群衆に送った。予備選挙のイベント中、白人の支持者が黒人の抗議者を殴ったとき、トランプは弁護士費用を負担すると申し出たのだ。彼は群衆に言った。

「誰かがトマトを投げつけようとしたら、そんなやつはぶちのめしてくれ。いいかな？　やってくれるかな？　とにかく叩きのめすんだ——弁護士費用は私が払うと約束しよう。ああ、約束するよ」

「最悪の瞬間」に最高にフォロワーが増えた

トランプが成功した秘訣は、ソーシャルメディアや主要メディアの注目を集める並外れた能力だけではない。彼のメッセージはネットワークの膨大な数の人たちを通じて、どんどん拡散され、自分なりに解釈されて変形していった（典型的な「ＡＣＥ原則」の展開だ）。

これに一役買ったのは、おもに近年、ティーパーティーや、銃所持の権利を主張する運動や、初期のオルタナ右翼などによって活性化したグループだ。トランプはそこに渦巻いていたエネルギーを利用し、最高潮まで持っていき、選挙運動を自らのパワーの「強化装置」へと変貌させた。

選挙期間全体で、トランプは対立候補のヒラリー・クリントンよりもソーシャルメディアの活用度が断然高く、支持者が作成した関連コンテンツの量もはるかに多かった。全米の世論調査では、トランプの好感度はクリントンより10ポイント低かったにもかかわらず、支持の熱心さは、トランプ支持者のほうが10ポイント高かった。4Cインサイツ社の分析によれば、選挙前の重要な5週間におけるソーシャルメディアでの好感度でも、トランプがクリントンに10ポイント差をつけていた。

ここに、2016年の選挙におけるニューパワーの役割について、興味深いことが見えてくる。従来の世論調査会社よりも、4Cインサイツ、スプレッドファスト、ソーシャルベイカーズといったソーシャルメディア分析会社のほうが、トランプ支持の強さを正しく予想できていたのだ。

4Cは、ブレグジットの国民投票についても、正しい結果を予想した会社だ。エリート層は従来の社会通念から残留派が勝つと考えていたし、さらには賭けサイト等でも、残留派の勝率は選挙当日でも90パーセントと予想されていた。同じくアメリカ大統領選でも、クリントンの勝率は敗北の数時間前までずっと高かった。

ソーシャルメディアのアナリストたちの分析によれば、驚くべきことに、選挙期間中、トランプのフォロワー数がもっとも増えたのは、致命傷になったはずの瞬間だった。

かつてトランプがテレビ番組「アクセス・ハリウッド」の収録前に「スターだからなんでもできる、プッシーだって簡単にさわれる」などと暴言を吐いていたことが暴露されたのだ。国民の大半が敵に回ったこの瞬間、トランプ支持者たちは選挙戦中、もっとも熱狂的に盛り上がった。

「プラットフォームの強者」の作法
──人びとを黙らせるより「興奮」させる

トランプ勝利のあと、ジョージ・オーウェルの『一九八四年』がバカ売れした。ビッグ・ブラザーという偉大な指導者が立ちはだかる、全体主義国家のディストピアを描いた小説が、「トランプ効果」でベストセラーの頂点に返り咲いたのだ。

だが、ビッグ・ブラザーとトランプを比較するのは、正しいとは言えない。ビッグ・ブラザーは人びとを服従させ、個人主義を徹底的に抑圧することで権力を行使したが、トランプは個人の自主性を刺激し、好き勝手にさせ、これまでは社会的に受け入れられなかった非常識な行動を支持することで、権力を手に入れた。トランプの戦略は、大衆を黙らせることではなく興奮させることだし、メディアに対する考え方も違う。『一九八四年』では「テレスクリーン」で市民の行動を監視し、制限するのに対し、トランプはおもにツイッターで、個人主義や個人の自由を煽っている。

彼は既存のマスメディアやエスタブリッシュメントをコントロールするために、懐柔ではなく、相手の弱体化を図った——支持者たちに絶え間なく攻撃させたのだ。トランプには、国家主導の唯一の思想を全国民に強制するための「真理省」など必要なかった。それどころか、無数の真実がせめぎ合う状況でこそ彼は本領を発揮した。真実は多ければ多いほど好都合だった。

トランプのような存在を、僕たちは「プラットフォームの強者」と呼んでいる。彼らはネットの群衆を味方につけ、ニューパワーを駆使して、権威主義の価値観を強く推進する。トランプはデジタルに強い群衆をけしかけ、無秩序なムーブメントを展開したが、そのいっぽうで、自由で開放的なアメリカではなく、秩序正しい厳格なアメリカを打ち出した。選挙演説では、カオスと暴力で荒廃した国の惨状を嘆き、国内外の脅威を大げさに生々しく語り、そのような脅威を退けられる強者は自分しかいないと訴えた。

また、トランプは本来の秩序を取り戻すと約束した。その秩序とは、トランプのもっとも熱烈な支持者たち——自分たちはこのまま落ちぶれていくのかと強く感じていた、教育水準の低い白人男性たち――を鼓舞するものだった。

威勢がよく自己顕示欲の強いトランプの攻撃的な言動には、そのような権威主義的な価値観が潜んでいたからこそ、同じアメリカ人でも、圧倒的な魅力を感じた人たちもいれば、身の毛がよだつほど嫌悪した人たちもいたのだ。「法と秩序を取り戻す」という約束（歴史的に見ても犯罪率が低かったにもかかわらず、暗に有色人種を攻撃した）や、出入国管理制度に関して「規則を施行する」と強調したことは、強烈なアピールとなった。

早くも2016年1月の時点で、「トランプ支持者かどうかがわかる、変わった特徴」が調査で明らかになった。それは性別でも年齢でも宗教でもなく、「権威主義的な価値観を持っているかどうか」だった。

政治研究者のマシュー・マクウィリアムズは、民主党陣営においても、16人の共和党陣営においても、トランプは権威主義者らの支持が統計的に重要となる、唯一の候補者だと見ていた。マクウィリアムズは、トランプが勝利を収める約10か月も前に次のような仮説を立てた。

「強さを誇示するトランプの弁舌は、本選挙では無党派層のうち権威主義者を自認する39パーセントと、民主党支持者のうち強固な権威主義者を自認する17パーセントに、確実に訴えるだろう」

プラットフォームの強者は、リーダーシップ・マトリックス（291ページ）の「懐柔者」に該当する。選挙運動におけるトランプとオバマの大きな違いは、まさにそこにあった。

このようなオールドパワーの権威主義的な価値観と、組織化されていないニューパワーの組み合わせが、現在の世界でもっとも強力かつ危険なリーダーシップ・モデルの背後に潜んでいる。これはまさにＩＳＩＳが利用しているものでもある。彼らは秩序と確実性を求める復古主義（つまりは、中世の残忍な秩序）でありながら、狡猾《こうかつ》な分権管理によってメッセージを拡散している。

群衆は「型」にはめると機能しなくなる

オバマ候補は約束した。

「私の統治のしかたを知りたければ、選挙運動を見てください」

そして大統領に就任したオバマは、彼の勝利に貢献した１３００万人以上のアメリカ国民とともに政治を行っていくと約束した。

選挙運動員としてキャンペーンを内部から見届けたザック・エクスリーは、選挙前から釘を刺していた。

「みんなで築いたこの組織を、オバマは今後も育み、率いていかねばならない——大統領になろうと、野党になろうと」

だがご承知のとおり、実際にはそうはならなかった。オバマは、選挙戦はクラウド・リーダーとして戦ったが、大統領になってからはチアリーダーとして統治した。彼の演説は、相変わらずニューパワーの灯を掲げていたが、政治活動においても、後継者の選挙戦においても、本物のムーブメントを起こすことはできなかった。地域の草の根運動を根付かせ、民主党の安定を図ることもできなかった。

オバマは立法面ではいくつか大きな業績を残し、支持率は比較的高かった。8年間の在任中、目立ったスキャンダルもなく、昔からの支持者たちは、いまもオバマに強い思い入れを持っている。しかし、政権は共和党が奪還し、上院も下院も押さえて全米を掌握した。

オバマが好機を生かせなかったのは、群衆のパワーを生かすことに無為無策だったからだ。献身的に選挙運動に取り組んできた人たちは、その後、エネルギーのやり場がなかった。『ローリングストーン』誌のティム・ディッキンソンが報じているとおり、オバマが選挙に勝利した直後の重要な2か月間、あれだけ称賛を浴びた選挙対策グループは、ぴたりと鳴りをひそめた。政治工学オブザーバーのミカ・シフリーは、これを「犯罪的な政治的怠慢」と評している。

やがてオバマ政権は政治基盤の再編という重大決定を下し、オーガナイジング・フォー・アメリカ（ＯＦＡ）という組織を立ち上げた。これにより、選挙対策で活躍した１３００万人以上のメンバーが民主党全国委員会に組み込まれ、公式の集票組織となった。

この決定により、オバマと群衆とのあいだに壁が生まれ、群衆はかえってオバマの政治的課題をサポートするのが難しくなった。

たとえば医療保険制度改革など、大統領の重要な課題に関して、中立の立場を取っている民主党員たちにプレッシャーをかけることができなくなった。さらには、多くの無党派層や共和党員、極左グループのなかで、オバマに共感はしていても、民主党の正式な政治基盤に加わる気はまったくない人たちを遠ざけてしまった。

「自由」が群衆の力をひきだす

オバマは経済危機に直面した新大統領として、政策目標の達成に邁進《まいしん》するなかで、強大な権力を手にしたことに畏れを覚えつつ、オールドパワーのモードに切り替わっていったのだろう。

それでも、医療保険改革法案の成立に向け、重要な局面では支持者たちを動員し、ある程度は功を奏したが、オバマはもうムーブメントに本腰を入れる気はなかった。

それは傍目《はため》にも明らかだった。ＯＦＡは支持者たちに対し、さまざまな問題について包括的な「誓約」を求めた（たとえば、最終的には断念した、医療保険改革法案における公的医療保険導入への支持など）。だが、やり方があまりにも慎重すぎて、支持者たちの情熱をかき立てることはできなかった。

こうしてオバマが群衆をないがしろにしているうちに、豊富な資金提供を受けたムーブメント、「ティーパーティー運動」が沸き起こった。医療保険改革に反対する保守派の市民が、全米各地で大規模な抗議集会を開催したのだ。

その勢いは、2010年の中間選挙における共和党の圧勝を予感させた。そして実際、オバマの民主党は大敗を喫した。

オバマの支持者たちは、たんなる「誓約」以上の行動を起こしたかった。オバマがもっと肩入れし、支援者による地域レベルの取り組みが実施されていたら――彼らがもっと自由に大統領を支援することができていたら――地域に根差した強力な運動を展開できていたかもしれない。そうすれば、とくに民主党支持者の多い大都市以外の地域で、ティーパーティーに対する強力な対抗勢力となったはずだ。

2012年、再選に名乗りを上げたオバマの切り札は、ムーブメントのエネルギーではなく〝ビッグデータ〟だった。まだ多数のボランティアたちがいたが、今回のヒーローはボランティアの運動員ではなく、データアナリストたちだった。もはや変革《チェンジ》はカネ頼みだと言わんばかりに、オバマ陣営は民主党の支援者らに大量のメールを送信し、寄付を依頼した。

オバマは統治運動が盛り上がらなかった割には、多くの業績を達成した。彼は後継者とは違って、大統領職に深い敬意を示した。しかしトランプが大統領に選ばれ、オバマの遺産《レガシー》の多くを一掃してしまった。もし大統領となったオバマが、チアリーダーではなく、本物のクラウド・リーダーとして振る舞っていたら、状況はどう変わっていただろうと考えざるを得ない。

「型破りなローマ教皇」が最初にしたこと

こんにちのリーダーは、組織のリーダーとしてだけでなく、群衆のリーダーとしても成功しなければならない。これまで見てきたように、クラウド・リーダーとして群衆を率いていくのは並大抵のことではなく、特定のスキルが求められる。

これについては、意外なニューパワー・リーダー、ローマ教皇フランシスコから、多くを学ぶことができる。

ローマ教皇フランシスコが最初に行ったことは、祈ることだった。それどころか、教皇に選出された瞬間から、彼は祈っていた――〝大いなる心の平安〟に満たされながら。以来、教皇はその感覚を持ち続けているという。

だが、次に行った3つのことは、それぞれ特筆に値する。まず、新教皇が着用するのが慣例の、毛皮の襟のついた深紅の法衣を送り返し、簡素な白い法衣を着ることにした。報道によれば、ヴァチカンの式典進行役に対し、教皇はこう言った。「君が着るといい。お祭りは終わりだ！」

さらに枢機卿《すうききょう》〔教皇の最高顧問〕とあいさつを交わす際には、儀典を破り、最高位の座に着席するのを拒否した。

最後に、サン・ピエトロ大聖堂のバルコニーで群衆の前に姿を現したとき、教皇は枢機卿の祝福を求めず、カトリック教会の繁栄も祈らなかった。伝統に則って、教皇の初めての祝福を人びとに与えようともしなかった。そのかわり、教皇は人びとに祈ってください、と頼んだ。「神がみなさんをとおして、私を祝福してくださるように」

ローマ教皇ほど、象徴的に多くを意味する立場はほかにない。フランシスコは教皇になって最初の数時間で、強烈に響き渡るシグナルを発信した――自分が権力についてどのように考えているかを、「やらないこと」と「やること」で示したのだ。豪華《ごうか》絢爛《けんらん》な法衣は要らない。枢機卿たちより高い位置にも座らない。

日が暮れると、教皇用のリムジンには乗らずに、枢機卿たちと一緒にミニバスに乗って夕食に出かけた。夜は、宮殿内の教皇用公邸を利用せず、市内の簡素な宿泊施設に泊まった(結局、そのままその施設に居住することにした)。

時代と「逆行」する組織を立て直すには?

フランシスコはアルゼンチン出身の枢機卿で、型破りなことで知られていたので、本人もまさか教皇になるとは思っていなかった。自分なりの計画もあり、将来はブエノスアイレスで、引退した司祭のための施設に入居しようと考え、順番待ちの予約もしていた。ブックメーカーたちも、フランシスコの選出はまずあり得ないと見て、教皇選挙会前《コンクラーベ》には33対1という高オッズをつけていたほどだ。フランシスコはすぐに帰国するつもりで、小さなスーツケースでローマ入りしていた。

彼が頂点に立った教会は、壊滅的な状態だった。

ヴァチカン銀行を中心に汚職が蔓延していた。しかも教会の罪は、金銭的なものだけではなかった。教会全体で数十年間にわたる児童虐待の事実が表面化し、何千人もの子どもたちが被害を受けていたことがわかると、教会の評判は急落し、礼拝の出席者数にすぐさま影響が表れた。教皇ベネディクト16世は信徒からの評判が芳《かんば》しくなく、退任直前はますます評価が下がっていた。

このような深刻な問題以前に、そもそも教会との関係が薄れているという認識が広がっていた。アメリカでは、聖職に就く若い男性が極端に減っていた。多くの教区では、司祭の数が不足していた。ローマでは、ヴァチカンの組織の非効率性と無気力さは、誰の目にも明らかだった。

さらに、たとえばＬＧＢＴのような多様な性の受け入れなど、社会が大きな変化を遂げるなかで、教会の立ち位置は時代に逆行していた。教会が支持することよりも、堕胎、避妊、女性聖職者など、反対する問題ばかりが注目され、公の場で議論された。

さらに追い打ちをかけるように、カトリック教会を震撼させたのは、事実上、終身制とされてきた教皇職をベネディクト16世が突然辞任するという、数世紀ぶりの珍事だった。フランシスコが受け継いだ教会は、ＢＢＣで長年、教皇の取材をしてきた特派員、デイヴィッド・ワイリーに言わせれば、「重大な危機」に瀕していた。

ニューパワーで人を動かす「3つのスキル」

フランシスコがどのように課題に取り組んだかを見ていくため、ニューパワーの世界でリーダーに求められる3つのスキルに着目しよう。

「シグナル」を送る：ニューパワーのリーダーは、言葉遣い、ジェスチャー、行動をとおして群衆を鼓舞する。オバマの「私たちが待っていたのは、私たちなのです」という表現は、典型的なシグナル（合図）であり、支持者たちの自主性や、参加したいという意欲をかき立てた。

教皇フランシスコが、人びとに祝福を授けるのでなく、「祈ってください」と頼んだのも、同じ効果を発揮した。

「仕組み」をつくる：ニューパワーのリーダーは、人びとの参加と自主性をうながすため、仕組みと活動をつくる。これはシグナルを送るよりはるかに難しい。

オバマの2008年の選挙戦では、支援者たちは当事者意識を持つだけでなく、責任を持って活動することができた（それとは逆に「『仕組み』をつくらない」という方法もある。人びとに好き勝手な取り組みを許すスペースだけ用意し、何の指示も制限も与えずに盛り上がらせる。ドナルド・トランプは、本能的にこのコツをつかんでいた）。

「規範」を示す：ニューパワーのリーダーは群衆に対し、規範や全般的な方向性を示す。とくに、自分の形式的な権限を超えて、広く長く受け継がれるべきものを示す。優れたリーダーが示した規範を、群衆がよく理解し、従い、守り続けていけば、リーダーがいなくてもうまくいく。これから見ていくとおり、現在80代の教皇フランシスコの究極の願望は、自分の任期が終わったあとも、カトリック教会の規範が受け継がれていくことだ。

1．「シグナル」を送る
――現代のイコンは一瞬で拡散する

またたく間に、教皇は世界でもっとも人気のある指導者となり、宗教の違いも超えて、高い好感度を獲得した。無神論者にさえ高く評価されている。

これほどの人気をもたらしたのは、教皇の卓越したシグナルのスキルだ。彼は教皇に就任したとき、自分はこれまでとはちがうタイプの教皇であるということを示し、人びとの心を惹きつけた。やがてそれは、この教皇の任期の特徴となった。

フランシスコほど思い切った、象徴的な意思表示をした教皇は、過去にもほとんどいない。たとえば、教皇専用のメルセデス・ベンツには乗らず、大衆車であるフォードのフォーカスを選んだ。サン・ピエトロ大聖堂前の広場では、重度の障害のある男性を祝福し、抱擁した。あるときは、自ら難民たちの足を洗った。こうしたシグナルは、枢機卿たちや信徒たちに、弱き者に対してどのように振る舞うべきか、明確なメッセージを伝えた。『ナショナル・カトリック・リポーター』紙のシニア・アナリスト、トーマス・リーズ神父の言葉を借りれば、このようにして、教皇フランシスコは「生ける寓話」になった。彼が打ち出すイメージや、人びとの胸を打つ瞬間は、現代の聖画像《イコン》となった。かつては修道士の小部屋の壁に描かれ、教会の壁にひっそりと掛かっていたイコンは、いまはインスタグラムであっというまに拡散するのだ。

2.「仕組み」をつくる
——群衆が参加できるかたちにする

象徴的な行動に加えて、教皇フランシスコの任期の大きな特徴となっているのは、改革のための積極的な努力だ。ヴァチカン銀行の体制を全面的に見直し、ヴァチカンの行政全体の透明性を向上させ、改革担当者を重要な地位に就任させた。

これはある意味、教会の腐敗や硬化に対する当然の措置《そち》だ。だがそれだけでなく、教会は「逆ピラミッド型」に機能すべきである、という教皇の信条の証でもある。つまり、聖職者は群衆の上に立つのでなく、群衆を下から支えるべきという考え方だ。

この転換を実現すべく、教皇フランシスコは、ローマに集中していた権力を地方の指導者たちやコミュニティへと分散を図った。

たとえば、2015年の「家庭」をテーマとする司教会議を見てみよう。通常の司教会議では、教義や方法論の変更について、司教たちが秘密裏に話し合う。ところがこのときフランシスコは、あらかじめカトリック教会に広くアンケートを配付し、「実際に多くの家庭の意見を取り込めるよう、人びとの喜び、希望、悲しみ、苦しみに耳を傾けるように」と命じたのだ。ボストン大学の神学教授、トーマス・グルーム博士はこう述べている。「私の知る限り、教導権〔宗教的・倫理的真理を教える教会の権限〕の歴史において、信徒たちの意見を求めるのは初めての試みです」

権力の移行を推進するもうひとつの取り組みは、それこそ画期的で、大々的に報じられた。枢機卿の権限の一部を、地方の司祭や神父に移行したのだ。これは使徒的勧告「愛のよろこび《アモリス・レティティア》」というもので、このなかで教皇は、離婚後に民事上の再婚をした受洗者の扱いについて、地方の司教や神父に判断を委ねるということと、このような場合に教会がつねに禁じてきた聖体拝領についても、許可する可能性を示唆《しさ》した。

このように、教区民、神父、司祭らに権限を与えることで、フランシスコは人びとの参加を促進する仕組みをつくり、地域ごとの取り組みを行うための道筋を整えた。

3.「規範」を示す
——自分から動いてもらう

「私に誰を裁けというのか？」

教皇フランシスコの名言のなかでも、もっとも有名なこの言葉は、ブラジルから帰る機内で、同性愛に対する教会の立場について、ジャーナリストの質問に答えたものだ。

この言葉と教会法上の意味合いについては、すでに解説し尽くされた感がある。だが、この発言の要点を突き詰めるだけでは問題の核心を見失ってしまう。フランシスコがこうした発言をとおして目指しているのは、新しい教義をつくることなく教会の方向性を示すことだ（これは、彼が批判を受けている点でもある）。ただ権限を行使するのではなく、全信徒に規範を示すことは、ひと筋縄ではいかない。

教皇は、このような議論を呼ぶ問題について、教会が旧態依然とした態度を貫くことのないように導こうと努力してきた。聖職者たちの「頑迷さ」を、「脈絡を欠いた教義を並べ立て、人に執拗《しつよう》に押し付けているにすぎない」と叱責したこともある。

フランシスコが教会に望んでいるのは、貧しき人びとに奉仕し、「すべての人びとの家」となるという、教会のもっとも肝心な務めに（そして、人びとの心を惹きつけることに）尽力することだ。トランプの大統領就任から数週間後、教皇が次のような発言をしたのは、まさにそのためだ。

「自分はクリスチャンだと言いながら、難民を追い払うのは偽善である。助けを求めている人や、飢えてのどが渇いている人、私の助けを必要とする人を見捨てるのも同じことだ」

さらに教皇は、おそらく自身にとって最重要のテーマである「慈悲」の大切さを強調し、道を示した。

「私に誰を裁けというのか？」と発言しても、同性愛に関する教会法を変えることはできない。だが、焦点を切り替える効果は確実にある。

教皇は、聖職者が人びとを裁き、行動を非難し、聖人と罪人に分け、受け入れる者と排除される者に分けるような、オールドパワーのパラダイムから教会を移行させようとしている。規則をめぐる内部論争に気を取られるより、もっと外に向かって本質的な価値観を示すことを重視する教会をつくっていこうとしているのだ。教皇が述べているとおり、「慈悲こそがキリスト教の教え」だからだ。

新しい規範を示し、少数の指導者だけでなく、膨大な数の信徒の協力を求めれば、規則はあとからついてくるはずだ。

けれども、児童への性的虐待スキャンダルによって突き付けられた、道徳上の深刻な問題は未解決のままだ。ほかの問題には熱意をもって取り組んできた教皇フランシスコも、この問題には同じように向き合えていない。

たとえば、教皇がヴァチカンの財政等の改革のため指名したオーストラリア人の枢機卿ジョージ・ペルは、数十年間におよぶ児童性的虐待問題に関して手ぬるい対応を取っていることで、厳しい批判を受けてきた人物だ。しかも、2017年には、ペル本人が児童虐待行為によりオーストラリア当局に告発され、とうとう辞職に追い込まれた。

もし教皇が、教会の中枢部分のあらゆる腐敗に立ち向かおうとせず、過去の教皇たちのように、自分が目をかけた聖職者を守ろうとするなら、ニューパワーを教会にもたらそうとする彼の努力も虚しく響くだけだ。教皇フランシスコの最大の試練は、これからと言える。

新しい「リーダー」が力を入れるべきポイント

教皇は別としても、このところ、リーダーたちはあまり人気がない。2017年の信頼度調査「エデルマン・トラストバロメーター」によれば、CEOを信頼できると思っている人はわずか37パーセントだった。さらに、企業、政府、NGO、メディアの4部門については、エデルマンの調査開始以来初めて、4つとも信頼度が低下した。

ニューパワーの台頭を含むさまざまな要因によって、いまリーダーの立場にある世代の者たちは、突然、時代に取り残されたように感じている。何十年も役に立ってきた行動や思想が急に使えなくなったのだ。これは感情の切り替えだけでは解決できない問題だ。

謙虚さと信念をあわせもつ共感的なリーダーを目指すべきなどとも言われるが、本質はそこではない。そのせいでかえって、自分自身ではなくコミュニティに目を向けるという、より難しい本質的な課題から注意がそれることにもなりかねない。

以下では、見事にその本質的なスキルを習得した3人のリーダーの事例を紹介したい。

自分に「注目」を集めつつ群衆を立てる

アイ・ジェン・プーが「天才賞」と呼ばれるマッカーサー賞を受賞したとき、彼女がしたことはふつうとは違っていた。

「同僚たちがいなければ、とても成し遂げられなかったことです。この賞はみんなのものです」

プーは全国家事従事者連合（NDWA）の仲間たちと相談し、マッカーサー賞の助成金62万5000ドル（受賞者本人の創造性を育むために支給されるもの）を、連合の人びとの発展のために投資した。こうして誕生したのが、ナニー〔乳母・教育係〕や家政婦や介護士たちの巨大なコミュニティにリーダーシップ開発の機会を提供する、「ドロシー・リー・ボールデン奨学金」だ。

ボールデンは早くから家事従事者の権利擁護を訴えてきた中心人物で、1968年に全国家事従事者組合を設立した。ボールデンという先達の存在があってこそ、プーと同僚たちは、全米250万人の家事従事者の意思を表明すべく、全国家事従事者連合を立ち上げることができた。

プーがマッカーサー賞の助成金を奨学金制度に使ったのは、強力なメッセージとなった――これは私たちみんなの問題なのだ。奨学金には、先達に敬意を表してボールデンの名を冠し、コミュニティの未来へ寄せた彼女の信念を永遠に刻みつけた。プーにとってマッカーサー賞は、ムーブメントの正当性を証明するものだった。

それは、プーの優れた人格の証でもあった――実際に会えば、彼女が使命感のもとにこの仕事に打ち込んでいるのがよくわかる。だが同時に、これは戦略的な打ち手でもあった。リーダーとして世間の注目を集めるいっぽうで、群衆（移民の黒人女性を中心とする、社会的に無視されたもっとも力のない人びと）との絶妙なバランスを取ることが、彼女の腕の見せどころだったからだ。

「重要な任務」をまかせる

本人が述べているように、彼女の務めは、自分のパワーを使って「より多くの人にパワーをもたらす」ことだ。それは彼女にとって特別な課題だ。なぜなら家事従事者たちは毎日、パワーの著しい不均衡を実感しているからだ。

「みんな格差を肌で感じています。自分たちは貧しいのに、勤め先は富裕層の家庭ばかりですから」。賃金や財産の格差だけでなく、家事従事者たちは、とんでもなく嫌な経験をすることもある。無視、虐待、脅迫など、恐ろしい体験を語る人もいる。

リーダーとしてそうした緊張関係に向き合うのは、プーにとって生易しいことではない。20代のころには、家事従事者として働いた経験のない彼女がみんなの利益を代表して運動の先頭に立つことなどできるのか、という激しい議論が沸き起こった。皮肉にも、自分とは本来かけ離れていた、社会の片隅のコミュニティに肩入れすればするほど、自分にはそんな資格などないように感じてしまうのだった。

しかし、プーは緊張関係をうまくコントロールし、リーダーとして踏みとどまった。控えめで協力的な姿勢を貫きつつ、ほかの人たちにも重要な任務を担当してもらうことで、みんなを巻き込んだ組織運営を心がけた。NDWAは非営利組織であり、役員（彼女が「ボス」と呼んでいる人たち）の大半は専門家でも寄付者でもない。家事従事者たちであり、推定年収の平均は2万2000ドルだという。

NDWAは2年ごとにコミュニティのメンバーを集めて役員を選び、連合の方向性を決定する。500名の家事従事者が議論に参加し、連合の重要な問題や課題について話し合う。全員が議論に参加できるよう、会議の進行は8か国語に通訳される。

役員に立候補したい人たちは名乗り出て、集会でスピーチを行う。緊張がみなぎる場面だ。各候補者の持ち時間は3分。うまくいく人もいれば失敗する人もいるが、全員に声援が送られる。家事従事者が直面する重要な問題や課題については、候補者同士で討論が行われる。そして、全員で投票を行う。

プーはこのプロセスこそ、ＮＤＷＡの自分の仕事のなかでも、とりわけ意義深いと感じている。彼女は僕たちにこう言った。

「みんな、椅子から身を乗り出します。自分たちの組織だという実感があるから、真剣なんです」

プーが構築したＮＤＷＡは、家事従事者たちをたんなる受益者ではなく、主人公にするものだ。

「組織全体が、社会で完全に孤立している人たちが声を上げられるプラットフォームとして設計されているんです」

彼女は、ＮＤＷＡのコミュニティのすべての人が連合の主催者だと考えている。

それは、口先だけの話ではない。ＮＤＷＡが「戦略・組織化・リーダーシップに関するイニシアチブ」を開発したのは、リーダーとなる人材を育成して、家事従事者のリーダーシップや政治的手腕を磨くためだ。この取り組みによって組織全体の能力が強化され、約３０００名の会員たちが、社会運動を起こす方法や、自分たちの権利を訴える方法を学んでいる。

代表という特殊な地位にあるプーは、つねに慎重な配慮を怠らず、みんなのために尽力していることを伝えるためにシグナルを送り続けている。群衆をうまく率いていくには、みんなのなかに溶け込めることをつねに示す必要があるのだ。

「電子」のリーダーシップで率いる

ときおり、ベス・コムストックは同僚に「エッグ・マインダー」を紹介する。この奇抜なインタラクティブデバイスは、Wi-Fiを通じて自宅の冷蔵庫の卵とつながっている。だからスーパーに買い物に行っても、「卵はいくつあったかな？　賞味期限はいつだっけ？」などと悩む必要がない。ハイテク好きは喜びそうな装置だが、そこまでしなくても、と思う人のほうが多いだろう。この商品は大失敗だった。

GE副会長のコムストックにとって、売れ残りのエッグ・マインダーを誰かにあげるのは、GEのイノベーション文化を語るきっかけになる。

エッグ・マインダーは、群衆のアイデアを商品化するニューパワーのスタートアップ「クワーキー」との業務提携で生まれた商品のひとつだ。クワーキーとの提携はコムストック自身が提案したもので、同社の業績が悪化し、2015年に破産申請をしたときも緊密な関係にあった。

彼女が送っているシグナルは明確だった。失敗はしたけれど、あきらめない。GEが群衆を巻き込んだのに、大失敗で終わるわけにはいかない。期待のかかった、重要な取り組みなのだから。

この哲学がGEの伝説のリーダー、ジャック・ウェルチの哲学とどれほど異なるか、考えてみよう。ウェルチは経営全体のプロセス改革に「シックス・シグマ」という手法を導入し、エラーや欠陥を激減させ、容赦ない人員削減を繰り返し、名声を確立した。「ニュートロン・ジャック」の異名は、建物が空っぽになるほど人員を大量に削減することから、中性子《ニュートロン》爆弾になぞらえたものだ。

コムストックはまったく違うタイプのリーダーだ。GE流にあだ名をつけるなら、「エレクトロン・ベス」とでも言おうか。彼女のやり方は、物事をぶち壊すのでなく、電子《エレクトロン》のように人びとを結びつけるからだ。デジタル時代にGEを成功に導いた功績によって、コムストックは役員にのぼり詰め、フォーブス誌の「世界でもっとも影響力のある女性100人」にも選ばれた。

組織と群衆の「境界線」を薄くする

彼女の成功の核心は、社内外を問わず、人びとがさらに優れた創造性を発揮できるよう、GEの体制を整えたことだ。GEの30万人の従業員だけでなく、社外に広がる巨大なコミュニティを巻き込んでいくことが、GEの将来にとって重要になると考えていた。

クワーキーとの提携は、コムストックの主導するオープン・イノベーションの一環だった。NASAが採ったのと同じ、群衆の力を使って問題解決をする方法だ。「エンジン・ブラケット・チャレンジ」など、初期の成功例もある。これは、航空機用の効率のよい点火装置を開発するため、GEがグラブキャドという、100万名超のデザイナーやエンジニアのデジタル・プラットフォームと提携したものだ。優勝者はインドネシアの若手エンジニアで、航空機分野の経験は皆無にもかかわらず、84パーセントの効率向上を実現した。

コムストックは、ローカルモーターズ社をはじめとする外部との提携によって、こうした成功を重ねていった。次章で紹介するローカルモーターズは、ニューパワーの自動車会社で、業界で初めてクラウドソーシングによってアメリカ中のエンジニアやプログラマー、科学者、小規模な工場などと組んで商品開発を行っている。

また、コムストックはパワーの集中を解消するため、意思決定のプロセスが、組織全体でなるべく万遍なく行われるようにしている。具体的には、各地のスタッフが情報を共有し、それぞれの地域の状況に柔軟に対応するという試みだ。

それはすなわち、世界各地の人員補充のために人材の再分配を行うことであり、フィードバックなどのやり方を変えることでもあった。現在のGEでは、多くの組織で（年1回の歯科健診のように）億劫《おっくう》に思われている「年次業績評価」を廃止して、モバイル端末を使って多くの人がリアルタイムに知見を提供し、課題を指摘できるようにしている。

起業家でライターのピーター・シムズは、コムストックを長年知っており、彼女が出世してのぼり詰めていく姿を見てきた。コムストックは企業人と付き合うだけでなく、アーティストや作り手《メイカー》やロボットの専門家など、幅広い世界の人たちとの交流を楽しんでいるという。シムズいわく、「彼女は要職に就き、あれほど地位も高いのに、彼女と触れ合う人は誰もそんなことは意識しない」。

コムストックは、思いがけない場所で生まれる新たなアイデアを取り入れることで、群衆と企業の境界線をできるだけ薄くしようとしているのだ。

「モンスター」を解き放つ
――レディ・ガガのコミュニティ戦略

大物歌手バリー・マニロウのファンは「ファニロウ」と呼ばれている。ジャスティン・ビーバーのファンは「ビリーバーズ」。歌手のデミ・ロヴァートのファンは「ロヴァティックス」。エド・シーランのファンは「シーリオズ」だ。だが、レディ・ガガのファンの呼び名は、ひと味違う。

その名は、リトルモンスター。

これは初期のころ、ファンたちとの交流のなかで生まれた名前だ。その後、フェイスブックの台頭を描いた映画『ソーシャル・ネットワーク』を見たガガは、自身のソーシャル・ネットワークを立ち上げることにした。ファンたちに、自分をもっと身近に感じてもらうため、そして、ファン同士の交流を深めるためだ。

彼女の構想は、ただのファンサイトではなかった。このサイトのブランディング戦略の中心は、彼女の作品や活動のＰＲではなく、ファンたちの自信と芸術性を高めることだった。その結果、「リトルモンスターズ・ドットコム」は、大勢のファンたちがコメント、アート、アイデア、ストーリーなどを共有し、イベントを企画する場になった。あっというまに、会員は１００万人を突破した。

ガガにとって、これは重要なミッションだった。というのも、ガガのファンには、性差別に直面する女の子たちや、アイデンティティや差異の問題に悩むＬＧＢＴＱの若者たちが多くいるからだ。

サイトを立ち上げ、ファンたちのつながりを深めたことで、ガガは大きな手応えを感じた――このサイトは、自分に対する興味を深めてもらうよりも、ファンたちに体現してほしい価値観を広めるツールとして役立つはずだ。

リトルモンスターのひとり、@HausofFanisは、まさにこう言っている。

「私たちの絆は、同じスターを愛していることだけじゃない。共通の哲学に基づいている。

みんな、愛や、思いやりや、寛容の大切さを信じている」

コロンビア人の17歳の少年ヘクターは、リトルモンスターとは「他人のことを、性別や肌の色で決めつけたり、批判したりしない人」だと語っている。

自分自身も、アイデンティティについて試行錯誤を繰り返してきたガガが、「自分のアイデンティティに自信を持って」とファンたちを励ますのは、ある意味、当然かもしれない。アンバー・L・デヴィソン教授はこう書いている。

「ガガがファンたちに特定のアイデンティティを押し付けることはなく、リトルモンスターたちは自分らしさを大切にしようと語り合っている」

「モンスター」という言葉にふさわしく、リトルモンスターたちは、周囲との差異や社会的な疎外感を強さに変えていった。彼らのコミュニティは、「最適な差異」と呼ばれる状態の模範例と言えるだろう。リトルモンスターたちは、他者と同じでいたい気持ちと、他者とは違う存在でありたい気持ちが、それぞれちょうどよく満たされているのだ。

コミュニティへの「コミットメント」を積み重ねる

「リトルモンスターズ・ドットコム」の精神は、ガガとファンたちとの関係全体に行き渡っている。ガガの音楽そのものが、みんなのテーマを扱っている(「ボーン・ディス・ウェイ」は、リトルモンスターたちにとって国歌のような存在だ)。ソーシャルメディアでの膨大な量のやりとりのなかで、ガガはよくファンたちのアート作品やアイデアを紹介しており、ファンの創造性をおおいに支持している。ガガは自他ともに認める「ママ・モンスター」であり、スーパースターというより女家長なのだ。

そうした活動を長年、積み重ねてきたことで、ガガの熱狂的なファンたちは、いまや新作アルバムの発売時はもちろん、重要な局面で頼りにできる存在になっている。

2010年、4人の同性愛者（男女2名ずつ）にエスコートされ、「MTVビデオ・ミュージック・アワード」に登壇したガガは、視聴者に向かって訴えた――米軍の「聞かざる、言わざる」政策（同性愛の兵士でも、同性愛者であることを隠せば入隊できるが、認めた場合は除隊となる）を撤廃するよう、みなさんの地元の上院議員に、抗議の電話をかけてください。

さらに、ガガはメイン州ポートランドで抗議集会を開き、上院議員たちに電話をかけるようファンたちに訴えた。そして上院議員で上院多数党院内総務のハリー・リードに対してツイートし、投票を要求した。

ガガが行動を呼びかけたことで、上院議員たちの電話回線には電話が殺到し、配電盤がオーバーロードになってしまった。上院は市民からの受電体制を改善するため、電話のシステムをアップデートするはめになった。あるニュースでは、こんな見出しが躍った。「米上院、ガガの抗議により電話システムを更新」

「参加型」のリーダーシップの秘訣

以上のニューパワーのリーダーが3人とも女性なのは、偶然ではない。

男性と女性のリーダーシップ・スタイルの違いを研究した、アリス・イーグリー教授は、「女性のリーダーは、平均的に、男性のリーダーよりも民主的で、参加型のリーダーシップを採用する。男性は女性よりも、トップダウン型や指揮統制型のリーダーシップを採用する」と分析している。

イーグリーの分析結果は、はるか以前のメアリー・パーカー・フォレットの洞察を証明するものだ。フォレットは、1918年の著書『新しい国家』（文眞堂）において、斬新な意見を展開した。すなわち、権力で相手を支配するのでなく、ともに培った力を発揮し、強制力ではなく協働力でリードすべきだと主張したのだ。

この考え方は、より参加型で公平な権力の行使を重要視する現代のフェミニズム的思考の先駆けだ。こんにち、協働を加速化するテクノロジーの拡散によって、フォレットのビジョンは達成可能になったと同時に、ますます必要になっている。

ここに挙げたニューパワーのリーダーに必要な3つのスキルのうち、もっとも習得が難しいのは、自分が直接管理する範囲を超えて広がっていく「規範」を示すことだ。

プーは、プライドや威厳を持って、不平等に甘んじることなく、立ち向かっていくことを訴えた。コムストックは、積極的に新たな試みを取り入れる文化を支持した。ガガは、思いやり、多様性、寛容の大切さを説いた。

だが、誰もが成功するわけではない。次は、人種という難しい問題をめぐる、ふたつの対照的なリーダーシップの取り組みを見ていこう。

ニューパワーとオールドパワーの両極端なふたつの例は、まったく異なる結果につながっていく。

スタバの「反差別」運動はなぜ炎上したのか？

「それはひとりの声から始まりました」

スターバックスの「人種共存《レイス・トウギャザー》」キャンペーンを告知するプレスリリースの冒頭だ。

「人種的な偏見に基づく悲劇が全米で起こっているなか、スターバックスの会長兼CEO、ハワード・シュルツは、これ以上黙って見過ごすわけにいきませんでした。シュルツは、シアトル本社のパートナー（従業員）たちに懸念を打ち明け、アメリカの人種問題について議論を始めることにしました」

人種共存のビジョンを説明するため、シュルツは6分間の動画に出演し、スターバックスで多様な人種の従業員たちがこのイニシアチブに関する社内フォーラムに参加している映像を紹介した。

「この数週間、私は会社のことではなく、アメリカの現状に対して、個人的な責任を痛感していました」

そこで、シュルツはバリスタたちに対し、顧客のコーヒーカップに「＃人種共存」（#RaceTogether）のハッシュタグを手書きし、アメリカの人種問題について議論をうながすよう奨励した。

白人で、ベビーブーマー世代の大富豪であるシュルツは、膨大な数の低賃金の若い従業員たち（かなりの割合を非白人が占める）に対し、ダブル・チャイ・ファットフリー・ソイ・ラテ用のミルクをスチーマーで温める約45秒間に、アメリカでもっとも厄介な問題を議論するきっかけをつくれと言うのだ。

すぐさま、ツイッターで手厳しい反応があった。@IjeomaOluo のツイートはこうだ。「バリスタの仕事だけでも大変なのに。パンプキン・スパイスを振りかけながら、ヨガウェアの女性に『人種共存』の話をしろだなんて、ひどすぎる」

@ReignOfApril はこう書いた。「@Starbucks はいったいなにを考えてるんだか。400年の弾圧の歴史を語っていたら電車に乗り遅れる」

あまりの反発に、スターバックスの広報トップは対応に慌てふためき、ツイッターアカウントを一時的に閉鎖した。このキャンペーンの開始直後に開催された同社の年次総会においても、業績はきわめて好調なのに、この一件が水を差すかたちとなった。数週間後、スターバックスはこのキャンペーンを「予定どおりに」終了したが、もちろん、予想外の成り行きだったのは明らかだった。

最初から最後まで「ひとり」の運動だった

シュルツは、当たり障りのないリサイクル運動でも始めたほうが安全だったにもかかわらず、全米が注目すべき重要な問題を提起した。これは善意あるリーダーでも、3つのリーダーのスキル（シグナル、仕組み、規範）の扱いを大きく誤る可能性があることを示した格好の事例と言える。

これについてシュルツは『ファスト・カンパニー』誌の取材にこう語っている。

「我々は戦術を間違えました。でも、それが何でしょう？　我々は前進しているのです」

だが実際は、戦術の間違いどころではなかった。

そもそも、6分の動画から始まったこのキャンペーンに登場するのは、終始シュルツだけだった。彼は、ほかのCEOたちが触れようとしない問題を、勇敢に提起する英雄的なリーダーとして自らを打ち出した。そしてシュルツは、同じく白人の大富豪で『USAトゥデイ』紙の発行人、ラリー・クレイマーと組んで、キャンペーン推進のための論説を掲載した（シュルツの写真がいちばん上に掲載された）。

このやり方のせいで、本来なら彼の取り組みを応援してくれたはずの人たちを遠ざけてしまった。シュルツ本人が出しゃばりすぎて、他人の入り込む余地などなかったのだ。

このキャンペーンは拙速で検討不足のように見えるが、実際にはたんなる思いつきではなかった。シュルツなりにきちんと相談したうえで、自分の考えを試し、構想を練ったつもりだった。社内のさまざまなオープン・フォーラムでは、スタッフの熱意に励まされた。そうした取り組みにもかかわらず、彼の計画の欠点は浮かび上がってこなかった。

これは、CEOが行いがちな「リスニング・ツアー」の大きな課題のひとつだ。従業員のなかに、あるいは役職者のなかにさえ、こんなことを言う度胸のある人はめったにいない。「ボス、じつにすばらしいお考えです。でもそのやり方は絶対に間違ってます」

このキャンペーンで不意打ちを食らった現場のスタッフたちは、そもそもなぜこんなことになったのか、見当もつかなかった。あるバリスタは、インスタグラムにこんな投稿をしている。「人種問題について議論しろっていうけど、これをいい案だと思って決めたのは、どれだけ民族的に多様な人たちだったわけ?」

組織のなかで「相談」するだけでは、ニューパワーの技法としてはあまりに拙《つたな》く、意義のあるフィードバックが得られるはずもない。それだけでは、本当の意味で参加をうながす仕組みにはならないからだ。

逆説的だが、このように主体的な参加者がいない場合は、オールドパワーの戦略のほうがうまくいったかもしれない。非公開のオンラインフォーラムや極秘の会議を行ったほうが、まだ率直な意見を出すことができたはずだ。


「人種共存」キャンペーンの失敗をばかにするのは簡単だ（実際、多くの人がした）。しかし、このアイデアにはよい部分もあった。シュルツは、スターバックスのようなコーヒーチェーンは、事実上、21世紀のコミュニティセンターになっていることを理解していた（高級化した地域に偏ってはいるが）。

全米のスターバックスの店舗は、地域イベントの会場として役立てられたかもしれない（スタバのない貧困地域では、どこか地元の会場を使ってもいい）。司会進行は、人種問題の難しい議論について経験豊富な、ほかの組織にまかせればいい。

また、シュルツは膨大な数のバリスタに対し、自分の動画を見せ、自分のスローガンを書かせるのではなく、それぞれが考えた取り組みをするようにうながしていたら、もっと現場のみんなの力を活用できていたかもしれない。

たったひとりの声から始まった「人種共存」キャンペーンは、最後までひとりよがりで終わるしかなかった。

「ハッシュタグ」をストリートにひっぱりだす

人種問題でリーダーシップを発揮しようとしたシュルツの試みには、何の前例もなかったわけではない。「人種共存」キャンペーンのコンセプトは、シュルツとはほとんど共通性のない活動家たちが立ち上げ、まったく異なるリーダーシップによって展開した、国際的社会運動の文脈から出てきたものだ。

「3人の黒人女性が#ブラック・ライブズ・マター（#BlackLivesMatter）を立ち上げた。ひとりはナイジェリア系アメリカ人、ふたりはクイア〔性的マイノリティの総称〕。視点を多様化させよう。……わけへだてなく、すべての黒人の命が大切《ブラック・ライブズ・マター》だから」

社会運動家を中心に全米でこのスローガンが使われ始めてから数か月が経ったころ、ツイッターの公式アカウント@Blklivesmatterは、そう宣言した。

ブラック・ライブズ・マターはミームであり、ムーブメントとなって、米国における人種問題の議論に変化をもたらした。積極的な運動が起こり、警察活動に変化をもたらし、いくつかの選挙では黒人の投票者数が増えた。新たな法案が可決され、何名かの警察署長がクビになった。アフリカ系アメリカ人たちが直面する社会的な不平等に対し、政治的・文化的な関心が改めて高まった。

それは、フェイスブックの投稿から始まった。

2013年、17歳の黒人の少年を射殺した白人警官のジョージ・ジマーマンが無罪になったのを受けて、社会運動家のアリシア・ガルザは力強い文章を投稿し、最後にこう繰り返した。

「私たちの命は大切だ、黒人の命は大切だ《ブラック・ライブズ・マター》」

ガルザの友人、パトリス・カラーズがそれにハッシュタグをつけて「#ブラック・ライブズ・マター」としたところ、やがて世界に拡大し、社会的不公正との闘いの象徴となった。オパール・トメティはソーシャルメディアのアカウントをつくり、運動の拡大を図った。

すぐに火がつき、多くの人が支援の手を差し伸べ、文化人、アーティスト、デザイナー、技術者たちが、こぞって知恵を貸した。やがて、この設立者らの戦術は第4章で紹介した、群衆を形成するアプローチの模範例となった。

ガルザの言葉によれば、ガルザ、カラーズ、トメティの3人は、「この運動のインフラの構築」に着手した。つまり、「ハッシュタグをSNSからストリートへとひっぱりだす」ことにした。彼女たちはオンラインも電話も駆使して群衆の動員を図り、「黒人の命が尊重され、人間らしく生きられる場所」を創造するという目標のもと、全米の支援者たちと連携した。

ミズーリ州ファーガソンでマイケル・ブラウンが白人警官に射殺された事件（ファーガソン騒動）に対する彼女たちの反応は、この運動をさらに大きく発展させた。３人の女性はいつものように連携し、すみやかにブラック・ライブズ・マターによる「フリーダム・ライド」を企画した。全米のオーガナイザーたちがバスで一斉にファーガソンに乗り込み、現地の組織活動やコミュニティを支援したのだ。

この象徴的な事件によって、多くの人が奮起した。３か月後の２０１４年12月、ニューヨークの街頭では大規模な抗議活動「ミリオンズ・マーチ」が行われ、ブラック・ライブズ・マターのバナーが群衆の頭上にはためいた。この５万人超の抗議デモを企画したのは、23歳のシンニード・ニコルズと19歳のウマーラ・エリオットで、こうしたデモを行うのは初めてだった。

「みんながリーダー」を強調する

フェイスブックの投稿に端を発したブラック・ライブズ・マター運動は、爆発的な勢いで全米に広がり、大々的に報道され、多くの組織や地方支部が誕生し、膨大な数の支援者たちも連携した。分権的な仕組みと「オーナーレス」な特色によって、多くの人が主体的に関わり、何百万もの人たちに影響を及ぼすことができた。

では、うまくいったブラック・ライブズ・マターと、大失敗したスターバックスのシュルツとでは、なにが違ったのだろう？

明らかに、ブラック・ライブズ・マターの設立者たちには、シュルツとは違って、人種問題に取り組むべき「正当性」や「信頼性」があった。だが、それだけではない。

この運動は、立ち上げ当初から一貫して、集団が参加するムーブメントだというシグナルを発していた。決して特定のリーダーの役割を強調しなかった。

アリシア・ガルザは、僕たちにこう説明してくれた。それは、ブラック・ライブズ・マターを指導者不在にするためでなく、多くの人をリーダーにするためだった。

「マーティン・ルーサー・キングや、公民権運動家のメドガー・エヴァースやマルコム・Xはみな、指導者だったせいで暗殺されました」ガルザは僕たちに言った。「その後、彼らの組織は同じようにはいきませんでした。組織がひとりの人間を中心に成り立っていたからです。首を切られたら、体は死んでしまうんです」

ブラック・ライブズ・マターの規範を示すにあたって、ガルザは慎重に注意を払った。「ほんの数人を孤立させたり、特別扱いしたりしないように気をつけました。本当に特別なのは、ふつうの人がみんなで力を合わせて、この運動を自分たちより大きな存在にしていくことですから」

クラウド・リーダーは「あえて」まかせる

では、この章で取り上げたリーダーたちを、ニューパワー・リーダーのマトリックスに当てはめてみよう。

クラウド・リーダーになる方法はいろいろある。ブラック・ライブズ・マターの共同設立者たちのように、ニューパワーの価値観を強く信奉し、ニューパワーのツールを用いる人たちもいる。いっぽう、ベス・コムストックはGEという典型的な大企業において、社内外の枠を超えて参加できる仕組みをつくった。

もっとも、スタイルはそれぞれだ。コムストックや、プーや、ブラック・ライブズ・マターの設立者たちは、カリスマ的なリーダーになることを徹底的に避けてきた。いっぽう、オバマや教皇フランシスコをはじめとして、目的を達成するために自分の魅力を利用するリーダーもいる（これはすべてのリーダーシップに共通して言えることだ。どの象限にも、カリスマ性を押し出すリーダーもいれば、でしゃばらないスタイルをとるリーダーもいる）。

現在、とくに欧米の政界やビジネス界は、ハワード・シュルツやオバマ元大統領のよう

リーダーを4タイプに当てはめる

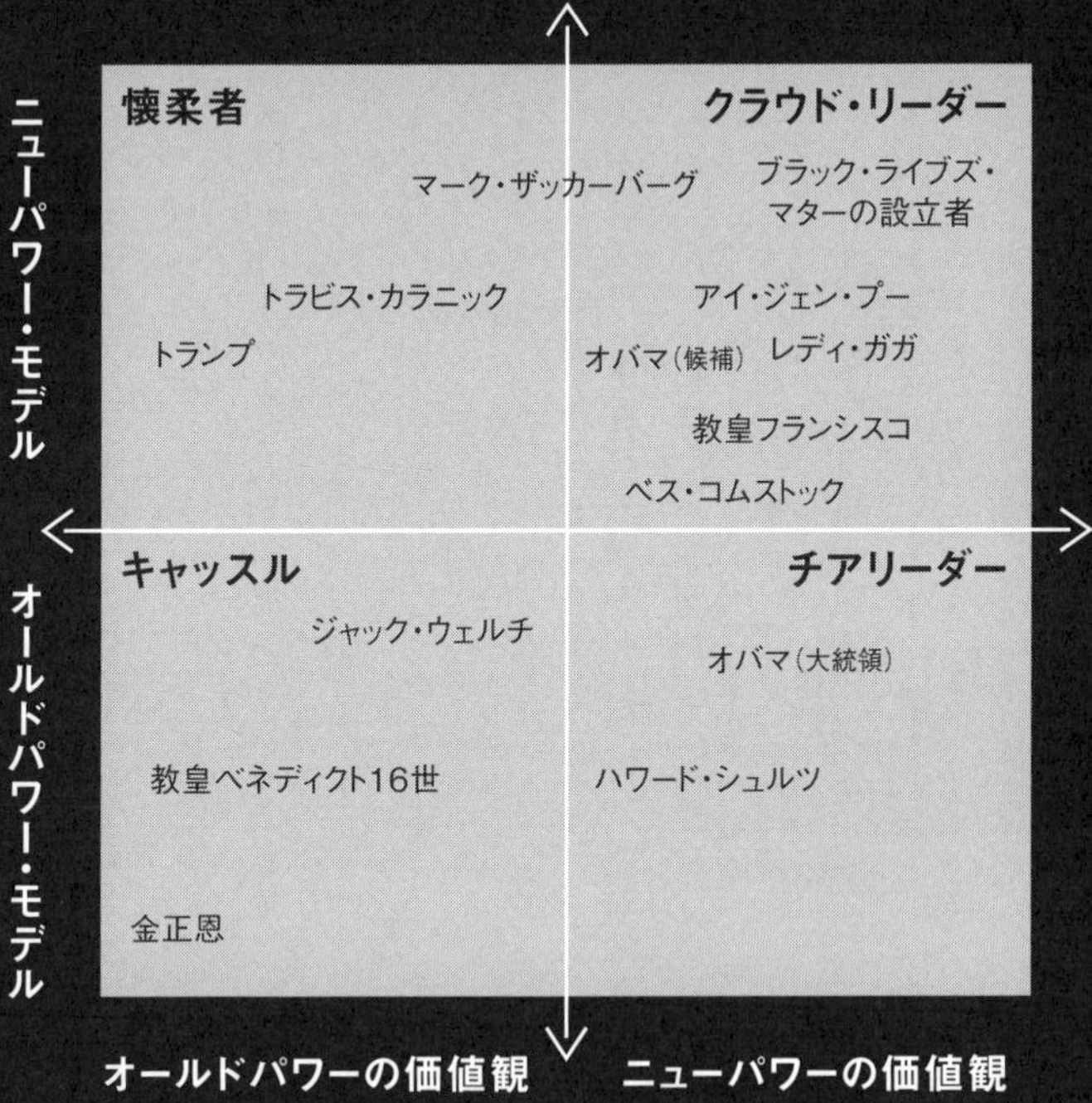

懐柔者
クラウド・リーダー
マーク・ザッカーバーグ
ブラック・ライブズ・マターの設立者
トラビス・カラニック
アイ・ジェン・プー
トランプ
オバマ（候補）
レディ・ガガ
教皇フランシスコ
ベス・コムストック
キャッスル
チアリーダー
ジャック・ウェルチ
オバマ（大統領）
教皇ベネディクト16世
ハワード・シュルツ
金正恩
ニューパワー・モデル
オールドパワー・モデル
オールドパワーの価値観
ニューパワーの価値観

な**チアリーダー**であふれている。ニューパワーの価値観を持っているものの、オールドパワー・モデルのリーダーシップをとるリーダーたちだ。

フランス大統領のエマニュエル・マクロンのように、当選するためにムーブメントを起こす政治家たちもいる。ところがそういう人たちも、社会運動を政治につなげていく過程で、やはり同じような選択やジレンマに直面する。なかにはそういう問題を克服し、少しずつクラウド・リーダーの象限に入っていく人たちもいる。だがそうでないリーダーは、群衆と広く関わっているように見せながらも、実際には限定的にしか関与させないようになっていく。

キャッスルについて本章ではあまり触れなかったのは、伝統的なリーダーシップ・モデルであり、誰もがよく知っているからだ。しかし、このトップダウン型のリーダーシップにもさまざまなタイプがあることには、触れておいたほうがいいだろう。

典型的なプロパガンダと強力な国家的暴力を駆使する、金正恩のような臆面もない独裁者もいれば、ビジネス界のジャック・ウェルチや教皇ベネディクト16世（フランシスコの前任者）のような人物もいる。

注目すべきは、群衆の影響力が増しているいまの世界において、こうした伝統的なリーダーシップには、そろそろ限界が来ているということだ。熱狂的な群衆を操りながら権力を独占する「プラットフォームの強者」を目指せる時代に、公式の権限を行使し、規則を強いるだけの昔型の強者になど、なる意味があるだろうか？

最後は、**懐柔者**だ。懐柔者が強力なのは、新しい「参加」の方法を熟知しているからだ。群衆と向き合い、喜ばせ、刺激を与え、導く（もしくはミスリードする）のが抜群にうまいため、群衆は夢中になりすぎて、それ以上の成果はおそらく期待できないことに気づかない。

マーク・ザッカーバーグの例を見てみよう。リーダーとして群衆の形成にかけては達人だ——さまざまな尺度で世界最大のプラットフォームを支配しているのだから。ザッカーバーグは、フェイスブックの新たなミッションとして、グローバル・コミュニティの構築を目指すと述べており、その目標に向かって真摯に尽力しているように見える。

しかし、自分の権力をいくらか放棄することになっても、ザッカーバーグはこのミッションを追求するだろうか？　ユーザーたちと経済的価値を共有することや、フェイスブックのガバナンスに対してコミュニティに発言権を持たせることや、ユーザーたちがアルゴリズムの実態を知り、ニーズに合わせて調整できるようにすることなどは提案されていない。

その代わり、ザッカーバーグは自らを、ネットワーク全体の最大の利益を考えて決定を下す、信頼すべき善意の管理人として位置づけている。そんなザッカーバーグの位置づけは、懐柔者とクラウド・リーダーをまたいでいる。なぜならいま、彼は岐路に立っているからだ。

これからのリーダーシップは、懐柔者（「プラットフォームの強者」も該当することがある）とクラウド・リーダーの競争になる。両者とも本領を発揮すれば、非常に効果的にシグナルを送り、仕組みをつくり、規範を示すことができる。だが、パワーの分配については、両者はまったく異なる結果をもたらす傾向がある。

いろいろな意味で、もっとも大変なのはクラウド・リーダーだ。彼らの仕事は「立て直せるのは私だけだ」という立場よりはるかに複雑だ。彼らは、人びとにより多くのことをまかせ、より大きな責任を持たせつつ、より自由な協働をうながす。

そして、そのようなリーダーシップが中心にある世界こそ、誰もが暮らしたいと望んでいるものだ。だが僕たちがそこにたどりつけるかどうかは、まだまったくわからない。

第10章

パワーを「ブレンド」する

──この組み合わせが劇的な効果をもたらす

本書の大きなテーマは、オールドパワーとニューパワーに見られる差異や対立だが、347ページの表で両者の定義を振り返ってみよう。

本書の多くのストーリーには、両者の対立がはっきりと描かれている。アイス・バケツ・チャレンジがテレソンを打ち切りに追い込んだ理由を思い出してみよう。NASAでは、解決策の探究者と問題解決者がぶつかり合った。カトリック教会では、改革志向の教皇とヴァチカンの官僚体質との対立が見られた。

いっぽう、本章で取り上げるのは、新旧のパワーの緊張関係ではない。新旧のパワーをブレンドする方法を考案し、両者が相互に補強し合うモデルを生み出した、いくつかの組織を紹介する。

これらの組織は、相対している部分（開放的と閉鎖的、ダウンロード型とアップロード型など）を矛盾するものとしてとらえず、新旧のパワーを組み合わせることによって相乗効果が生まれることを発見した。いずれのケースでも肝心なテーマは、それぞれのパワーを使い分けるタイミングを見きわめることだ。

非公式な「小グループ」をたくさん育てる
――「全米ライフル協会」が勝ち続けるメカニズム

2013年9月、全米の政治家は明白なメッセージを突き付けられた。銃による暴力を規制する州法の成立を推進した2名のコロラド州上院議員が、銃規制反対派の市民からのリコールによる選挙の結果、失職してしまったのだ。

驚くべきことに、銃所持権の支持者らがこうして勝利したのは、26名の犠牲者（ほとんどは低学年の子どもたち）を出した、コネチカット州ニュータウンの小学校銃乱射事件から、わずか9か月後だった。このコロラドとは、1999年にコロンバイン高校銃乱射事件の起きた州でもある。

リコール選挙の2か月後、コロラド州上院では、エヴィー・フダク議員が失職した2名

オールドパワー	ニューパワー
貨幣《カレンシー》	潮流《カレント》
少数の人が握る	多くの人が生み出す
ダウンロード型	アップロード型
リーダー主導型	仲間《ピア》主導型
閉鎖的	開放的

のあとを追うように辞職した――自分も標的となったのを悟ったからだ。

コロラド州のリコール選挙では、全米ライフル協会（ＮＲＡ）と支持者たちの強大な力が顕著に示された。見せしめとして反対派を撃退し、警告を送ったのだ。

当時の世論は、適度な銃規制に圧倒的に賛成していた（共和党員の87パーセントを含む米国民の92パーセントが、銃購入者全員に対する身元調査に賛成した）にもかかわらず、またしても、ＮＲＡは銃規制派の勢いを抑えた。圧倒的に不利な状況だったはずが、見事に巻き返したのだ。

なぜＮＲＡはこうも勝ち続けるのか？　やはり、潤沢な資金にものを言わせ、絶大な政治的影響力を振るっているのは間違いない。ＮＲＡの年間予算は２億５０００万ドルと巨額で、選挙をカネで買うと言われている。

だが、それだけではない。解職請求された２名の州上院議員には、銃規制に熱心なことで知られる大富豪のニューヨーク市長、マイケル・ブルームバーグが支援に回っていた。リコール選挙では、ＮＲＡ側が銃所持権を支持する群衆から60万ドルの献金を集めたのに対し、ブルームバーグはそれをはるかに上回る３００万ドルを投じた。ＮＲＡは選挙資金で劣っていただけでなく、行動も控えめで、選挙戦が近づいても前面に出ようとせず、これには一部の支持者たちも驚いていたほどだ。

だが、目立たなかったとしても、リコール選挙を左右したのはNRAの取り組みだった。NRAは長年にわたって、狩猟クラブや射撃場、自然保護団体や猟友会のほか、NRAに所属はしていないが銃所持権を支持する地元の小規模団体など、コロラド州のさまざまな組織に少額の助成金を寄付していた。その総額は数十万ドルにのぼる。

これらはすべて、政治と文化と銃ビジネスの融合に役立つ、草の根運動のネットワークを構築するための投資だった。つまり、正式にはNRAの傘下ではないが、戦略的には連携している、独立・自立型の群衆のネットワークだ。

「下心」を見せずにつながり続ける

このコミュニティから、ヴィクター・ヘッドのような活動家が誕生した。ヘッドは28歳の配管工で、友人たちや家族とともに、リコール選挙に必要な数千人の署名を集めた。銃所持権の支持者らが集まるネットの掲示板で、リコール選挙をやるべきだと盛り上がったのがきっかけだった。

「俺と弟がこの運動を始めたのは、あの法律のせいで、もろに影響を受けたからだよ」

地方局フォックス31デンバーの取材に対し、ヘッドは語った。

「だから熱心に取り組んだんだ。ボランティアも本気の人間しか使わなかった。みんな張り切って戸別訪問したのは、カネのためじゃない」

リコール反対運動の陣頭指揮を執っていたのは、ワシントンのベテラン政治運動員で、当時、ブルームバーグ率いる銃規制派のリーダーだったマーク・グレイズだ。

やがて彼は、敵に出し抜かれたことに気づいた。

NRAの戦術が大成功した理由を、グレイズは語ってくれた。

「カネをバラまくだけバラまいて自由に使わせることで、かえって相手を思いどおりに動かせることはよくあります。リコール運動が起きたとき、NRAは関与していないように見えました。ところが、これまで助成金を受けてきた組織は、みな恩恵を受けていますから、法案成立を推進した議員たちに対して選挙で闘いを挑み、議席から引きずり下ろしたのです」

これは、外部への助成金は惜しまなかったものの、内部の草の根運動の財政管理には厳しかったブルームバーグの戦略とは大違いだった。

「オーガナイザーや地方支部にも助成金は支給しますが、対象範囲が狭く、厳しく管理されていました」

グレイズは当時を振り返って、NRAは「下心はいったん抜きにする」のが功を奏したのだろう、と認めざるを得なかった。NRAは選挙戦で負けるかもしれない危険を冒して、群衆へのコントロールをゆるめたことで、人びとは自由に活動でき、むしろ主体的に選挙戦に取り組むことができた（繰り返しになるが、手を離れて勝手にどんどん広がっていくのが本当のムーブメントだ）。

リコール選挙においてNRAは「戦線離脱した」などと評していた人たちは、彼らの戦略を読み違えていた。NRAは戦線を離れてなどいなかった。自らが目立つことより、究極の目的を優先させただけなのだ。

ブルームバーグは巨額の資金を投じたが、NRAはもっと価値の大きなものを利用することができた――それは、激しい勢いだ。

NRAは以前から、ヴィクター・ヘッドのような人びとのいるネットワークに投資してきた。分野は多岐にわたるが、共通の目的でつながっている人びとだ。その巨大なコミュニティを味方につけたNRAは、リコール選挙を事実上、銃所持権をめぐる住民投票へと変えてしまった。

NRAの仕事は、前面に出ることなく、人びとに自由を与えること。さらに、勝利を確実にするために、組織的な支援を行うことだった。まさにグレイズの語ったとおりだろう。「NRAはほとんど表に出ませんでしたが、何年にもわたって人びとの情熱を育んできた結果、銃規制法が成立したとき、NRAの支援者たちは怒り狂ったのです。その怒りが、我々の喜びよりも激しかったということでしょう」

オールドパワーで「勢い」を過熱させる

コロラド州のリコール選挙に勝つため、NRAはニューパワーの支持者たちを活躍させ、オールドパワーの組織は後方から支援を行った。

しかし、オバマ大統領と彼のワシントンの同志らが支持する銃規制法案「マンチン・トゥーミー法案」を否決させるには、NRAは戦術の転換を図り、オールドパワーの力をフルに発揮して群衆の勢いをさらに過熱させる必要があった。

最初、この法案は賢明な銃規制改革として通過する見込みだった。これはサンディフック小学校銃乱射事件を受けて提案されたもので、圧倒的大多数のアメリカ人が、この法案の基本理念である「銃購入希望者への身元調査の義務付け」を支持していた。

しかもこの法案の提案者は、熱心な銃規制派ではなく、NRAの強力な同志と見られていた2名の上院議員だった。ジョー・マンチンは民主党員で、銃文化の中心地、ウェストバージニア州出身の誇り高きNRAメンバーであり、パット・トゥーミーは共和党員だった。

ところがマンチン・トゥーミー法案は、もっとも恐るべき強力な武器を持ち出したNRAによって、無残にも否決に追い込まれた。

今回の法案に関し、ＮＲＡは「スコア評価」を行うことにしたのだ。

ＮＲＡのスコア評価とは、銃所持権に関する法案への投票記録に応じて、ＮＲＡが議員らに対し、ＡからＦの評価をつけることだ。ＮＲＡは選挙の際、その評価に基づいて、各議員にニンジン〔選挙資金〕を与えるか、ムチをくれるかを決定する。今回の法案以前、トゥーミーの評価はずっとＡマイナスだった。

世論調査専門家でアナリストのダグ・スコーエンは、ＮＲＡの権力行使に関する詳細な論文において、次のように説明している。

「ＮＲＡは、そもそもこの法案が提案されるきっかけとなった前回の投票に関しては、スコア評価をしなかった。そのため前回は必要数をはるかに上回る68票もの賛成票が集まった。ところがＮＲＡが、身元調査に関する重要な修正案を扱う次回の投票ではスコア評価を行うと発表したところ、前回はこの法案を上院に提出することに『賛成』を表明した議員のうち、なんと14名が支持を撤回し、ＮＲＡ側に回って身元調査への反対票を投じた」

ＮＲＡのスコア評価は、さしずめ現代版の〝皇帝の親指〟――上向きなら無罪、下向きなら有罪の宣告だ。ワシントンの議会場やロビーに行けば、ＮＲＡに逆らって大きな代償を払った議員たちの裏話がいくらでも聞ける。

だが、意外な見方もある。スコーエンによる、過去15年間の選挙に関する研究によれば、

NRAの権力は、じつははったりに基づいている部分が大きいことがわかる。銃支持の候補者たちがすでに当選確実だったケースや、最低限の助成金しか出していないケースでも、NRAは勝手に手柄を主張しているのだ。

たとえば2012年、NRAはそれぞれ100ドル未満しか支援していない5つの選挙で勝利を宣言している。スコーエンの指摘では、NRAは広く信じられているように、米国の選挙でもっとも多額のカネを投入している団体でもなければ（実際は50位くらい）、もっとも効果的にカネを投入しているわけでもない。NRAは、自身にまつわる誇大な伝説と脅威を利用して、効果的に恐怖を生み出しているのだ。

さらにニューパワーを利用することで、その脅威はさらに強大に、真に迫って感じられるものになる。

議会での投票を左右するため、NRAは支援者らの激しい勢いを利用して敵を圧倒した。当時まだノースダコタ州選出の新人上院議員だったハイディ・ハイトカンプは、政治家たちは大きなプレッシャーを感じたと語っている。

「私はいつも、相手の話をよく聴く人だとか自立心の旺盛な人だと言われていますが、それでも最後は、有権者の声に従うべきだと信じています」

彼女の州では、議員たちにマンチン・トゥーミー法案を支持させようとする広告キャンペーンが大々的に行われた。ところが、投票直前の最終日に事務所に殺到した電話による有権者の意見は、「少なくとも7対1」で法案反対だった。

長期戦で「カルチャー」を変える

少しのあいだ、この数字について考えてほしい。世論調査の結果によれば、90パーセント以上のアメリカ国民は、マンチン・トゥーミー法案のような法律の制定を支持している。にもかかわらず、銃所持権の支持者たちの献身と尽力によって、法案はいとも簡単に覆されてしまった。

これほど殺到した電話は、どこからかかってきたのだろう？

NRAの会員になることは、政治的な参加を意味するだけではない。保険料が安くなる、個人ローンが組みやすくなる、ワインクラブのメンバーになれるなど、目に見える利益がたくさんある。

さらに、NRAとの関わりは子どものころから始まる。NRAのブログには「射撃プログラムでお子さまも大喜び」という記事もあるほどだ。「NRA」のロゴをパンに焼き付けるトースターまで売っている。

なお、これはNRAの〝公式〟の群衆の話だ。彼らは何十年も前から続いているプログラムをとおして、NRAと関係を深めている。

いっぽう、NRAには〝非公式〟の群衆もついている。ヴィクター・ヘッドのような、銃文化を形成する雑多な集団だが、いざというときは集結し、頼りになる。

NRAは長期的な戦略を取っている。草の根運動の取り組みを支援し、政治的な目的の範囲を超えて、人びとに満足を与えられるフィードバック・ループを用意している。NRAを詳しく観察してきたジェニファー・カールソンは、こう述べている。

「銃規制派は政治運動をしています。銃政策を変えようとしているわけです。いっぽう銃支持派は、カルチャーを変えようとしている。そのために銃業界のなかで動いている。それもまた政治運動です」

NRAを強大にしているのは、銃文化のパワーだ。銃規制派のマーク・グレイズが述べているとおり、「銃支持派は、圧政に対する愛国主義者の主張や懸念をかき立てることで、銃グループに参加しよう、NRAの指示どおりに州議会選挙で反対票を入れよう、と呼びかけているだけではありません。彼らは政府に銃を押収される事態に備えて、どんどん銃を購入しているんです」

NRAは、人びとを結びつける強力な世界観を構築した。そのため、銃乱射事件など有事の際には、むしろ一丸となって強さを発揮する。メンバーたちが銃の押収を恐れてさらに購入し、より献身的に活動することで、奇妙な好循環が生まれるのだ。

NRAは恐れを知らず、統一の世界観を構築する取り組みにいっそう注力し、さらには共通の敵を設定している。

２０１７年、ＮＲＡが制作した新規会員の勧誘用の動画には、銃の話題すら出てこない。その内容は、トランプ政権の政敵やリベラル派に対する暴力を煽っているようにしか思えない。動画のナレーターはこう言っている。「我々の国と自由を守る唯一の方法は、虚偽という暴力に対し、真実のこぶしで闘うこと。それしかないのです」

「正当な理由」で熱意をリードする

多くの人は本意ではないだろうが、ＮＲＡから学ぶべきことは多い。新旧のパワーを切り替える能力が卓越しているのだ。ＮＲＡのリーダーたちは、どんな場合にオールドパワーの戦術を用い、どんなときにそれを引っ込めて、ニューパワーを勢いづかせればよいかをよく心得ている。

マイケル・ブルームバーグの組織は莫大な資金力を持ち、銃規制を求める市民らの支持があったにもかかわらず、群衆を動員して望ましい成果を上げることができなかった。それは「ブルームバーグのキャンペーン」だったので、ほかの誰かが主体的に参加する余地がなかった。いっぽうＮＲＡは、あるときは前面に出て強烈な印象を与えるかと思えば、次にはさっと後ろに身を引くという類いまれな能力を発揮している。

ブルームバーグはマンチン・トゥーミー法案の成立に失敗したあと、方向転換を図り、銃の安全な取扱いを求める全国的な草の根運動「エブリタウン」を立ち上げた（ジェレミーの組織、パーパスが協力した）。

メンバーには、サンディフック小学校銃乱射事件のあと、「常識に基づいた銃規制のため、行動を求める母たちの会」の旗印を掲げて各地に支部を立ち上げた、女性活動家の集団も含まれている。この女性たちには、子どもたちや地域の安全を守りたいと切に願う母親として、活動をする道徳上の正当な理由があった。

彼女たちの抗議運動と巧みなメッセージ戦略によって、スターバックスやターゲット〔ディスカウント百貨店チェーン〕といった大手の小売企業において、店内への銃の持ち込み禁止を実現できた。

近年では、ブルームバーグ派の草の根運動や地域に根差した運動によって、身元調査の義務付けに関する住民投票で、ワシントン州とネバダ州で法案が可決されるなど、重要な政策において勝利を収めている。

エブリタウンは、銃支持派とのあいだにある「熱意」の差を埋める必要性を認識している。その戦略が功を奏している兆候は、フロリダ州オーランドのナイトクラブ「パルス」で起きた銃乱射事件のあと、エブリタウンの支援者（当時300万人）から上院に対し、1週間で6万2000件もの抗議の電話があったことだ。

これは、マンチン・トゥーミー法案が上院で否決される直前の数か月に、銃反対派が上院にかけた電話件数の約8倍にのぼる。ブルームバーグ派とNRA派の闘いは、今後さらに拮抗していくだろう。

NRAは巨大な組織ならではの強さ、厳粛さ、資産を生かすとともに、社会運動のエネルギーや創造性を利用している。多くのプレイヤーが入り乱れる混沌とした世界で、ブレンドしたパワーを駆使しているのだ。

では、次のストーリーでは、TEDが自己充足型の組織を立ち上げるため、パワーをどのようにブレンドしたかを見ていこう。

「超高額」でエリートを囲い込む
――「TED」の秘密結社のような組織モデル

いまも毎秒、世界のどこかで17人がTEDトークの動画を観はじめている。しかしTEDは設立から約15年間、最大のトークでさえ、カンファレンス会場の聴衆はほんの数百名だった。かつてTEDは、カリフォルニア州ロングビーチで開かれる小さなサロン的な集まりだった。参加者はときおり集まっては、テクノロジーやエンターテインメントやデザイン（だからTEDと呼ぶ）に関する魅力的な講演を聴いていた。

1990年に年次カンファレンスを開始したTEDは、チアリーダー型の組織で、ニューパワー的なアイデアにとってインキュベーション（支援・促進）の役割を務めていた。初期のトークから、「協働のニューパワー」「オープンソースの学習革命」といったテーマを扱っていたが、TEDのモデル自体はオープンソースとはかけ離れていた。プログラムや講演者（スピーカー）のラインナップは、中枢の少人数のチームによって決定されていた。TEDカンファレンスの聴衆は、世界の最先端の思想家たちの話を聞くことができた――だがその特権は、財力に恵まれ、しかるべきコネのある人たちに限られていた。

初期のころは、その閉鎖的な枠組みのせいで、〝秘密結社〟のようなイメージを持つ人が多かったようだ。公式サイトの「TEDの歴史」にはこのような記述がある。「多岐にわたる分野において影響力を持つ人たちが……好奇心と進取の気象と胸を躍らせる発見の共有によって、結びつけられる」

もっとも、2000年代に入り、デジタル時代が幕開けし、ソーシャルメディアが登場すると、さすがのTEDも排他的なエリート主義の運営方法はやめて、TEDトークに出てくるような、協働型で民主化されたつながった世界を目指したと思うだろうか。

ところが面白いことに、TEDはそのコアモデルを変更しなかった。それどころか、ある意味では、以前にも増して手が届かない存在になった。カナダのバンクーバーで開催されるＴＥＤカンファレンスの参加費は、現在、２万５０００ドルという高値だ。さらに、スピーカーはもちろん、参加者も念入りに選ばれる。１２００席の座席と、シリコンバレーの最先端企業の記念品がぎっしり詰まったバッグをめぐって、熾烈な争いが繰り広げられている。

元副大統領のアル・ゴアと肩が触れ合ったり、グーグル共同創業者のセルゲイ・ブリンと「人権侵害カードゲーム」をプレイしたりできるのは、ごくひと握りの幸運な人たちだ。これは富裕層向けのソートリーダーシップ（先進的な理念を示し、業界でのプレゼンスを上げるマーケティング手法）であり、大衆の参加とはかけ離れている。

コアのサービスを「無料」で開放する

ところが皮肉にも、ＴＥＤのすばらしいところは、そのいっぽうで世界でもっとも人びとに愛され、共有され、尊敬され、人気のあるニューパワー・ブランドになったことだ。そのきっかけをつくったのは、イギリスの起業家、クリス・アンダーソンだ。

彼は２０００年代の初めに、ＴＥＤカンファレンスを引き継いだ。熱心なＴＥＤスター（１３７ページ参照）のなかには、これまでのＴＥＤの雰囲気が台なしになるのではないかと危惧する人たちもいたが、アンダーソンはそうした意見を踏まえ、ＴＥＤ独自のカルチャーを尊重しつつ、新しいリーダーとして尽力し、非営利団体へと切り替えていった。

どのTEDトークを聴いても、世界がいま大きく変化しているのは明らかだった。だからこそアンダーソンは、TEDも変わる必要があると確信していた。従来のやり方にこだわらず、外の世界に目を向け、カンファレンスを中心にコミュニティを形成することにした。もし成功すれば、各コミュニティが独自の価値を生み出し、TEDに新たな価値がもたらされる。

まず、彼は大胆にもリスクのある決断を下した。唯一の知的財産であるTEDトークを、ネットで無料公開することにしたのだ。

TEDの元エグゼクティブ・プロデューサー、ジューン・コーエンの話によれば、カンファレンスのチケット売上に影響が出るのを恐れ、無料公開には反対した人たちもいた。ところが、正反対の効果が表れた。

2006年6月に、初めてTEDトークを無料公開したところ、9月には視聴回数が100万回を突破した。現在では数十億回に達している。

認知度が急上昇し、TEDの名前が広く知れ渡ったことで、カンファレンスのチケットは飛ぶように売れ、スポンサーに名乗りを上げる企業が殺到した。TEDが無料公開トークを増やせば増やすほど、リアルイベントへの参加の価値はさらに高まった。

VIPと一般人を「同時」に満足させる

もちろん、ただ動画を公開しただけではない。TEDトークがこれほど有名になったのは、マスマーケット向けに絶妙にデザインされていたからだ。

美しい映像で、簡単にシェアできて、制限時間は18分と決まっており、アンダーソンに言わせれば、「啓蒙し、謎を解き明かし、人びとを巻き込み、喜ばせる」ための工夫が凝らされている(TEDは重要なコンテンツを〝平易化しすぎる〟という批判もあるが、18分も集中力を持続してもらうという前提は、いまどきかなり長めに見積もった時間に思える)。TEDトークを観れば話の面白い人間になれるし、友人たちにシェアすれば知的にも見える。

TEDが非常に効果的なのは、超VIPがバンクーバーのカンファレンスに参加するのと、一般の人がTEDトークをシェアするというふたつのユーザー体験は、どちらも同じインセンティブに基づいていることで、違うのは優遇の度合いだけだ。

ティファニーが、大富豪は上階のプライベートサロンへ案内するいっぽう、ロビー階のショールームではセルフィー好きの観光客も歓迎するのと同じで、TEDも限られた人たちに最高の体験を用意するいっぽう、誰でも利用できるコンテンツを提供している。TEDはこの二正面作戦によって、双方へのバリュープロポジションを高めてきた。

カンファレンスのスピーカーたちは、TEDには大きなマスマーケットがあることがわかっているので、さらに価値の高い体験ができる。スマートフォンでTEDトークを観る人たちも、TEDが選んだ講演ならば最高の内容だろうという安心感がある。

もしTEDが閉鎖的な運営を続けていたら、いまのような信頼を勝ち得ていたとは考えにくい。エリートたちがいったい裏で何をしているのかと、世界の人びとが疑いの目を向けているいまの時代、謎めいた年次会合はますます時代錯誤になっていたはずだ（スイスのスキーリゾート地、ダボスで年次総会を開催している世界経済フォーラムもそうした課題に直面し、いまや年次総会以外にも、コミュニティを形成したりイベントを企画したりするなど、対策を取っている）。

しかし、クリス・アンダーソンがデジタルを駆使したことで、TEDは世界中の視聴者を獲得するとともに、コミュニティを形成することができた。TEDはニューパワーによって、オールドパワーを見事に補ったのだ。

オーガナイザーに自主的に「運営」させる

TEDはトークを公開することによって、コンテンツを「共有」できるようにした。だが、TEDの名が広く知れ渡るようになると、その成功は思いがけない課題をもたらした。

TEDに熱狂した人たちは、トークを共有したりコメントしたりするだけでは飽き足らず、自分たちもTEDトークの講演をしたいと思うようになったのだ。当然ながら、TEDの年次カンファレンスではその要望に応えることはできない。

そこで、クリス・アンダーソンとスタッフたちは、TEDの次なるコミュニティ、TEDx（自立した運営によるTEDイベント）をつくりだした。

TEDxでは、各地のオーガナイザーがクリス・アンダーソンの役を務めている。現在ではTEDxアムステルダム、TEDxザ・ブラウニング・スクール、ミャンマーのTEDxインヤレイクなど、世界中に広がっており、これまで130か国のイベントで、3万件を超えるTEDトークが行われている。

TEDからTEDxの設立および運営をまかされたララ・スタインは、TEDxに対する懸念を捨てきれず文化的にも抵抗を感じていたTED本部が、TEDxの価値を認め始めた瞬間について語っている。2012年、600名のTEDxのオーガナイザーたちがカタールに集結し、7日にわたる、第1回TEDxサミットを開催した。参加者たちは経験を共有し、TEDxの将来性について夢を膨らませた。

「キベラ〔ナイロビのスラム街〕の出身だろうと、カーネギー一族の出身だろうと関係ない。全員が同じ場所で同じ体験をしました」とスタインは述べている。「あのときに築かれた絆が、それから何年も続く原動力になったんです」

TEDブランドは以前より身近な存在になったが、コントロールを放棄したわけではない。バンクーバーのTEDカンファレンスと同様、TEDxのイベントも緻密《ちみつ》に構成されている。TEDxのオーガナイザー志願者に配布されるマニュアルには、「〜しなければならない」という表現が48回、「〜すべきである」が27回、「〜することはできない」が21回も登場するほどだ。

TEDxの運営方法は、ハッカー集団アノニマスのような、誰もがメンバーになれて好き勝手に活動する分散型ムーブメントとは似ても似つかない。

TEDxはむしろ、業務委託契約書によって細則が定められているフランチャイズに似ている。キュレーションの質が高く、絶対に利益を動機とせず、運営に影響するスポンサーを入れない、というTEDならではの特色を維持するために、はっきりと規則が設けられているのだ。

好きなことに「貢献」できる機会を与える

TEDxが誕生した年に、TEDの「オープン翻訳プロジェクト」が公式に発足した。

このコミュニティはもともと、お気に入りのTEDトークを翻訳したくて許可申請をしてきた人たちや、あるいは許可なく翻訳していた人たちのあいだで自然発生的に生まれたものだ。

そうした人たちの要望に応えてTEDが立ち上げたこのプラットフォームは、簡潔で当を得ていた。翻訳者たちが訳したものを投稿すると、ほかの人たちが「レビュアー」や「語学コーディネーター」(フランス語、スペイン語、ウルドゥ語など、特定の言語のコンテンツの翻訳を監督する役割)として翻訳をチェックしてから、オンラインで公開される仕組みだ。

このプロジェクトでは2万人以上のボランティアによって、これまでに約10万ものプログラムが100か国語以上の言語に翻訳された。

翻訳者のなかには、オンラインでやりとりする人たちもいれば、実際に会って作業をする人たちもいる。自分たちが重要だと思っているトークをより多くの人に見てもらえるよう、貢献できる機会を楽しみながら取り組んでいる。自分たちの企画したイベントで行ったトークを翻訳する場合もあれば、思いがけず〝秘宝〟のようなトークを見つけ、多くの人と共有したい、と胸を躍らせる場合もある。

もっとも活躍の著しい翻訳者は、アルゼンチンのTEDxペサでキュレーターも務めている、セバスチャン・ベッティだ。これまでに担当した翻訳やレビューや文字起こしの件数は、なんと3000件以上にのぼる。

「開放型」のステージに踏み出す

以上のとおり、TEDのコミュニティは、ひとつの統一ブランドのもとでパワーをブレンドする方法を示す模範例となっている。オールドパワーのカンファレンスを中心として、TEDxやオープン翻訳プロジェクトといったニューパワーの世界が構築されたことで、TEDは世界でもっとも効果的なメディア・プラットフォームになった。

TEDがブレンドしたパワーを、全米ライフル協会（NRA）がブレンドしたパワーと比較すると、ひとつ大きな違いが見えてくる。それは、TEDは本質的に閉鎖型のシステムだということだ。

あらゆるやりとりは、TEDブランドの枠内に収まるようにコントロールされている。TEDのミッションは「価値あるアイデアを広める」ことに違いないが、TEDのリーダーたちは、優れたアイデアなら何でも、フォーマットや場所にこだわらずに広めようとまでは思っていない。TEDのアイデアの世界はじつに巨大だが、閉鎖的なのだ——すべてのコンテンツやイベントにおいて、「TED」のロゴが真っ赤に輝いている。

いっぽう、NRAは開放型のシステムで運営されている。守るべきブランドはオールドパワーだが、中枢の組織やメンバーの外側に幅広いコミュニティを育成し、もっとゆるやかで、厳しく制限しない関係を築いている。

ふたつのシステムは大きく異なるが、どちらも組織のコアの目標に役立っている。TEDは閉鎖的なシステムによってクオリティを維持し、作品やブランドの価値を強化することができている。いっぽう、NRAは開放的なシステムによって、銃文化や銃ビジネスに関わる人たちのエネルギーや、激しい勢いを利用することができている。

これまでブランドをかたくなに守ってきたのは、TEDにとって非常に効果的だった。「TEDスター」という言葉は、かつては年に一度のカンファレンスに出席する、ごく限られた人たちのことを指していたが、いまでは世界中の多くの人が、自分をTEDスターだと思っている。

ただし、TEDは今後さらに開放的になる必要があるかもしれない。最近ますます評判の悪いシリコンバレーのエリートたちの出席が増えて幅を利かせていると、カンファレンスの人気が低迷するおそれがある。

意外性のある、すばらしいトークを生み出すことに厳格にこだわっているTEDのフォーマットも、もっとリアルな活動の機会を提供して、年間をとおしてコミュニティへの参加度を高めたいTEDxのオーガナイザーたちにとっては、物足りないかもしれない。

こうした次のステージに踏み出すことについては、これまでTEDはつねに前向きではなかった。「価値あるアイデアを広める」のはTEDのミッションだが、それとは別に

「解決すべき問題に取り組む」という問題もある。群衆の「参加」の欲求がますます高まっている現在、TEDはいま一度、自らについて考え直すべきかもしれない。

群衆の力でもっとも斬新な商品をつくる
――「古い業界」でニューパワーを発揮するには？

もっとも典型的なオールドパワーで、20世紀型の経営管理を特徴とする産業といえば、やはり自動車産業だろう。

だがこれから紹介するのは、まぎれもなく21世紀の方法で自動車を生産している企業の話だ。その方法は、新旧のパワーのブレンドによるところが大きい。

「オープンな環境で、最高の思考と創造を追求する」

これはローカルモーターズ社のスローガンのひとつで、従来の自動車会社とはまったく異なる会社であることを宣言している。

『フィナンシャル・ポスト』紙は、ローカルモーターズのビジネスモデルを次のように評している。

「あまりに斬新で、最初はよく呑み込めない。クラウドソーシングで、3Dプリンターによって電気自動車をつくっている。しかも、スーパーの店舗程度の広さしかない地元の小規模な工場で組み立てて、顧客に直接販売するのだ」

ローカルモーターズには、従業員ではない5万人のコミュニティが存在し、その人たちが自動車のデザインやコンセプト開発を行い、会社はそれを小規模生産して販売する。ときには組み立てにも、コミュニティメンバーたちの手を借りることがある。

これは20世紀の製造業を支配したフォーディズム（規格品の大量生産、大量販売）とは、正反対だ。ローカルモーターズが提供するのは、「顧客は誰でも好きな色の車を選べる――それが黒である限りは」などと言い放ったヘンリー・フォードのセリフとは、真逆のものだ。

ローカルモーターズのコミュニティには、高度な技術者もいればアマチュアもいるが、誰もが熱烈な自動車好きで、自動車の未来に大きな夢を持っている。そして、その未来をなるべく早く実現させるために貢献したいと思っている。これまでにメンバーたちは協力して、自動運転ミニバスや、オーブン内蔵のピザ配達用特別車や、馬力を向上させた公道仕様の巨大トラックなどを設計・開発している。

交流のなかから「偶然」を引き出す

ローカルモーターズと若き共同創業者、ジェイ・ロジャースは、自動車産業のトップダウン方式をひっくり返し、顧客に指示を仰いできた。

「ローカルモーターズのコミュニティのみなさん。我々は車のどんな部分を改善したいか、みなさんにお尋ねしました。すると、自分でメンテナンスや修理や改良をできるようにしたい、というご意見をいただきました。自動車メーカーのせいでパーツが入手しにくいため、ヘッドライトの交換やバッテリーの充電など、簡単なことでさえ自分でやるのは難しい。小さな振動やノイズが聞こえても、車の内部の奥深くにパーツが埋め込まれているから、どこが問題なのか見当もつかない。まるでミステリー・マシーンに乗っているようだ。そんな声も聞かれました」

こうして最近も、ローカルモーターズはコミュニティにコンペの課題を出した。世界初の公道仕様の3Dプリント自動車を、オープンソースの設計とパーツで製造し、誰でも修理できるようにすること。さらに、モジュール化〔交換可能なユニットの組み合わせで車を設計する方式〕によって、オーナーが自分好みのスペックの車をつくれるようにすること。

最優秀に選ばれたのは「スイム」。バンクーバーのヒューレット・パッカードのエンジニア、ケヴィン・ローのアイデアだ。彼は本業でのユーザーインタラクションを向上させるため、ひまを見つけては自動車の設計を学んできた。

「じつは、女性の靴をモデルにデザインしたんです」

ローカルモーターズのデザイン哲学は、アップルとは対照的だ。アップルの場合、工業デザイナーは神のごとき全能の存在で、消費者は自分ではなにが欲しいのかすらわかっておらず、クパチーノの天から下賜《かし》される商品をありがたがる存在だと考えられている。

もっとも、ローカルモーターズも無秩序に動いているわけではない。成功の秘訣は、新旧のパワーの絶妙なブレンドにあり、車の設計において群衆に重要な役割を与えるとともに、組み立てラインが滞りなく動くようにしている。

ローカルモーターズの商品開発部長、アレックス・フィクターは、従来の自動車メーカーと比較しても、スタッフがさまざまな技術分野の出身であることや、製品ライフサイクルなどは、とくに変わらないという。だがローカルモーターズは、開発のプロセスを大勢のコミュニティに公開する方法を見出した。

「スイム」のような車のデザインが決まると、ローカルモーターズはコミュニティに対し、プロジェクトに必要なその他のニーズを提示する。すなわち、どの自動車メーカーでも設計を商品化する段階で直面するのと同じ基本的な課題だ。フィクターは次のように説明する。

「交流のなかで、思いがけない偶然が起きてほしいと思っています。たとえば廊下の立ち話みたいに、いま困っている問題について話していたら、たまたま通りかかった人が、『ああ、これなら前の仕事でやってたよ』などと言ってくれるようなイメージです。渡りに船という感じで、誰かが現れるといいと思うんです。『これは私の趣味だから、何でもわかる。どうすればいいか教えるよ』と」

ロイヤルティの支払いは「最低限」にとどめる

ジェイ・ロジャースは、つねにコミュニティを頼りにすべきだと思っている。だが彼の成功の秘訣は、どんな場合に会社が目標を設定し、正しい決断を下すべきかをよくわかっているいることだ。

ロジャースはこのアプローチを「箱をしっかり描く」と呼んでいる。すなわち、会社が制限や条件を明示し、コミュニティはその範囲内でイメージを膨らませるのだ。箱をどれだけきっちり描くかは、会社がサプライチェーンの対応力を判断し、特定の製品の実行可能性に影響する外的条件をすべて考慮したうえで決定する。

ケヴィン・ローがコンペの課題に応募したとき、当時ローカルモーターズのコミュニティ担当だったニコラス・ド・ペイエは、課題の要件を満たしていないとして、一度は却下している。

「この案はぜひとも通したいし、あとちょっとだ。ひとつだけ引っかかるのは、開閉する屋根の部分が明快じゃないことだ」

彼はそう言って、ローカルモーターズの求める改善点をローに説明した。そしてローが見事にこの試練を乗り越えたとき、ド・ペイエは正式にエントリーを受け付け、心から祝福した。こうしたきめ細かいやりとりこそ、ローカルモーターズがコミュニティに参加をうながす仕組みの特徴だ。

コミュニティも真剣にチャレンジしてくる。

「彼らはあらゆる意見を言ってきます。『34インチのタイヤを使っているようだが、35インチを使うべきだったのでは？』。その件なら、ご意見をうかがって検討し、意向に沿うつもりでしたが、妥協点で手を打ちました。35インチを使うと2000ドル高くなる。34インチを使うと、1インチ小さい分だけパフォーマンスが下がる。でも、ひとつ150ドルです。それで結局、タイヤに2000ドル使うのはやめました」

そのように説明されれば、コミュニティも「なるほど、そういうことか」と納得する。

コミュニティとしては、会社がある程度はオールドパワーを発揮することも期待しているようだ。

「ちょっと要求が多すぎると言われることもあります。たとえば、ポータルサイトのデザインを手伝ってほしいと依頼したときは、何人かのメンバーから苦情が来ました。『あんたたちは何にもしないのか？』って」

現在、ローカルモーターズは製品の価値をコミュニティと共有するための最善の方法を模索している。コミュニティのメンバーたちは、「クリエイティブ・コモンズ・ライセンス」をとおしてプラットフォームに貢献している。エントリーした案が採用された場合には、知的財産権を共有することに同意しているのだ。案が採用されると賞金が付与される。最優秀に選ばれたデザイナーが使用料（ロイヤルティ）を受け取っている例も、これまでに少なくとも一例はある。

長期的に価値を共有するため、ロイヤルティの支払いは、もっとも重要な貢献者に限るのが最善の方法だとロジャースは考えている。すべての貢献に支払いが生じるようにすると、コミュニティの絆を深める協力やボランティアの精神が損なわれかねないからだ。

コミュニティのすべての取り組みが報われるのは、ローカルモーターズがついに車を市場に出すときだ。これぞまさに「参加特典《プレミアム》」（229ページ参照）の実例と言える。車の開発に関わった人たちは自分で購入してくれるだけでなく、熱心に宣伝もしてくれる。ローカルモーターズが築いたコミュニティは、無料のマーケティングチャネルとして、いまやハーレーダビッドソンやテスラなどの熱狂的なファンたちに勝るとも劣らない。

ローカルモーターズの挑戦は、まだ始まったばかりだ。規模では大手の自動車メーカーには遠く及ばない。しかし、真に群衆のパワーを生かした製造業の姿を、我々に示している。

では最後に、スペインの事例を紹介しよう。市民はオールドパワーの政治家たちが自分たちの大きなエネルギーを活用するまで、ただ待ってはいられなかった。彼らは自らパワーをブレンドし、政治の中枢へと乗り込んでいった。

「現実的な革命」を起こす
――「理念」で人を動かせないならどうするか？

国政の分野で、カリスマ的な若手リーダーが思いがけず名を上げた。その男はデジタルツールを駆使して反対勢力を出し抜き、冴えわたる弁舌で大規模なデモを鼓舞した。経験はまだ浅いが、鬨《とき》の声を上げ、人びとを奮い立たせる。「そうだ、私たちにはできる！」――。

今回はバラク・オバマの話ではない。これはスペインのポデモス党の党首、パブロ・イグレシアスの話だ。

「私たちにはできる」を意味するポデモスは、2014年1月に結党された。その4か月後の5月、欧州議会議員選挙では、ポデモス党が全体の8パーセントに相当する120万票を獲得。さらに、スペインの2015年総選挙では、総投票数の5分の1を獲得した。結党から2年を待たずして、ポデモス党は党員数においてスペイン第2の政党となり、数十年にわたる二大政党制〔国民党とスペイン社会労働党〕を打破した。

ポデモス党の予想外かつ前例のない躍進は、パワーのブレンド方法について我々に多くのことを教えてくれる。

ポデモスはニューパワーの原則と価値観を推進しているが、固執してはいない。彼らは目的を果たすためには、オールドパワーの戦略も徹底的に、何度でも駆使する。ポデモスの哲学は、党リーダーのホルヘ・モルノが語っているとおり、ドン・キホーテにも、マキャヴェリにも通ずるものがある。


ポデモス誕生の背景には、大きな失望があった（それはニューパワーの限界についてのよい教訓でもあった）。

２０１１年の春、スペインは緊張に包まれていた。汚職が蔓延し、経済は破綻《はたん》し、銀行員らは悪党と見なされていた。若者の失業率は43パーセントという驚異的な数字で、各地の広場でデモが起こっていた。

そんな緊張状態のなかで、「怒れる者たち」（通称「15－M」。５月15日運動の意）が立ち上がった――教育費や医療費など多岐にわたる分野の予算削減に対する大規模な抗議運動であり、その年の秋に世界を揺るがすオキュパイ運動の前触れでもあった。15－Mは新鮮で、刺激的で、可能性に満ちていた。

当時、『ガーディアン』紙はこう報じている。

「街の広場という広場が人で埋め尽くされ、あちこちで集会が開かれ、何万人もの市民たちがネットワーク化されたアプローチによって政治に取り組んでいる。それが新鮮で魅力的に映るのは、既得権者たちの好む階層的なアプローチに盾突くものだからだ」

ところが政治勢力はなかなか変わらなかった。11月の総選挙では、二大政党がトップに返り咲いたのだ。パブロ・イグレシアスは当時を振り返って、「古参のエリートたちのあざ笑うような態度」を覚えている。彼らは広場に集まった抗議者たちに対し、妙案があるなら出馬したらどうだ、と小馬鹿にしていたのだ。

長髪でしなやかかつ雄弁なイグレシアスは、当時30代半ばで、コンプルテンセ大学で政治学の講師を務めていた。彼はエリートたちの嘲笑を受けて立つことにした。平等なスペイン社会を目指し、長年、社会運動に打ち込んできたイグレシアスは、スペイン共産主義青年同盟のメンバーでもあった。

そこで、彼は仲間の教授たちや学生たちと即席のチームを組み、失敗に終わった15－Mのような運動とは異なる、新たな左翼運動を立ち上げようと計画を練った。15－Mとは違い、運動を一気に成長させて、準備ができしだい正式な政党にする。そうして十分な政治的権力をつかんだら、スペインの膠着《こうちゃく》した選挙体制を変革する。

この闘いに臨んだイグレシアスは、きわめてオールドパワー的な行動を取った。テレビ番組をつくったのだ。

オールドメディアで「人気者」になる

「ラ・トゥエルカ」〔スクリューの意味〕というその番組は、ユーチューブで配信された。低品質でプロデュースもお粗末で、カメラマンの姿が画面に見え隠れし、ゲストたちは狭い場所で肩を寄せ合っていて、実験的とでも言うほかなかった。だがイグレシアスや仲間の学者や活動家たちは、政治で成功するには、従来のメディアで人びとにメッセージを伝える能力が必要条件だと考えていた。その能力を鍛えるには、この試みがまさにうってつけの集中訓練《ブートキャンプ》になると考えたのだ。

もちろん、ツイッターを使えば若者たちのバズを狙えるし、フェイスブックはデモの動員に威力を発揮する。だが大きな文化的改革を起こし、政治勢力を持続させるには、電波を占拠しなければならない。

イグレシアスにとっては、まさに「テレビスタジオが、本物の国会になった」。彼らの革命は、テレビで放映されるのだ。

「ラ・トゥエルカ」で3年間の訓練を積んだのち、イグレシアスは有名なテレビ番組に進出した。弁舌に磨きをかけた甲斐あって、彼は主要メディアでもパンチの利いたトークを展開した。すぐに各局への出演が決まった——ポニーテールの教授は国民の窮状のシンボルであり、広報マンでもあった。彼はこう語っている。

「トーク番組の型破りな左翼のゲストが、少しずつ、危機によって生じた社会政治的な不満を浮き彫りにする参照点となっていきました」

だがこの時点では、世間の注目は広告塔であるイグレシアスだけに集まっていた。ダイナミックで、情熱的で、ハリウッド映画のキリストにそっくりとくれば、アイコンにならないほうが不思議だ。

だがあくまでも、これは意図的かつ戦略的な選択だった。イグレシアスが述べているとおり、こうして名声を得るのは「ポデモスの戦略にとって不可欠な要素」であり、一般の人びとの心や、家庭や、日常に入り込むための手段だった。

次の行動は、状況に対する責任を負うべき相手を具体的に設定することだった。そこで彼らはスペイン国民の目を「ラ・カスタ」〔カースト、社会階級〕に向けることにした。「ラ・カスタ」とは、国の進行中の危機に責任がありながらも、現状から恩恵を被っている者たちを包括的に指す言葉として、ポデモスが使い始めた表現だ。

覚えやすい単語で、銀行家や、汚職まみれのビジネスパーソンや、偏見に満ちた判事や、信用できない行政官などをひと括《くく》りにしたのだ。誰が選挙に勝っても同じエリートたちがトップに君臨しているという問題をうまくとらえた言い回しだった。

「ラ・カスタ」はあっというまに全国に広まり、歪んだ社会階級だけでなく、歪んだ体制を意味するようになった。

2013年の終わりには、イグレシアスは全国に名を轟かせていた。彼のスローガンも主張も、全国に知れ渡った。

こうして英雄が生まれ、悪党が生まれた。ついに、政党を立ち上げるときだ。

「自分たちの活動」と思わせる

オールドパワーの戦術とカリスマ的リーダーの存在によって、運動は盛り上がったが、ポデモス党の設立を実現したのは、ニューパワーの大きなうねりだった。

2014年の初め、学者と活動家による中枢グループが集まり、考え方を整理し、目標を設定して、政治綱領「モヴェール・フィーチャ」〔行動を起こすの意〕をまとめた——ニューパワーの価値観に対するラブレターのようなものだ。このマニフェストは、「対等性と透明性」「民主的開放性」「国民主権」、さらに「開かれた参加プロセス」による立候補を掲げた。

イグレシアスは、選挙運動を支援する嘆願書に5万人の国民の署名を獲得できたら、運動をさらに推進できると訴えた。署名数が5万人に達したら、自分は欧州議会の議員選挙に立候補する。そして開かれたプロセスを構築し、ほかの人びとがポデモス党から立候補できるようにする、と宣言した。すると24時間以内に署名数は5万人を突破した。

ポデモスは政党になってからも、ムーブメントのような活動を継続した。細かい規定をつくったり構造を複雑化させたりすることを避けた。

ポデモスの選挙戦略は、人びとが自分たちの活動として政治に取り組めるよう全力でサポートすることだった。そこで、懸念について話し合い、アイデアを共有するために、地域やオンラインのサークルをつくるよう人びとに呼びかけた。すると、全国で多数のサークルが一気に誕生した。

選挙でポデモス陣営の一員となり、イグレシアスと同じくコンプルテンセ大学の講師だったエドゥアルド・マウラは、これを「ハッカー理論」と呼んでいる。

「ハッカーとして政治運動をしていると、どんどん増殖して、どこにでも出現したくなるんです」

こうした考え方が、20世紀的な政党とは対極的な、障壁の低い、責任の少ない参加モデルにつながっていった。ポデモスは、人びとがなるべく簡単に政党とつながれるようにした。

「支部の発足に必要なのは、フェイスブックのアカウントとメールアドレスとミーティングだけ。入会金も会費も不要です。だから最初の2か月で、300以上の支部が発足しました。地域別だけでなく、教育、文化、環境など分野別の支部もあります」

サークルの立ち上げには、地域が主体となることが重要とされた。サークルは「本部」が重要と考えることではなく、人びとがもっとも重要と考える課題に取り組むべきだからだ。

ポデモスは、デジタル運動の拡散性や、一過性や、御しがたい性質をよく理解していた。イグレシアスを中心とし、不正を中心テーマとすることで一定の方向性を示したが、エネルギーは広範囲に拡散していった。

この戦略は功を奏した。イグレシアスを含む5人の立候補者が欧州議会議員に当選した。だが、この勝利のさらに大きな意味は、ポデモスが政党としてまともに機能できることを示したことだろう。実社会における勝利によって、投票し、声を上げ、「いいね！」を押した大勢の市民たちの行為の正当性が認められたのだ。

パワーの「ブレンド」がすさまじい力を生む

とうとう、ポデモスはここまで到達した。だが政党のリーダーたちは、さらに上を目指した。大衆の参加という強みを生かし、市民のエネルギーを政策決定や意思決定の仕組みに取り込むのだ。

ポデモスは「もっとも重要な決定に大衆の参加をもたらす」ため、2か月間にわたる市民集会を開催した。目標は、オンラインやオフラインの議論、会合、サークルのミーティングなどを通じ、クラウドソーシングによってマニフェストの決定や政策の重要な判断をしたり、リーダーを選んだりすることだった。

プロセスはやや煩雑《はんざつ》で不規則な部分もあったが、非常に開放的だった。誰でも自分の考えを提案することができた。これには10万人以上もの人たちが参加し、『ネイション』誌は「直接民主制の前例のない試み」と評した。

オンライン討論サイト「ポデモス広場」が発足すると、フォロワーが毎日、1~2万人増えていった。人びとは「参加のためのプラットフォーム」によって、政党の取り組みを資金援助したり、事務を手伝ったり、少額融資で選挙運動や特定のプロジェクトを支援したりできるようになった。

このようにプロセスにはニューパワーが最大限に活用されたが、これがもたらしたものは、ある意味オールドパワー的な結果だった。

書記長に当選したイグレシアスは、中心的な役割を確固たるものにした。さらにイグレシアスは、トップへの権力集中を防ぐため書記長は3人設けるべきだ、という提案をはねのけた。こうして、大衆参加の仕組みが強化されたあとも、彼は圧倒的な支配力を維持し、ムーブメントのリーダーであり続けた。

2015年12月、強さと勢いに乗ったポデモスは500万票を獲得し、スペインの国会で69議席を獲得した。結党から2年も経たないうちに、スペインの二大政党制を打ち破ったのだ。

高揚感があるときこそ「現実的」になる

スペインで「怒れる者たち」の抗議運動が起こる4か月前、2000マイル彼方《かなた》では、ワエル・ゴニムが体制の打倒を企てていた。彼はフェイスブックページ「我らはみなハーリド・サイードだ」の管理者で、このページが「アラブの春」のひとつである、2011年のエジプト革命の発端となった。

だが、このニューパワーの勢いも「怒れる者たち」やオキュパイ運動と同じで、衰えてしまう。エジプト革命の混乱は、独裁的なオールドパワーの勢力に巻き返しのチャンスを与えた。ゴニムは2015年のTEDトークで、次のように述べている。

「私は以前、『社会を自由化するには、インターネットさえあればいい』と言ったが、それは間違っていた」

ゴニムは当時を振り返り、エジプトの抗議運動において、分散化したリーダーシップやソーシャルネットワークは、運動を強化するどころかむしろ弱体化させたと考えている。

「多幸感が消え去ったあと、我々は同意を形成できなくなり、政治闘争は激しい分裂に発展した。ソーシャルメディアは誤情報や、うわさや、反響や、ヘイトスピーチを拡散し、不安をさらに増幅した」

こうした失敗をしないためには、どうすればよいか。それはポデモスから学ぶことができる。

本章に登場する組織のなかで、ポデモスは思想的にはもっともニューパワーに入れ込んでいた。だがポデモスが成功したのは、一貫して現実主義だったからだ。ソーシャルメディアを過信せず、抗議運動の高揚感で羽目を外すこともなかった。設立者たちは状況に応じて、積極的にオールドパワーを利用した。

反体制運動を起こすためにパワーをうまくブレンドしたのは、ポデモスだけではない。隣国フランスでは2017年、左派閣僚だったエマニュエル・マクロンが「前進《アン・マルシュ》！」を立ち上げると、たちまち「共和国前進」として与党の座を獲得した。マクロンは体制への不満を利用し、デジタルを駆使して群衆を集め、主要メディアの注目を得ると、記録的な速さで政治基盤を組織した。

こんなことは過去には容易ではなかっただろう。だがマクロンは左派にも右派にも寄らず、ポデモスのようにラディカルな参加型のかたちもとらず、中道派としてこれをやってのけた。

新旧の「2つのスキル」を身につける

もちろん、ポデモスのアプローチにも課題はある。我々はカリスマ的なリーダーが「人民の声を代表する」と主張しているときはつねに気をつけるべきだが、ポデモスはいまだにイグレシアス個人のカリスマに大きく頼っている。

またポデモス自身も認識しているようだが、リスクもある。選挙運動では理想主義を掲げていても、与党になると利権やシビアな現実とのせめぎ合いになる。プラカードを完璧にすることはできても、政治に完璧はない。

ポデモスは、とくに市長が運動を支持したバルセロナとマドリードなど、都市部に影響力を及ぼし、成功を収めてきた。ただし、国会議員に当選したポデモスの党員たちは、譲歩や妥協を余儀なくされ、連合や小競り合いに巻き込まれるなど、新たな多党政治の大混乱のなかで振り回され続けている。

それでも、ここまでのポデモスの功績には議論の余地がない。スペインの政治は変わった。若返り、多党制になり、参加型になったのは、ポデモスの反乱の成果だ。ポデモスはいまの世界に必要な、新しいタイプの政党のモデルを生みだしたのだ。

本章で紹介したスキルを習得した人は、状況や戦略に応じて、オールドパワーとニューパワーを使い分けることができるだろう。閉鎖型と開放型、あるいは組織とムーブメントを切り替え、どんな場合にコントロールすべきか、あるいはコントロールをゆるめるべきか、しっかりとわかったはずだ。

これは、いま切実な問題でもある。我々がもっとポジティブな参加型の政治を望むなら、ポデモスから学べることは大きい。さらに、世界がもっとも目指すべき問題解決も――ポデモスは同列に並べられたくないかもしれないが――全米ライフル協会のようなブレンド力を発揮することによって、可能になるかもしれない。

多くの人は、オールドパワーの言葉なら話すことができる――そういう世界で育ってきたからだ。いっぽうこれからの世代は、ニューパワーの言葉が母語になるかもしれない。しかし、世界を本当に変えられるのは、両方の言葉を流暢に操れる人たちなのだ。

第11章

「未来」の波に乗る

――ニューパワーの「最高傑作」をつくる

ハーバード大学ロースクール教授、ヨハイ・ベンクラーは、この20年、ハイテクを取り入れた協働や大衆参加の可能性について考察し、執筆してきた。以前からずっと、インターネットには文化的、政治的、経済的にパワーを分配する力があると主張している。彼の研究は、僕たちの考え方に大きな影響を与えた。

2006年、フェイスブックが登場して間もないころ、ベンクラーはある学者と議論になり、やがて未来を賭けた大論争に発展した。「カー対ベンクラーの賭け」として知られている。

きっかけは激しい反発だった。テクノロジー関連の著述家、コメンテーターのニコラス・カーが、ベンクラーの当時の新刊『ネットワークの富』（未邦訳）に対し、不快な反応を示したのだ。ベンクラーは同書において、将来的には「非市場ベースの協力と生産的なコラボレーション」が盛んになり、「人びとが金銭的な報酬以外のためにものをつくりだす」ようになる、と主張した。ウィキペディアやオープンソースのソフトウェアなどがいい例だ。

密接につながった時代には、そのような「ピアプロダクション」（不特定多数の人が情報や知識を集め、ウェブ上で共有しながら発展させること）が一般的になる、とベンクラーは予測した。

ニューパワーを否定する「未来予測」

カーはこれに真っ向から反対し、ベンクラーの著書を「テクノ-アナーキー-ユートピア的大傑作」と評した――ハイフンの使い方に軽蔑がにじみ出ている。

ベンクラーの描いた、みんなでつくるパラダイスとは異なり、カーが予想したのはまったく別の未来だった。彼はこのオープンソースと協働の超友好的な共同体主義は、「新しいコミュニケーションメディアの発明の結果、避けがたく生じる、ありきたりなアマチュア活動にすぎず、やがて職業化と商業化に取って代わられるだけのもの」と見なした。

この論争は、「つながりがもたらすピアプロダクションの大きなチャンスが、インターネットの中心になる」というベンクラーのニューパワーのビジョンと、「資本主義と管理主義がふたたび幅を利かせる」というカーのオールドパワーの確信の衝突だった。そこでベンクラーは、対立するアイデアのどちらが正しいか、試してみようと提案した。

「たとえば、1名から3名程度の人を指名して、2年後など、将来の同じ日にウェブサイトやブログ界を調査し、情報キュレーション（ソーシャルニュースサイトのディグなど）や視覚映像（写真共有サービスのフリッカーなど）など、いくつかのカテゴリでもっとも影響力のあるサイトを探してもらうのはどうか。そして、それらのサイトがピアプロダクションによるものか、価格インセンティブによるものかをジャッジしてもらうのだ」

それから5年経ち、答えを決めるべき頃合いとなった。「カー対ベンクラーの賭け」の勝者はどちらだろう？　あまり驚かないかもしれないが、両者とも、自分が勝ったと考えていた。

2012年5月、カーは自身のブログに「金を払えよ、ヨハイ・ベンクラー！」というすごいタイトルの記事を投稿し、勝利宣言をした。そして、「オンラインメディアのほとんどのカテゴリにおいて、主要な制作システムは営利目的である」という見解を主張した。

1週間後、ベンクラーが自身のブログで反撃した。

「社会起業家や活動家だけでなく投資家まで、営利目的のサイトではなく、社会的交流や社会参加のためのプラットフォームを支持している」

これに対し、カーが反論した。音楽制作と配信、ニュース報道、電子書籍、ゲーム、アプリなど多くの例を挙げ、仲間同士《ピア》のコラボレーションよりも、企業による支配のほうが優勢であると主張した。写真と百科事典のカテゴリについてはベンクラーに譲歩したが、ポルノは除外できないとした。

「よりスムーズなもの」が勝ち続ける

10年以上経ったいまも、この論争は未解決のままだ。

両者とも、少なからず正しいことがわかった。個人間をつなぐオンラインサービスはますます商業化されるという、カーの主張は、たしかに正しかった。初期には成功していた「カウチサーフィン」のような、ゆるいシステムが魅力の旅行者用の無料シェアリング・プラットフォームも、エアビーアンドビーのような有料サービスの登場によって衰退した。

しかし、フェイスブックから活動家のムーブメントに至るまで、大規模な（そして無報酬の）ピアプロダクションが登場することを予測していたベンクラーには、先見の明があった。

ただし、ベンクラーが前向きに支持していた無報酬のピアプロダクションのモデルでさえ、プラットフォームのオーナーたちには莫大な富と権力をもたらした。

我々がつくるコンテンツは巨大な価値を生み、強力なプラットフォームは我々のデータを吸い上げ、我々が見るべきコンテンツもひそかに決め、利益の大部分をさらってしまう。ウィキペディアのようなすばらしい例外もあるが、このような非営利、非抽出型のモデルは標準的ではない。

いっぽう、カーが予測した、生産的な貢献に対して報酬を支払う有料モデルも、規模と影響力にものを言わせて利用者から搾取しているとして、非難を受けている。

ウーバーのドライバーたちは、職業化されているとは言いがたい。それどころか、ウーバーがドライバーたちを従業員として扱うのを断固拒否しているのは、本書でも見てきたとおりだ。ある意味では、「カー対ベンクラーの賭け」は、両者とも負けだったと言えるかもしれない。

僕たちがハーバード・ロースクールのベンクラーのオフィスを訪ねると、彼は少し浮かない顔をしていた。

「君たちが2017年にこんな楽観的な本を書いているのは、すごいと思う」とベンクラーは言った。「こういう本を書くのは、10年前よりも確実に難しくなっているはずだ」

その理由として、ベンクラーは数年おきに教えている音楽産業と知的財産に関する講義について説明した。

「興味深いのは、2000年代後半に音楽産業の事例を教えたときは、分散化と分裂が急激に進行していた。その5年後には、アーティストが生計を立てるための中間構造が登場し始めた。有志の寄付やサウンドクラウド〔音声ファイル共有サービス〕などだ。そして、2016年に教えたときは、スポティファイ〔音楽ストリーミング配信サービス〕が席巻していた。つまり完全に〝中央集権化〟したわけだ」（カーがそれ見たことかと喜んでいるのが目に浮かぶようだ）

いまの消費者は、なによりも「フリクションレス」（スムーズで、イライラしないこと）に価値を置くので、スポティファイのような使いやすいサービスは誰にとっても便利だ。だがその代償として、ほんのひと握りのプラットフォームしか利用されなくなり、その基盤はますます強固になっていき、我々はそこから抜け出せなくなってしまう（フェイスブックが、インスタグラムやワッツアップなどの競合を買収し、人びとが依存する大きな世界を構築しているのを見ればわかるだろう）。

さらに、それらのプラットフォームの価値を生み出している人びとは、搾取されている。ベンクラーはユーチューブの例を挙げ、クリエイターたちは、コンテンツが生む収益を共有するため、ユーチューブに権利を一部譲渡するような契約に同意しなければならないと説明した。

10年前、ベンクラーの目に留まったニューパワーのモデルを持つさまざまなサービスは、その後大きく発展し、創設者らが重視していたニューパワーの価値観から、しだいにかけ離れていった。それらは我々の生活にとって、かつてより便利なものになってはいるが、その半面、一部の者が実りを吸い上げる〝集団農場〟の様相を呈してきているのも事実だ。

「店」になることを拒否する

キックスターターは独創的で非常に優れたニューパワーのプラットフォームだ。これまでに数十億ドルもの資金をクリエイティブなプロジェクトのために調達し、アーティストや発明家に新しい大きなチャンスを与えてきた。

アーティストたちはこうしたクラウドファンディングのおかげで、レコード会社など従来の媒介機関の資金への依存を、かなり減らすことができた。当然ながら、ベンクラーとカーは、キックスターターの成功がなにを意味するかについても議論を戦わせた。

「アーティスト支援のために資金を集めるのだから、カー流に言えば、プロとしての利益をサポートしているわけだ」

この点についてはベンクラーは認めた。

けれども、キックスターターの資金調達モデルは「ベンクラーの夢」に近いという。「アーティストたちを支援するのは、荒稼ぎなどを目的とせず、社会的な動機でお金を出してくれる一般の人たち」だからだ。

キックスターターは、ユニオンスクエアベンチャーズのようなトップのベンチャーキャピタルから資金提供を受けている。当初のCEOペリー・チェンや共同創業者たちは、商業化を推進すれば超大金持ちになっていたはずだ。しかし、ペリーとキックスターターは別の方向を目指した。

2012年、プラットフォームが大規模になり、ある意味、文化的な基準のようにも見られるようになってきたころ、創業者たちは有名なブログ記事において、「キックスターターは店ではない」と宣言し、ただの新商品の予約販売サイトになるのを防ぐ手段を講じた。

ペリーはキックスターターの売却や株式公開は行わず、「パブリック・ベネフィット・コーポレーション」というかたちを取った。これは新たな法体系をもとにした事業形態で、株主に利益をもたらすのでなく、会社が社会に貢献するための仕組みだ（社会的責任を果たしている企業に対する民間の認証制度「Bコーポレーション」を見習ったものだ）。

「ユニコーン」でなく「ラクダ」を目指す

キックスターターは大胆かつ明快な言葉で、ニューパワーのまったく新しいタイプの大企業としての姿を描いている。

・キックスターターは、プラットフォームの健全性とシステムの整合性に配慮する。
・キックスターターは、ユーザーのデータを第三者に売ることは絶対にしない。利用者のプライバシーの権利および個人情報を熱意をもって守る。政府機関に対しても例外ではない。
・キックスターターは、将来起こりうるすべての事態をカバーするものではない。業界の標準的なやり方にならい、あるいはただ可能だという理由で、権利や権力を主張しない。
・キックスターターは、経済的利益が生じる可能性の有無にかかわらず、使命と価値観が合致しない限り、公共政策のためのロビー活動やキャンペーン活動を行わない。
・キックスターターは、税負担軽減のために、法の抜け穴や、合法的だが難解な税務管理戦略を用いない。

ペリーは創業当時、見込みのありそうな投資家たちに対してどんなプレゼンをしたかを語ってくれた。

「彼らにはこう言ったんです。『僕らが起業するのは、売却のためでも株式公開のためでもない。売却や株式公開は、最大のインパクトを出すには障害になると考えているんです。それでも、うちはよい投資先になるはずですよ。いずれにせよ、うちはこの方針でやっていきます』って」

キックスターターは、シリコンバレーが探し求める神話的な〝ユニコーン〟——巨額の利益をもたらす希少な存在——ではなく、ありふれた〝ラクダ〟のような存在と言える。動きはやや遅いが、重要な役割を果たし、投資家や社会を長期にわたって支える存在だ。

ペンシルベニア大学の研究によれば、キックスターターのプロジェクトによって、新たに8800件の企業と非営利団体が誕生し、2万9600ものフルタイムの仕事が生まれたという。キックスターターのプラットフォームは、クリエイターやコミュニティに対し、53億ドルもの直接的な経済効果をもたらしている。

ペリーは、今後もっと多くの起業家がユニコーンでなくラクダを目指すようになると考えている。

「これからの世代はさらにそういう傾向が強まると思いますが……物事のやり方はひとつじゃないということがわかっていくようになるでしょう」

いま、若い人たちのあいだで、利益と目的意識を統合させたいという願望が強くなっていることを考えると、ペリーのような人が増えていくというのは可能性があるだけでなく、現実味のある話だ。

さらに、ペリーの戦略のロジックは、ニューパワーのコミュニティを構築する起業家たちにとって魅力的なはずだ――彼らの運命は、群衆をどれだけきちんと育成し、敬意をもって接するかにかかっているからだ。

ペリーと共同創業者たちの道のり、そして哲学は、我々が〝集団農場〟での生活から逃れ、搾取をせず、社会的な生産力を持つための道を示している。つまり、サークルテスト（216ページ参照）に合格するプラットフォームだ。

もっとも機能するプラットフォームをつくる
――「ツイッターを買う」とは？

現在、ペリーの直感をさらに発展させたような試みが世界中で行われており、フェイスブック、ツイッター、ウーバーなどのニューパワー・モデルを再構築するための構想が練られている。

コロラド大学ボルダー校のネイサン・シュナイダーは、いま発展しつつある（とはいえ、まだ理論段階の）「プラットフォーム・コープ」というムーブメントの提唱者であり、リーダーのひとりだ。プラットフォーム・コープとは、いまや農場や工場だけでなく、ピアベースのテクノロジー・プラットフォームまでが存在する世界のために考案された、民主的に運営・統治される協同組合だ。このムーブメントは〝集団農場〟を理想的なデジタルコミューンに変えたいと考えている。

シュナイダーは、古い業界にも同様のモデルはあると指摘する。たとえば、イギリスの百貨店チェーン「ジョン・ルイス」は、1929年、従業員たちの所有するトラストに組み入れられた。従業員は小売店の収益を共有し、自分たちで理事会のメンバーも選出した。ニューパワーのプラットフォームの場合は、従業員どころか何百万人というユーザーが、創造された価値を共有し、重要な意思決定に発言権を持ち、プラットフォームのガバナンスに参加すべきだとシュナイダーは考えている。

彼はツイッターの重要な公共的機能から考えて、ツイッターのユーザーは同社を買収すべきだと提案している。

シュナイダーによると、問題はツイッターがユーザーのために機能していないことではない――その証拠に、強力な社会正義のムーブメントがツイッターを頼りにして行われている。問題は、ウォール街の論理がツイッターにも入り込んできてしまうことだ。ベンチャー流に言えば「ツイッターは繁栄している」が、ニコラス・カー流に言えば「ツイッターは採算ベースを下回っている」ことになる。
シュナイダーらの提唱する「#ツイッターを買おう」（#BuyTwitter）運動は非常に注目され、2017年、ツイッターの年次総会の5つの提案のなかに選ばれ、議論された。次のように、ツイッターのまったく異なる在り方を強く打ち出したのだ。

コミュニティ所有のツイッターでは、ユーザーである我々が出資して共同所有者になり、プラットフォームの成功に貢献する役割を担うため、新たな安定した収入源がもたらされる。株式市場の短期的なプレッシャーがなくなれば、ツイッターの潜在的価値を引き出せる。これは、従来のビジネスモデルでは何年かかってもできなかったことだ。不正利用についても、もっと透明性が高く、説明可能なルールを設けることができる。イノベーションを促進するため、プラットフォームのデータを再利用することができる。総合的に、すべての人がツイッターの成功と持続性に注力できるようになる。これは既存の投資家に対しても、他の方法より適正な利潤を保証するものだ。

群衆の「小口の出資」を促進する

こうした動きに対し、ツイッター社側は肯定的ではないため、ツイッターをコープ（協同組合）にするのは容易ではないだろう。だがこの構想は「参加者」としての我々にも、次世代のプラットフォームの設計者たちにも、魅力的な新しいビジョンを提示している。

実際、コープ的な発想の哲学やモデルが登場し始めている。写真共有コープの「ストックシー」（Stocksy）は、写真家や映像作家に対し、作品のライセンス化の機会を提供しているプラットフォーム・コープだが、いまや数百万ドルのビジネスに発展している。彼らのモットーは、「我々は創造性の尊重、利益の公正な共有、共同所有を大切にし、すべての意見に耳を傾ける」だ。

プラットフォーム・コープのようなアイデアが成功するには、大手投資家や従来の資本市場に頼らなくても規模拡大のための資金を調達できるよう、政府が環境を整える必要がある（それが可能だったら、ペリー・チェンもキックスターターの立ち上げ時に、ベンチャーキャピタルから資金調達をする必要はなかった）。

つまり、ブリュードッグを支えたような、群衆からの大規模な出資を促進するのだ。政府の役目は、小口投資家たちが都合よく利用されないように、企業側の説明責任と透明性を徹底させることだ。

巨大なプラットフォームを本当の意味で再構築するには、アルゴリズムを再構築する必要がある。フェイスブックの例でもわかったとおり、ＳＮＳサイトは巨大な力を持っており、コードを操作するだけで、消費者の嗜好《しこう》を左右したり、過激な思想を刺激または妨害したり、我々の感情を動かしたりすることができる。だがいまでは、そんなSNSのアルゴリズムは、企業の私益に貢献する秘密のレシピになっている。

では、「公益アルゴリズム」はどのように機能するか考えてみよう。プラットフォームを、オーナーや広告主や投資家の利益ではなく、参加者や社会全般の利益に役立つように設計したら、どんなふうになるだろう？

それには、3つの重要な特徴が必要だ。

第1に、ユーザーにどんなコンテンツを見せ、なにを優先するかを決定するアルゴリズムへのインプットは、ユーザーに対して完全な透明性を持たなければならない。それは、不快なコンテンツやヘイトスピーチなどの抑制に関しても例外ではない。

第2に、各ユーザーが自由に変更できる設定やオプションを設けること。異なる意見のコンテンツにも、もっと接することが可能となるようにする。自分を囲む泡《バブル》の外側の視点や見解を〝フィルター〟のなかに通すのだ。これによりセンセーショナリズムを抑制することもできる。

第3に、アルゴリズムのデフォルト設定には公益テストを実施し、どうすればプラットフォームがより広い「サークル」に貢献できるかを検討する。

このプラットフォームは、社会的緊張や過激思想を緩和することが証明されたコンテンツを前面に出し、民間の議論を活性化し、多元主義を促進し、支援の行き届いていないコミュニティに光を当てるなど、公共放送の最新版のような役割を担うかもしれない。

プラットフォームの参加者、スーパー参加者、および広く一般の人たちが、プラットフォームがどの部分に、どのように、どの程度の比重を置くべきかについて、正当な議論ができるようにする必要がある。

革命的な「ニューパワー・プラットフォーム」

10年前、ワールドワイドウェブの父、ティム・バーナーズ＝リーだけは〝集団農場〟の迫りくる危険に気づいていた。

２００８年、最初のビジョンを提示してから約20年後、彼は「分散型ソーシャルネットワーク」の構築を提唱した。それは、彼の愛するウェブの世界をフェイスブックのような中央集権的なサイトから守るためだ。プラットフォームがもっと流動的で多元的になれば、「ソーシャルネットワーキングは、検閲や独占や規制といった中央権力の行使に影響されなくなる」と考えたのだ。

現在、バーナーズ＝リーはこの問題に取り組むプロジェクトに尽力している。ウェブ・アプリケーションの仕組みを根本的に変えることで、我々の個人データやコンテンツを、いまは文字どおり「所有」しているアプリやプラットフォームから切り離すのだ。バーナーズ＝リーのプロジェクト「ソリッド」では、我々は自分のデータを個人の安全な「ポッド」の一部として所有することができる。あなたのすべてのデータを第三者のプラットフォームに置いておかずに、自分で持ち運べるようになるのだ（ギークの言葉でいうところの「相互運用性《インターオペラビリティ》」だ）。

あなたの写真、友人、既往歴、これまで旅行で訪れた場所、購入履歴――さらにはさまざまなプラットフォームで築いたネット上のあなたの評価（とくにこれは重要だ）まで、自分で持ち歩く。

どんなアクセスをどんな条件で誰に許可するかも、全部自分で決められる。ソリッドはたんに異なるテクノロジーというだけでなく、異なる哲学なのだ。ソリッドでは、あなたのデータはあなたに「所属」するものになる。

「透明性」を高める原則を徹底する

強力な媒介機関が個人のデータを握っている問題に対して、もうひとつの解決策が見込めるのは、ブロックチェーンだ。

ブロックチェーンは分散型台帳で、誰でもトランザクション（取引履歴）を記録し、閲覧することができる。銀行などの中央集権的な機密の台帳とは異なり、ブロックチェーンの台帳には透明性がある。取引の確認は中央権力が行うのでなく、分散プロセスとして行われる。ブロックチェーンは、仮想通貨ビットコインの基盤となったテクノロジーだ。

テクノロジーに詳しくない人にとっては、何時間かけて理解しようとしても、実際の仕組みは把握しがたいかもしれない。だがもっとも理解すべき重要なことは、中間業者を介さない直接の取引への適用の可能性だ。『エコノミスト』誌が述べているとおり、「互いに知らない相手、あるいは信用していない相手同士が、誰がなにを所有しているかを記録できるようになる。記録内容は、関係者全員が正しいと認めるものでなければならない。これは真実を築き、保護できる方法だ」。

これは公益に役立つ大きな可能性を秘めている（とはいえ、すべてのテクノロジーと同様、懐柔者によって、権力集中のためのツールとして利用されるおそれもある）。ブロックチェーンによって、ユーザーは搾取的な媒介機関を挟まずに、直接、価値を交換できるようになるかもしれない。たとえば、不動産の契約や金融取引をブロックチェーンで直接するようになることは、容易に想像できる。

また、ウーバーやエアビーアンドビーなどの巨大なプラットフォームがなくなっていくことも考えられる。ドライバーと乗客、あるいはホストとゲストが協力して、直接取引をする方法を見つけだすようになるかもしれない。

将来的に、我々の生活を一変させるような参加型のテクノロジーやアイデアが生まれるという予測は、枚挙にいとまがない。仮想現実や拡張現実、ブロックチェーン、あるいはメタバース〔コンピュータがつくりだす3次元の仮想空間〕などさまざまで、いまあるようなプラットフォームは古臭くなるかもしれない。

いずれにせよ重要なのは、我々は自分たちの住む世界から独占的な要素を減らし、透明性を高めるための原則を死守していくべきだということだ。

我々には、〝集団農場〟の参加者としての運命を嘆くよりほかに、もっとできることがある。2017年の『ガーディアン』紙の世論調査では、「フェイスブックは世の中の役に立つ」と思っている人はアメリカ人の3分の1未満であり、「フェイスブックはユーザーに配慮している」と思っている人は26パーセントにすぎなかった。また、大規模なテクノロジー・プラットフォームの権限に制限を設けるべきだ、という考えに対する支持が多いことも明らかになった。

だが、それを規制当局にまかせておくことはない。

本書に登場したエピソードのいくつかを振り返って、巨大なプラットフォームにうんざりしてしまい、利用を止める人たちのムーブメントも出てくるかもしれない。どんなムーブメントも〝集団農場〟で搾取される人をゼロにすることはあり得ないとしても、2017年の「#ウーバーを消そう」運動のように、ユーザーによる比較的穏健な抵抗運動ですら、政策やリーダーシップに大きな変化を引き起こす可能性がある。我々の「参加」の条件をつくり直していくには、科学技術者や起業家を含むすべての人びとが、ニューパワーを新たな発想で、社会にとって有益に適用することが必要となるだろう。

人は自分の運命を「他人ごと」のように眺めている

政治思想家で社会起業家のジェフ・マルガンは、現代における最大の矛盾について、次のように述べている。

「経済や社会やテクノロジーのさまざまな変化は、自分たちに力をもたらすものだと、人は信じている。ところが政府や企業のリーダーたちが下す決断については、自分たちから遠く離れたものとして受け止めている。彼らは自分たちを参加者でなく、観察者のように感じているのだ」

さらにマルガンは、世界の半数以上の人たちが「自国が間違った方向へ進んでいる」と考えていることを示す研究を紹介している。

イギリスのEU離脱（ブレグジット）の国民投票でもこの矛盾が浮かび上がった。「英国選挙研究」の調査によると、残留派と離脱派を分けた心理面での違いは、「深い疎外感」だった。離脱派の人たちは、自分たちの力では生活をどうすることもできないと感じている傾向があった。

　これと似たケースとして、ノーベル経済学賞を受賞したアンガス・ディートンは、ドラッグや酒に起因する死や自殺を含む、彼が言うところの「絶望による死」の予測因子と、ドナルド・トランプへの支持とのあいだには、明確な相関関係があることを指摘している。

　進行するオートメーション化への不安や、所得が伸び悩んで格差が拡大する厳しい現実が、こうした疎外感をますます強めている。信頼度調査「エデルマン・トラストバロメーター」によれば、いわゆるグローバル化の〝勝者〟たちでさえ、主要な社会的機関や、政府、メディア、教育とのあいだに隔たりを感じている。

　いまはSNSで不満を訴えれば、たちまち多くの人が励ましてくれる。それでも生活の厳しい現実に対しては、社会にどう適応すればいいのか、政府や機関とどう関わっていけばいいのかわからず、うまく対応できないように感じている人たちが増えている。

　このギャップを埋めるには、富や収入の格差を小さくし、これまで顧みてこられなかった人たちの状況を物理的に改善する必要がある。

　だがもっと微妙な課題は、人びとが積極的に自分の生活を築き、必要な機関とつながるために、我々はどうすればもっと意義深い機会を創造できるか、ということにある。

多様な「スタック」を積み重ねる

人びとはもっと、自分の運命はエリートたちの手中ではなく、自分の手の中にあると感じる必要がある。主体性を抑圧され、まともに意思表示できる機会がたまの選挙か国民投票しかないのであれば、人びとが参加を攻撃の手段として使うのもうなずける。「プラットフォームの強者」や過激な思想を持ったグループは、わかりやすい答えを示してくれる。だが、我々に必要なのはもっとほかのものだ。表面的かつ断続的な参加では意味がない。我々に必要なのは、人びとが深い意味で、継続的かつ多層的に参加できる世界だ。

その世界を「フルスタック・ソサエティ」と考えよう。

プログラマーたちの言う「スタック」とは、製品を動かすためのソフトウェアのさまざまなコンポーネンツ（プログラミング言語、アプリケーション、OSなど）のことを指している。「フルスタック」とは、それらのレイヤーがひとつにまとまって、見えるもの（フロントエンド）も見えないもの（バックエンド）もすべて含めて、首尾一貫した統一体を形成したもののことだ。

これは我々が創造すべき世界にとって、よいたとえになる。人びとがもっと有意義に参加でき、生活のあらゆる面で――テクノロジー・プラットフォームとの関わり方においても、仕事や健康や教育においても、もちろん民主主義や政府との関わり方においても——当事者意識を持てる世界だ。

それは、なにかひとつの決定的に重要な要素がもたらすものではなく、文化的、構造的な変化を必要とする。そのためには、あらゆる組織がもっと満足感をもたらす参加の方法を用意しなければならない。

人びとが既存の組織を信用しない最たる理由は、組織のほうが人びとを信用していないため、人びとに参加の機会をろくに与えず、ささいな、つまらないことしかまかせていないということだ。フルスタック・ソサエティを構築するために、我々はあらゆる立場の人びと——患者、納税者、消費者、隣人、有権者、学生、親など——がもっと力とつながりを実感できる、まったく新しいモデルを考案する必要がある。

フルスタック・ソサエティとはどのようなものか、わかりやすくするために、メディアと政治という重要な分野で奮闘している人びとのエピソードをふたつ紹介しよう。どちらのエピソードも、人びとにもっと力をもたらし、社会をもっと強くする方法を教えてくれる。そして、もし既存の機関が人びとの信頼を取り戻したいのであれば、人びとが直接携われるようにしなくてはならない、という重要な教訓を示唆している。

「読むだけの人」をつくり手に引きこむ

――「出版」を新たに発明する

2009年、当時まだ20代だったロブ・ワインベルグは、オランダの有力紙『NRCネクスト』の最年少の編集長として抜擢《ばってき》された。かつて天才少年と呼ばれた彼には、すでにベストセラーの著作もあった。哲学者としても研鑽《けんさん》を積み、ジャーナリストの血を受け継ぐワインベルグは（ジャーナリストの両親を持つ）、思慮深くひたむきで、かつてのバラ色の時代に属するタイプだと思われていた――スポンサー企画よりも公益に強い関心を持つ記者たちが、ニュース編集室にあふれていた時代だ。

2年後、ワインベルグはクビになった。センセーショナルで短命になりがちな、速報重視のニュース報道をやめ、もっと分析的で構造的な問題を取り上げ、長期にわたって事実を究明する報道を目指そうとしたためだ。

パナマ文書で名前が暴露された億万長者たちをさらし者にするのは、たしかに人びとの下世話な好奇心を刺激する。しかし、彼は僕たちにこう語った。もっと重要なことは、読者が事件の背景に潜む、グローバルな脱税と資本逃避の仕組みを理解することだ。こうした視点は、『NRCネクスト』紙のオーナーたちの事業目標と折り合わなかった。そして、ついに彼が方針の変更を拒否したとき、解雇されたのだ。

ふつうなら、話はここで終わるところだ。20世紀では、新聞社を立ち上げるには物理的なインフラから資本コストまで、巨額の資金が必要だった。編集者がクビになっても、新規の新聞社を興したりしなかったのはそのためだ。

しかし、ワインベルグはあきらめるような人間ではなかった。オールドパワーの機関ではジャーナリズムのあり方を見直すことができないのなら、ニューパワーの機関を立ち上げて実現すればいい。

ワインベルグは事業にまつわるあらゆることを見直すなかで、質の高いジャーナリズム活動を継続していくための新しい出版のビジョンを打ち出した。

この新しい出版形態においては、収益の95パーセントを記事とプラットフォームの開発に再投資する。読者の個人情報を必要以上に収集することを禁止する。完全有料購読制のオンラインメディアで、広告に一切頼らない。「ジャーナリストは客観的なロボットであるべき」という神話を拒否して「公然たる主観」を通し、記者には現実世界の変化を積極的に追求するよう奨励する。

そして、もっとも重要な方針として、刊行物と読者の関係を見直し、読者をジャーナリズム活動に積極的に参加させることにした。

ワインベルグは群衆に対し、彼のビジョンを支援し、最初の読者になってほしいと呼びかけた。その結果、ジャーナリズム分野のクラウドファンディングで、世界記録を更新した。彼が立ち上げたウェブメディア『デ・コレスポンデント』には、30日間で170万ユーロ〔約1億8000万円〕の資金が集まっただけでなく、初日にして1万9000人の購読者（「メンバー」と呼ばれる）を得たのだ。

読者を、活用できる「宝の山」ととらえる

『デ・コレスポンデント』の提案の中枢は、強力なニューパワーのアイデアだった。

共同創業者兼発行人のエルンスト－ヤン・ファウスはこう述べている。

「以前は『読者』と呼ばれていた人たちは、知識や専門的な知見や経験の最大の宝庫であり、ジャーナリストも頼りにできるはずだ。にもかかわらず、約1世紀半ものあいだ、資源として利用されてこなかった。私たち現代のジャーナリストは、読者のことを受け身で面倒なフォロワーなどと思わず、専門的な情報が潜んでいる宝の山と考えるべきだ」

『デ・コレスポンデント』では、多くの点でそれが現実となっている。

すべてのジャーナリストは原稿を書き始める前に、記事のアイデアや調査したい件についての疑問を「メンバー」たちと共有する。

次に、読者はそのテーマに関する自分の知識を利用して、洞察や、アイデアや、手がかりを共有するよううながされる。読者は外部の情報ソースや自身の経験を駆使して、キュ

レートしたり、裏を取ったり、手直しをしたりできる材料を与えられるわけだ。どの記事も、「読者からの貢献をもっとも関連がある方向へ導く」ために、記事の下には、記者から読者へ向けた問いかけの欄がついている。

『デ・コレスポンデント』はユーザーからの「コメント」を「貢献」ととらえ直し、ただの追加や補足ではなく、記事に欠かせないものにした。

編集者や記者は、テーマに関わってくれた特定のメンバーに、その記事についての投稿を依頼する。協力してくれる読者を専門家のように扱い、氏名にそれぞれの専門分野のタグを付け、略歴も書き込めるようにしている（これは従来のメディアのサイトでは聞いたことがない。通常、記事に略歴が添えられるのは執筆者だけだ）。

こうした取り組みは、『デ・コレスポンデント』が〝世界最大の名刺ホルダー〟を構築するためだ。記者がよりよい記事を書けるよう、またより幅広い情報源や相談相手を得られるよう、手助けしてくれる、科学者から看護師までの幅広い分野の専門家からなる信頼できるコミュニティだ。

読者はそんなふうに参加するのを楽しみにしている。『デ・コレスポンデント』は現在、「オランダ最大規模の難民へのインタビュー」に取り組んでいる。読者たちが庇護希望者とペアを組み、毎月会ってインタビューをし、難民たちの（多くの場合、無視されてきた）ストーリーを共有するのだ。これまでに何百人もの読者が協力している。

「スクープ」すらシェアする

もうひとつの例としては、環境分野の記者、ジェルマー・モマーズが、石油会社のシェルに関する調査を立ち上げたときの話がある。彼はまず、ブログにこんな記事を投稿して呼びかけた。「シェルのみなさん、一緒に話しましょう」

モマーズは調査結果を全部揃えてから一気に暴露するのでなく、それまでに突き止めた事実を読者に伝え、質問をして協力を求めた。エルンストーヤンは、「ジェルマーがわかっている限りの情報を伝えたことで、読者の支持が拡大し、信頼が深まった。それによって読者が新しい読者を呼び込み、さらに新しい情報を得ることができた」と語る。

やがて読者のひとりが、機密文書をもたらした。その文書こそ、気候変動による深刻なリスクについて、シェルが公式に認める何十年も前からすでに認識していたことを証明するものだった。

最初のクラウドファンディングから5年もしないうちに、『デ・コレスポンデント』は5万2000人の購読者を獲得した（人口比からすれば『ウォール・ストリート・ジャーナル』などの大手新聞と大差はない。しかも、オランダ語のみの現状でこの数字だ）。しかも、契約継続率も年間購読で79パーセント、月間購読で89パーセントと断トツで、他社がのどから手が出るほど高い数字となっている。同紙は現在、グローバル展開を計画中だ。

既存のメディアに対する疑念が深まり、フェイクニュースが氾濫《はんらん》し、アメリカ大統領がメディアを「国民の敵」と言ってのける世界で、『デ・コレスポンデント』は、どうすれば重要な社会的機能に人びとの参加をうながし、当事者意識を共有できるかを示している。彼らはメディアに対する信頼を失った人びとに、受け身の読者としてでなく、本物の参加者として活動に携わる機会を与えた。そうすることで、人びとが冒険の一部になることができた。

この勢いに『ガーディアン』や『ニューヨーク・タイムズ』などの各紙が刺激され、自紙の高邁な社会的使命を強調して、大規模な「購読者募集キャンペーン」を立ち上げている。しかし、本当の参加特典《プレミアム》は、自分たちだけが主役であろうとせず、読者を参加させることによって生まれるのだ。

「5秒」で自分の価値を実感させる
――「閉ざされた仕事」を開放する

聡明で恐れを知らぬ36歳のトランスジェンダー、プログラマー、活動家、そして台湾でもっとも優秀な科学技術者として知られるオードリー・タンは、政府の中枢にニューパワーを持ち込めば、どんなことが可能になるかを見せてくれた。

きっかけは２０１２年、台湾政府の広告だった。そこでは頭上に掲げられた複雑な経済改革条項を、市民たちがおののきながら見つめていた。「オープン・カルチャー・ブログ」のクレア・リチャードに、オードリーは語った。

「複雑で理解できないだろうけれど、心配せずに政府を信用しなさい——そう言っているようなものです。本当に屈辱的でした」

そこで、あるハッカー集団がウェブサイトを立ち上げ、政府の全予算のデータを公開し、それについて市民たちが容易に議論を行えるようにした。サイトの名称は「g0v.tw」で、台湾政府の公式サイト（gov.tw）のアドレスをもじって、o《オー》を0《ゼロ》に変えたものだ。

技術上の重要な課題は、政府がなにをやっているのかを誰もが理解できるように、視覚的に強く訴えることだった。それには、大量のデータを分析する必要がある。「ｇ０ｖ」は何としても群衆を味方につけたかった。それには人びとを巻き込むため、技術上の解決策を見つける必要があった。

「エクセルの表を全部コピーしてもらうには、4分かかるんです」とタンは言った。「ネット上ではなんでもすぐに満足を得られるので、それでは長すぎる。フェイスブックなら『いいね』やシェアがほんの数秒でできます。ネットでは1分が限度です」

そこで、膨大なデータをキャプチャー画像にまとめて数秒でコピーできるようにし、プロセスを達成したらバッジを獲得できる仕組みも加えて、人びとのモチベーションを高めた。いかにも彼女らしい口調で、タンは情熱を込めて語った。

「たった5秒しかかからないのに、自分は国を助けてるんだって実感できるんです！　有益でシンプルでやりがいがあって、楽しい。クラウドソーシングでは、それが肝心です。進捗状況が目に見えてわかれば、みんな寝る間も惜しんでやり遂げようとしてくれます」

このプロジェクトには、24時間以内で９０００人が参加した。

オンラインで意思決定に「大量の人間」を巻き込む

タンとｇ０ｖの次なる手は、２０１６年、タクシー業界と、台湾政府と、ウーバーのような配車サービス会社のあいだを調整し、新しい規制法を見出すことだった。タンは「Pol.is」というオンラインプラットフォームを使って、きめ細かい合意形成を可能にした。４５００人のユーザーとドライバーたちが解決法を提案できるようにし、意思決定の様子をライブ配信した。

やがて成立した新しい法律では、ウーバーから大幅な譲歩を引き出し、もっとドライバーを厳選し、保険の提供も求めた。またこの法律により、ウーバーに代わる存在が市民社会から出現しやすくなった。

タンは最初、活動家として体制の外側で活躍していたが、やがてビジョンを持った政治家となり、台湾で最年少の閣僚となった。タンはデジタル担当相として、「参加担当オフィサー」というポストを置き、一般の人を政府の仕事に有意義に参加させられる仕組み――必要なのは明白だが、21世紀になっても、管理体制に取り入れるにはハードルが高い仕組み――をつくっている。

タンは行政の成果についても、人びとが参加できる（なおかつ当事者意識を持てる）さらなる方法を見つけようとしている。

プラットフォーム・コープの推進者、ネイサン・シュナイダーも同様だ。シュナイダーは、公共の議論をうながし深めていくために重要なのは、人びとがつねに話し合い、投票し、協議することだと考えている。彼はこれを「分割民主主義《アンバンドリング・デモクラシー》」と呼んでいる。

「民主主義を分割するという考えが、いいと思っています。選挙で選んだ議員たちにすべてをまかせてしまう代わりに、民主主義を何層もの機関ととらえ、各サービスとの関係に応じて、個人が関わっていけるようにするんです」

医療制度の管理者も、大規模オンラインプラットフォームの経営者も、そうやって選べるようになればいいと彼は考えている。

ついやりたくなる「確定申告」の仕組みを考えよ

では、そのような考え方に沿って、確定申告について考えてみよう。毎年の確定申告が厄介で面倒なものではなくなって、夢中になれるような参加型の取り組みになったらどうだろう？

納税者は税金によって救われた人たちのストーリーを聞き、どんなことに税金が使われたのか見て、確認することができる。年1回、ただ大変な思いをするのではなく、市民は年間をとおしてフィードバックを受け取るのだ。税金のおかげで人生が一変した人から、突然、感謝のビデオレターが届いて、びっくりすることもあるかもしれない。衰退産業の労働者が、職業訓練を受けることができた。新しい運動場ができて、子どもたちが喜んでいる。医師がガンの新たな治療法を開発することができた。さらには、税金の使途の決定にも、人びとがより積極的に関われるようになるかもしれない。

そういう動きは、じつは市政レベルではすでに起こっている。参加型の予算編成は、何十年も前にブラジル南部の都市、ポルト・アレグレで始まった。それがいまでは世界中に広がり、インターネットのクラウドファンディングとの融合が起きている。

パリでは、アンヌ・イダルゴ市長の指揮のもと、野心的な参加型予算編成プログラムが実施され、何十万人ものパリ市民が、公共スペースの緑化からホームレスへの支援まで、生活に身近なプロジェクトについて、熱心な議論や投票を行っている。これは、予算編成プログラムに市民を巻き込んで成功した、アイスランドのレイキャビク市を手本としたものだ。レイキャビクでは、市民の60パーセントがこうした取り組みに参加している。

もっとも、このような計画はクラウドソーシングにありがちな落とし穴に注意しなければならない。とくに、「重要性の高いもの」と「バイラル効果の高いもの」をはっきりと区別する必要がある。また、すでに恵まれている人びとの利益を図ることのないよう、注意しなければならない。

だが、うまく行えば、より大きな目的に資することができる。人びとに当事者意識を持たせ、多くの「参加」の機会を提供することができるのだ。

個人で「ニューパワー」のモデルを考えだす

以上は、我々が「スタック」を積み重ねていくために必要な取り組みのほんの数例にすぎない。これをさらに発展させて考えてみるのも楽しいだろう。

たとえば、保健分野ではさらなる参加が求められる——高齢化社会では、とくに重要な分野だ。実際、患者自身の健康への意識を高めさせることこそが〝21世紀の大型新薬〟などと言われて久しい。イギリスの国民保険サービスの改革者、ヘレン・ビーヴァンは、健康を気遣うことは民主主義への貢献と考えてほしいと言っている。それは、自分自身のためと公共の利益のための継続的な投資なのだ。

この考え方を推進するには、本書の初めに紹介した「ペイシェンツ・ライク・ミー」のような、活発なオンラインコミュニティがもっと生まれてくることが重要だ。また、既往歴などのデータを保管するクラウド上のコープ（協同組合）が登場すれば役に立ちそうだ――大規模プラットフォームに情報を握らせずに、人びとが個人情報を保管でき、みんなで保健成果の改善に貢献するのだ。

さらに、いまは一般の人には閉ざされている分野にも参加の道を開くことが望ましい。たとえば、イギリスのボランティア救急サービスネットワーク「グッドサム」では、応急処置の訓練を積んだ民間人が、医療制度のサポートと補強に役立っている。

この試みによって、グッドサムは大規模になり、イギリスの各都市で救急サービスの大きな補助となっているが、メリットはそれだけではない。コミュニティの絆が深まり、多くの人が参加することに大きなやりがいを覚えている。

分野を問わず、さまざまなことを始めることができるだろう。

たとえば、オートメーション化が進むなか、退職者が失業者に対し、教師やメンターとして手助けできるようなニューパワーのプラットフォームを立ち上げる。地域のさまざまなバックグラウンドを持つ人たちが顔を合わせて、ヒンディー語を学んだり、人種差別と闘ったりできる場をつくる。分散型クリーンエネルギーの未来が訪れれば、一般の人たちが自分で発電し、余剰電力を売れるようになるかもしれない。

我々はみな、新たなモデルを構築したり、探し求めたりする必要がある――自分たちのような一般の人が当事者意識を持ち、お互いのつながりや社会とのつながりを実感できるように。

「参加」を引き出すために必要なのは、市民が道で見かけた穴やくぼみをサイト経由で報告できる程度の仕組みではない。人びとがもっと重要な事柄に協力して取り組み続けたくなるような、継続的かつ魅力的な体験だ。

ほとんどの先進国において、とくに若者たちのあいだで、民主主義への支持が歴史的な低水準に落ち込んでいるこの時代に、フルスタック・ソサエティを構築するのは、困難なことかもしれない。本当に重要なことのために人びとが結集するか、ただ熱狂してやみくもに集結するか、せめぎ合いや緊張も生まれるだろう。

善き社会を目指す人びとが、魅力的な体験や、持続的なフィードバック・ループや、やりがいをもたらすスキルを向上させ、社会の重要な機能を活性化させられるよう、努力していく必要がある。

ニューパワーの混沌たる「最高傑作」

2017年4月、レディットで、72時間にわたって奇妙な、だが予想だにしないほど、すばらしいことが起こった。

多くの意味で、本書の未解決の大きな問題について総括できる、締めくくりにふさわしい話だ。その問題とは、ニューパワーは我々を分断し格差を増大させるよりも、我々をひとつにまとめ、公平な世界をつくるのに役立つのか、という問いだ。

レディットはコミュニティにシンプルな課題を与えた。

「プレイス」という巨大な空白のキャンバスを用意し、大勢のユーザーたちが参加して、みんなでひとつの巨大なアート作品をつくろうという試みだ。

各ユーザーに与えられる時間は5分。

最初のころは、ペニスの落書きや鉤十字や罵り言葉など、くだらないものが目立っていた（第5章の「#レディットの反乱」を思い出せば、驚くには値しないだろう）。だがやがて善意あるユーザーが集まり、絵を描き始めた。

レディットのプロダクトマネージャーは、こう述べている。

「すばらしかったのは、コミュニティがただちに監視を始め、キャンバスをポジティブな内容に保ったことです」

ゴッホの「星月夜《ほしづきよ》」の驚異的なレプリカが描かれると、「ブラック・ヴォイド」と名乗る虚無的なグループが絵を真っ黒に汚そうとしたが、コミュニティの人びとは協力して、攻撃からこれを守った。国旗が描かれると、各国のユーザーのあいだで紛争が起こったが、やがて平和が訪れた。AFOL《エイフォル》（大人のレゴファン）たちも登場し、大好きなレゴブロックを宣伝した。

そうかと思えば、プレイスをプロポーズの場として利用しようとした男性もいた。その男性はコミュニティに協力を求め、自分の絵にきれいな飾りを描き足して、保存してほしいと頼んだ。男性の計画は無残にも妨害されたが、コミュニティが部分的に復活させ、ハートをいくつも描いてあげた。100万人以上が1600万画素に及ぶ、複雑でカオスな協働による最高傑作をつくりあげた――ある意味、史上最大のグループアートだ。

このプレイスでは、最終的にメンバーの数でも組織力でも、光の勢力が闇の勢力に打ち勝った。協力を大切にし、自分たちの中心的な価値観を守ることで、勝利がもたらされたのだ。

プレイスは、「フルスタック・ソサエティ」の姿を表すメタファーとなったと言える。巨大なデジタルのキャンバスに、人びとの参加によって、政治的、経済的、文化的に多様な表現が描かれた。そして、参加した100万の人びとは、誰もがオーナーの気分を味わうことができた――実際にそうだったからだ。

このプレイスのような世界を築いていくのは、煩雑な作業となるだろう。憎しみや懐柔も混じり合い、分裂や混乱も生じるだろう。しかし、これは我々がともに築くことができる世界であり、もっとも闘う価値のあるものなのだ。

訳者あとがき

この数年で世界は激変した——とくにトランプ大統領の誕生によって、そう実感した人は多いだろう。

テクノロジーの急速な発展によって、人や組織、経済、政治が境界線を越えて密接につながった世界で、情報伝達だけでなく、社会の権力構造にも大きな変化が現れている。巨大IT企業が急成長を遂げ、社会経済の基盤となったいっぽう、ミートゥー運動のような、これまでは力を持たなかった大勢の個人が団結した大規模なムーブメントが各地で起こっている。

本書の著者、ジェレミー・ハイマンズとヘンリー・ティムズは、そうした世界的なパワーシフトを読み解き、理解するための画期的な枠組みを打ち出した。

それが「ニューパワー」と「オールドパワー」だ。

アメリカで今年の4月に刊行された本書は、またたく間に世界10か国以上で版権が取得され、世界の変化の本質を知るための必読書として、アメリカでは『ニューヨーク・タイムズ』紙、イギリスでは『フィナンシャル・タイムズ』紙で大々的に取り上げられるなど、世界的に大きな反響を呼んでいる。

ハイマンズは、21世紀型ムーブメントを展開する「パーパス」の共同創設者兼CEOであり、オーストラリアの政治組織「ゲットアップ」の共同創設者としても活躍。ティムズは、『ファスト・カンパニー』誌の「もっともイノベーティブな企業」にランクインした「92ストリートY」の社長兼CEOであり、1億ドル超の募金集めに成功した「ギビング・チューズデー」の共同創始者としても知られる。ともにニューパワーの実態を知り抜き、ニューパワーによる変革の先頭に立って、社会にインパクトをもたらしてきた。

本書には有用な図表がいくつも登場するが、とりわけ秀逸なのがニューパワー・マトリックス（65ページ）だ。ニューパワーとオールドパワーの「ビジネスモデル」と「価値観」の組み合わせにより、組織を4つのタイプに分類する。

どこに当てはまるかを考えれば、組織の特徴や立ち位置を理解でき、ほかの組織とも比較しやすい。たとえばフェイスブックは、「ビジネスモデル」はニューパワーでも、「価値観」はオールドパワー。アップルは「ビジネスモデル」も「価値観」もオールドパワーの企業だ。同様に、ニューパワー・マトリックスのリーダーシップ版（341ページ）も、じつに興味深い。

ビジネスや政治、社会運動からポップカルチャーまで、現在の世界で躍進しているのは、新旧ふたつのパワーを巧みに織り交ぜ、駆使している人物や組織やムーブメントだ。

本書では、NASAからローマ教皇まで、あらゆる分野でニューパワーを取り入れた大胆な改革を行った数々の実例を紹介。TEDやエアビーアンドビーの成功、全米ライフル協会の強さの秘訣などを解き明かすいっぽう、ウーバーのような失敗を犯した企業についてもその理由を明らかにする。

また、ニューパワーのムーブメントを一過性の効果で終わらせないためには、人びとの継続的な「参加」をうながすコミュニティの育成に尽力すべきと指摘し、その具体的な方法も詳細に解説する。

これからの10年、20年にも、世界では予想のつかない変化が起こるはずだ。本書は私たち一人ひとりが当事者意識をもって、変化に取り組む方法を示している。まさに現代社会を生きるすべての人にとって示唆《しさ》に富んだ指南書と言えるだろう。

最後に、原著の解釈についての質問に対し、背景を踏まえて丁寧に答えてくださったアメリカのカルヴァン・チャンさんに、この場を借りて感謝したい。また、類いまれな本書に引き合わせてくださったダイヤモンド社の三浦岳さんには、とりわけ鋭いご指摘やきめ細かい助言の数々をいただき、心より感謝申し上げたい。

問題解決者と解決策の探究者 (281, 285-287)
NASAを研究した、ニューヨーク大学のヒラ・リフシッツ - アサフ教授が目撃した激しい議論に由来する表現。組織において、群衆の参加をうながす試みに抵抗を示す人たちと、むしろ積極的な人たち。「問題解決者」がオールドパワーの価値観である専門知識に自負を持ち、こだわっているいっぽう、「解決策の探究者」は、自分たちの狭い世界の境界線を押し広げ、人びとを招き入れる。

ラクダ (399)
「ユニコーン」ほど巨大な経済的利益はもたらさないが、重要な社会的機能を担っており、長期にわたって投資家やコミュニティを支えるニューパワーのプラットフォームや組織。

リーダーシップ・マトリックス (291, 341)
リーダーシップモデルと価値観の組み合わせにより、リーダーを4タイプに当てはめたもの。「クラウド・リーダー」は、ニューパワーのリーダーシップモデルを用い、ニューパワーの価値観を持っている。群衆のパワーを利用するだけでなく、積極的に群衆にパワーを与えようとする。「チアリーダー」は、「コラボレーション」「透明性」「参加」といったニューパワーの価値観を掲げているものの、リーダーシップモデルはオールドパワー型である。「懐柔者」は、群衆を操り、ニューパワーのツールや戦術を駆使するが、オールドパワーの価値観に基づいている。「キャッスル」は、リーダーシップモデルも価値観もオールドパワー型。我々の多くにとってなじみ深い、伝統的な階層制と権威に基づくモデルであり、「軍隊」「ビジネス」「教育」などの分野に幅広く浸透している。

めるほか、プラットフォームの存廃をも決められる。オーナーが存在しない場合は、「プラットフォーム・スチュワード」がインフォーマルなリーダーの役割を務める。

プラットフォームの強者 (39-40, 301-304, 343-344, 411)
権威主義の価値観を推進するために、ニューパワーのツールやメソッドを駆使する「懐柔者」。

ブリッジ（橋渡し役） (281, 283-284)
ニューパワーの変革エージェントで、新旧ふたつのパワーの世界を軽々と行き来することができ、有意義な方法で組織をニューパワーの世界につなげる。ブリッジの任務は構造改革。「デジタル・イノベーター（見せかけの改革者）」は一見、ブリッジのように見えても、実際は、リスクを嫌う組織の姿勢を隠すための仕掛けにすぎず、組織における影響力をほとんど持っていない。

フルスタック・ソサエティ (411-427)
人びとがもっと有意義かつ多層的に社会に参加できるように、あらゆる社会的機関や経済機関が設計された世界。

ミーム・ドロップ (75-78, 91)
横へ広がるようにデザインされたメッセージやアイデア。仲間同士のコミュニティで「リミックス」され「シェア」され「カスタマイズ」されたときに、もっとも活発になる。

3つの嵐 (139-150)
成功するムーブメントは、嵐を利用していることが多い。予想外の展開や急激な変化によって盛り上がった瞬間をすかさず利用する。
「嵐を逆手にとる」（自分たちが味わった挫折を逆に利用する）ケースもあれば、「嵐を追う」（社会でなにかが起こった瞬間をとらえて、運動を盛り上げる）ケース、あるいは「嵐を巻き起こす」（なにもない状態からムーブメントを立ち上げる）ケースもある。

門知識」「長期間の所属と忠誠」を重視する。

ニューパワーの行動（135）
「共有」「加入」「応用」「出資」「生産」「形成」。オールドパワーの行動は「順守」と「消費」。

ニューパワーの輪（205）
ニューパワーのコミュニティを取り囲む利害関係者の輪。コミュニティの運命を左右すると同時に、コミュニティの影響も受ける。

ニューパワー・ブランド（117-126）
人びとが「参加」したくなるようにデザインされたブランド。

ニューパワー・マトリックス（65）
ニューパワーとオールドパワーのモデルと価値観の図表に組織を当てはめたもの。「クラウド」は、モデルも価値観もニューパワー型。「チアリーダー」は、モデルはオールドパワー型だが価値観はニューパワー型。「キャッスル」は、モデルも価値観もオールドパワー型。「懐柔者」は、ニューパワーのモデルを利用してオールドパワーの価値観を強化している。

ニューパワー・モデル（34-36, 55-56, 62-70 ほか）
大勢の人の活動によって成り立つモデル。人びとの活動がなければ、空っぽの容器にすぎない。「オールドパワー・モデル」は、人びとや組織が独占的に所有あるいは制御している物や知識によって成り立っている。それらを失ったとき、オールドパワー・モデルは競争力を失う。

パワーのブレンド（345-389）
オールドパワーとニューパワーを、相互に補強し合うように組み合わせること。

プラットフォーム・オーナー（164-167 ほか）
支配権（あるいは大きな影響力）を持ち、プラットフォームのガバナンスや意思決定を行い、誰を参加させるか、どのように価値を分配するかを決

スーパー参加者（167-168ほか）
プラットフォームにもっとも積極的に貢献し、プラットフォームに価値をもたらす中核資産を創造する。

透明性の徹底（57-59, 406-409ほか）
機密保持が難しく、監視の目にさらされているこの時代に、機先を制するため、あえて徹底的な透明性を重視し、自らが抱える問題を表面化させる。多くのオールドパワーの組織にとって重要な課題である。

ニューパワー
多くの人が生み出す。開放的で、参加型で、仲間（ピア）主導型。潮流（カレント）のように広まり、水や電気のように大量にどっと流れるときに最大の力を発揮する。ニューパワーを手にする人たちの目的は、溜め込むことでなく提供すること。
「オールドパワー」は、少数の人が握る。閉鎖的で近づきがたく、リーダー主導型であり、貨幣（カレンシー）のような働きをする。権力者が強大なパワーを蓄えて、行使することができる。

ニューパワー・ディシジョン・ツリー（263）
あなたの組織がニューパワーに移行するべきかどうかを見きわめるための４つの質問。「戦略」「正当性」「コントロール」「コミットメント」の４つの点から考える。

ニューパワー・トライアングル（165）
ニューパワー・コミュニティの３つの当事者。すなわち「参加者」「スーパー参加者」「プラットフォーム・オーナー（プラットフォーム・スチュワード）」。

ニューパワーの価値観（51）
「インフォーマルな統治」「コラボレーション」「徹底的な透明性」「メイカー・カルチャー」「短期間の条件付き所属」を重視する。
オールドパワーの価値観は、「フォーマルな統治」「競争」「機密保持」「専

（サークル）を形成する関係者に及ぼす影響がポジティブなものであるかどうかを検討するテスト。

参加者（168ほか）
ニューパワー・プラットフォームに参加する人たち。ユーザーの大多数を占める。

参加のステップ（132-139）
ハードルの低いものから高いものへと、人びとの参加度を高めていくためのステップ。もっとも効果的なニューパワー・モデルは、人びとに「参加のステップを上らせる」方法を熟知している。

参加特典《プレミアム》（229-230, 239, 242, 376, 418）
「具体的な見返り」と「重要な目的」に「参加」を掛け合わせることで生まれる付加価値。

シェイプシフター（280-283）
変身能力者。オールドパワーの組織でニューパワーへの変革を推進する人物。組織のなかで絶大の信頼度を持っており、変革への道を整える。それと対照的なのがディスラプター（破壊者）で、外から乗り込んできて、従来の組織や態勢を打ち壊そうとする。

「シグナル」を送る（311-314）
ニューパワーのリーダーは「言葉遣い」「ジェスチャー」「行動」をとおして群衆を鼓舞する。

「仕組み」をつくる（312, 314-315）
ニューパワーのリーダーは、人びとの「参加」と「自主性」をうながすための仕組みと活動をつくる。

集団農場（39-40, 396, 400-401, 405, 408）
世界中にフェンスを張りめぐらし、数十億人の日常の活動という“収穫”を独占している少数の巨大なプラットフォーム。

NEW POWER 用語集

Weの偽装《ウイ・ウォツシング》 (151)
僕たちの友人、リー＝ショーン・ホアンの造語。企業などが群衆と真摯に向き合う気がないにもかかわらず、(「シェアリング」や「コミュニティ」といった）群衆の言葉を乱用すること。

ACEのアイデア (80-105, 299)
群衆のあいだで流行し、拡散するように工夫されたアイデア。人びとの「行動」をうながし（アクショナブル）、自分は志を同じくする仲間の一員だと感じさせることで「つながり」を生み（コネクトする）、各コミュニティが好きにカスタマイズできるという点で「拡張性」がある（エクステンドできる）。

「規範」を示す (312-313, 315-318)
ニューパワーのリーダーは群衆に対し、規範や全般的な方向性を示す。とくに、自分の形式的な権限を超えて、広く長く受け継がれるべきものを示す。

クラウド・ジャック (258, 263, 265)
群衆の遊び心によって、キャンペーンが当初の意図から外れてしまうこと（例：ボーティ・マクボートフェイスをめぐる件）。

コネクテッド・コネクター (113-117)
互いにつながりを持ち、世界観を共有し、周囲に影響を及ぼす人たち。ニューパワーのムーブメントにおいては、適切なコネクターを見つけて養成することが、短命で消えるキャンペーンとの決定的な違いを生む。

サークルテスト (216-217, 400)
ニューパワー・プラットフォームがトライアングルの関係者と外側の輪

本書の原注は、
以下のURLからPDFファイルをダウンロードできます。

https://www.diamond.co.jp/go/pb/newpower_notes.pdf

ジェレミー・ハイマンズ(Jeremy Heimans)
ニューヨークに本拠を置き、世界中で21世紀型ムーブメントを展開する「パーパス」の共同創設者兼CEO。「ゲットアップ」共同創設者。194か国、4800万人以上のメンバーを持つ世界最大規模のオンラインコミュニティ「アヴァース」共同創設者。ハーバード大学、シドニー大学で学び、マッキンゼー・アンド・カンパニーで戦略コンサルタント、オックスフォード大学で研究員を経て現職。世界経済フォーラム「ヤング・グローバル・リーダーズ」、世界電子政府フォーラム「インターネットと政界を変える10人」、ガーディアン紙「サステナビリティに関する全米最有力発言者10人」、ファスト・カンパニー誌「ビジネス分野でもっともクリエイティブな人材」、フォード財団「75周年ビジョナリー・アワード」などに選出。ヘンリー・ティムズと共にハーバード・ビジネス・レビュー誌に寄稿したニューパワーに関する論文は、同テーマのTEDトークが年間トップトークの1つになり、CNNの「世界を変えるトップ10アイデア」に選ばれるなど大きな話題となった。

ヘンリー・ティムズ(Henry Timms)
マンハッタンで144年の歴史を持ちながら、ファスト・カンパニー誌「もっともイノベーティブな企業」リストに入る「92ストリートY」の社長兼CEO。約100か国を巻き込み、1億ドル以上の資金収集に成功した「ギビング・チューズデー」の共同創始者。スタンフォード大学フィランソロピー・シビルソサエティ・センター客員研究員。世界経済フォーラム・グローバルアジェンダ会議メンバー。

神崎朗子(かんざき・あきこ)
翻訳家。上智大学文学部英文学科卒業。おもな訳書に『やり抜く力』(ダイヤモンド社)、『スタンフォードの自分を変える教室』『申し訳ない、御社をつぶしたのは私です。』『フランス人は10着しか服を持たない』(以上、大和書房)、『食事のせいで、死なないために(病気別編・食材別編)』(NHK出版)、『Beyond the Label(ビヨンド・ザ・ラベル)』(ハーパーコリンズ・ジャパン)などがある。

NEW POWER　これからの世界の「新しい力」を手に入れろ

2018年12月5日　第1刷発行
2019年2月6日　第3刷発行

著　者——ジェレミー・ハイマンズ、ヘンリー・ティムズ
訳　者——神崎朗子
発行所——ダイヤモンド社
〒150-8409　東京都渋谷区神宮前6-12-17
http://www.diamond.co.jp/
電話／03・5778・7232（編集）　03・5778・7240（販売）

ブックデザイン——水戸部功
図版————matt's work
本文DTP——キャップス
校正————円水社
製作進行——ダイヤモンド・グラフィック社
印刷————勇進印刷
製本————ブックアート
編集担当——三浦 岳

ISBN 978-4-478-06760-4

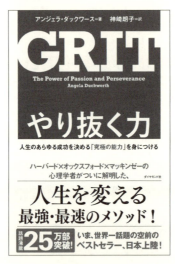